15:17 – TREM PARA PARIS

ANTHONY SADLER, ALEK SKARLATOS, SPENCER STONE E JEFFREY E. STERN

15:17 – TREM PARA PARIS

Tradução
Carlos Szlak

1ª edição

Rio de Janeiro | 2018

CIP-BRASIL. CATALOGAÇÃO NA PUBLICAÇÃO
SINDICATO NACIONAL DOS EDITORES DE LIVROS, RJ

Q76

15:17 – trem para Paris / Anthony Sadler ... [et. al.] ; tradução: Carlos Szlak. – 1ª ed. – Rio de Janeiro : Best*Seller*, 2018.

Tradução de: The 15:17 to Paris: The True Story of a Terrorist, a Train and Three American Heroes
ISBN: 978-85-465-0118-2

1. Sadler, Anthony – Narrativas pessoais. 2. Skarlatos, Alek – Narrativas pessoais. 3. Stone, Spencer – Narrativas pessoais. 4. Terrorismo – Prevenção – História – Séc. XXI. 5. Heróis – Estados Unidos – Biografia. 6. Soldados – Estados Unidos – Biografia. I. Sadler, Anthony. II. Título: Quinze e dezessete: trem para Paris.

18-47595

CDD: 923.5
CDU: 929:356.21

Texto revisado segundo o novo Acordo Ortográfico da Língua Portuguesa.

Título original
THE 15:17 TO PARIS: THE TRUE STORY OF A TERRORIST,
A TRAIN AND THREE AMERICAN HEROES

Copyright © 2016 by Anthony Sadler, Alek Skarlatos e Spencer Stone

Copyright da tradução © 2018 by Editora Best Seller Ltda.

Editoração eletrônica: Abreu's System

Adaptação de capa: Guilherme Peres

Motion Picture Artwork © 2018 Warner Bros. Entertainment Inc. All Rights Reserved.

Todos os direitos reservados. Proibida a reprodução, no todo ou em parte, sem autorização prévia por escrito da editora, sejam quais forem os meios empregados.

Direitos exclusivos de publicação em língua portuguesa para o Brasil adquiridos pela
EDITORA BEST SELLER LTDA.
Rua Argentina, 171, parte, São Cristóvão
Rio de Janeiro, RJ – 20921-380
que se reserva a propriedade literária desta tradução.

Impresso no Brasil

ISBN 978-85-465-0118-2

Seja um leitor preferencial Record.
Cadastre-se e receba informações sobre nossos lançamentos e nossas promoções.

Atendimento e venda direta ao leitor
mdireto@record.com.br ou (21) 2585-2002.

Para minha família – S. S.

Para Zoe – A. A. S.

Para minha família – A. S.

SUMÁRIO

→ **PREFÁCIO – ANTHONY SADLER**   **13**
    Ayoub   24

→ **PARTE I – SPENCER STONE**   **27**
    Ayoub   111

→ **PARTE II – ALEK SKARLATOS**   **121**
    Ayoub   183

→ **PARTE III – ANTHONY SADLER**   **191**

    Agradecimentos   251

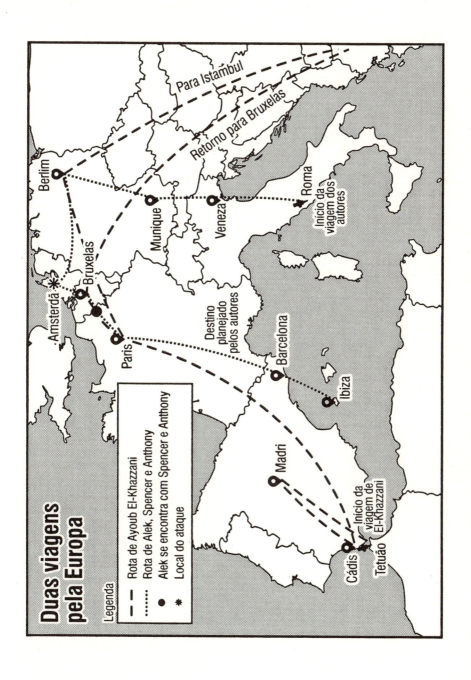

"O acaso talvez seja o pseudônimo de Deus quando Ele não quer usar Sua assinatura."

– *Théophile Gautier*

PREFÁCIO

ANTHONY SADLER, CAVALEIRO DA ORDEM NACIONAL DA LEGIÃO DE HONRA

TERÇA-FEIRA, 18 DE AGOSTO, 11H03

Anthony Sadler:
Ainda vivo, pai. Estamos em
Amsterdã e hospedados no Hostel
A&O. Ficaremos aqui até sexta.

        Pastor Sadler:
        Ok, filho. Como você está?

Anthony Sadler
Estou bem. Saindo do wi-fi. Falo
com você daqui a pouco.

        Pastor Sadler:
        Ok.

QUINTA-FEIRA, 20 DE AGOSTO, 23H07

Anthony Sadler:
Oi, pai. Agora aqui são oito da manhã de sexta. Partimos de Amsterdã para Paris hoje, às três da tarde, e chegamos às seis, aproximadamente. Envio uma mensagem de texto para você com informações sobre o hotel quando tiver.

Pastor Sadler:
Ok, filho.

SEXTA-FEIRA, 21 DE AGOSTO, 16H43

Anthony Sadler:
Ligue para mim, pai.

TREM THALYS NÚMERO 9364
Em algum lugar no Norte da França
Quinhentos e cinquenta e quatro passageiros a bordo

Spencer está pressionando dois dedos sobre o latejante ferimento no pescoço de Mark. Enquanto o trem atravessa a paisagem rural a mais de 240 quilômetros por hora, ele tenta fechar a carótida. Se não fizer isso, Mark morre.

De pé, Anthony observa.

Se há gritos, Anthony não os ouve; se o som do vento lambendo a janela é alto, ele não o registra. Está totalmente concentrado. O terrorista está amarrado, imobilizado no chão. Mark geme. Anthony sente como se as pessoas embaixo dele são as únicas outras pessoas do mundo.

O carpete está coberto de sangue. Há muito sangue. O silêncio é ensurdecedor.

A campainha que sinaliza a abertura e o fechamento das portas do trem é o único outro barulho; um som estranho, antisséptico. Anthony também poderia estar nos silenciosos corredores de um hospital. Nada disso parece real. *Nós fizemos isso?*

O trem se desloca com rapidez, sem movimentos bruscos — normalmente —, como se tudo o que acabou de acontecer fosse fruto da imaginação. O movimento é quase reconfortante. Ninguém parece assustado. Ninguém parece estar *aqui*. Não há estranhos ao redor de Anthony, a não ser as pessoas que participaram do drama que acabou de se desenrolar. Ninguém, exceto aquelas pessoas com quem ele está diretamente preocupado. Anthony parece ter bloqueado o restante de sua mente.

Anthony bloqueou muitas coisas de sua mente. Incluindo algumas importantes, como pensar que o terrorista poderia não estar agindo sozinho. Talvez houvesse outros dois, ou cinco, escondidos em algum lugar a bordo, prestes a atacar. Não há qualquer motivo para acreditar que exista apenas um. Porém, na opinião de Anthony, há apenas um. Ele ficou totalmente concentrado naquele homem, solucionando o problema que está imediatamente diante dele, e, no momento, é impossível para ele pensar a respeito de algo que não consegue perceber diretamente. Seu cérebro ficou blindado como um cofre, só ocasionalmente deixando a luz entrar, através das fendas e frestas do metal.

Alek está de volta. Aonde Alek foi? Ele desapareceu com a metralhadora, mas está de volta, agora, recolhendo a munição e colocando as armas em uma mochila.

Tudo isso acabou de acontecer mesmo?

Alek tentou matar um homem, enquanto Spencer tentava estrangulá-lo. Com a metralhadora na mão, Alek apontou a arma para a têmpora do terrorista, de modo que a bala atravessaria sua cabeça e poderia atingir Spencer. Anthony estava tentando ajudar a dominar o terrorista quando um de seus amigos quase matou o outro. Mas a arma não disparou. Anthony não sabe por quê.

Ninguém vai acreditar. Anthony não tem certeza se *ele mesmo* acredita. Não parece real. Parece que ele virou um personagem de videogame, com seus próprios pensamentos não totalmente relevantes nesse momento, como se ele fosse um espectador de suas próprias ações. Está tudo tão silencioso e calmo que ainda não é possível compreender o fato de que sua vida acabou de mudar para sempre.

Anthony pega o celular e começa a filmar. Ele precisa de provas. Para seus amigos; para si mesmo.

Ele não está pensando em provas. De fato, o que ele está fazendo não parece um raciocínio, e sim uma reação.

Há poucos instantes Anthony estava reagindo, quando estavam amarrando o terrorista e ele escutou um barulho atrás de si. Um gemido? Ele se virou e registrou três coisas distintas simultaneamente: um homem com a camisa ensopada, sangue jorrando pelo corredor e os olhos se movendo na direção do teto, como se algo importante tivesse sido enfiado ali.

Então, o pescoço oscilou, o queixo desabou na direção do peito e o homem caiu para a frente, para fora do assento.

Anthony observou isso em alta resolução e com detalhes perfeitos, como se fosse capaz de desacelerar o movimento apenas observando. Era como se tivesse um superpoder.

Depois isto: uma poça de sangue escorreu de debaixo do homem, na direção dos assentos.

Olhe para o sangue. Estava brilhante e pulsante, e uma aula de seu curso de anatomia humana borbulhou e se apresentou diante de Anthony — *brilhante porque está oxigenado, então, é sangue arterial*. O sangue significava que o cérebro do homem estava se infiltrando no carpete, o que queria dizer que ele estava em pior estado do que parecia.

Anthony começou a correr na direção do primeiro vagão. Alcançou-o e gritou. Muito alto? Seu corpo estava carregado de uma nova força, que ele não podia controlar totalmente. "Alguém fala inglês?", perguntou.

"Eu", "Eu falo", "Sim" — dez pessoas responderam, uma dúzia, todas com sotaques diferentes.

"Alguém tem uma toalha?"

Silêncio, confusão. — *Fodam-se*. No mesmo instante, Anthony decidiu que uma toalha não era suficiente. De volta ao vagão original, de volta a Spencer no chão, ainda apertando os nós, e dizendo que havia um homem sangrando bem atrás dele. Spencer limpou o sangue de seu rosto, engatinhou até Mark e tirou sua camisa para usá-la como atadura. "Eu só vou... Eu só vou tentar tapar o buraco." Spencer estendeu o braço até o pescoço de Mark, e, de repente, o sangramento parou.

Spencer não se moveu desde então. De pé, Anthony parado acima dele, montando guarda, dirige o olhar para baixo, para Spencer, que permanece imóvel, sobre as mãos e os joelhos, sem camisa, com os dedos no pescoço do homem; uma imagem tão absurda que é quase engraçada.

Quando foi que tudo isso aconteceu? Há um minuto? Há uma hora?

Anthony não está formando associações adequadamente. Sua noção de tempo está distorcida. O hardware em seu cérebro que cria as lembranças foi cooptado para descarregar tanta adrenalina que seu trato digestivo parou de funcionar. Ele não vai dormir por quatro dias, e sua noção de tempo se tornou flexível.

E onde está Alek?

Para Anthony, seu amigo Alek parece só parcialmente presente; aqui, indo e voltando, não é mais uma pessoa inteira, apenas lampejos através de sua visão. Alek está aqui rasgando a camisa de Mark e, depois, desaparece. Afastando-se com a metralhadora e, em seguida, voltando. É como uma pessoa em uma antiga fotografia sobre uma placa de estanho, que escapa no meio do caminho durante a exposição, deixando para trás apenas um resíduo indistinto, fantasmagórico na memória de Anthony.

Esse é outro motivo pelo qual nada disso parece real; nada disso faz *sentido*. Não faz sentido que esteja tudo tão calmo a bordo.

Não faz sentido que Alek continue desaparecendo.

Principalmente, não faz sentido que Spencer saísse de seu assento tão rapidamente. Foi como se ele partisse para cima do terrorista antes mesmo que ele aparecesse.

Anthony tem de perguntar a Spencer sobre isso. Ele sente como uma necessidade urgente, corporal. *Spencer, como você sabia*? No entanto, Spencer está ocupado, conversando com Mark, o homem ferido a bala, que começou a gemer de novo.

"Sinto muito, amigo", Spencer afirma. "Se você se mexer, morre."

Mark não parecia preocupado com o orifício em seu pescoço. A mulher ao lado dele — sua esposa, Anthony supõe — está ficando mais agitada. Ela acha que Mark pode ter outro problema, talvez tenha sido baleado duas vezes, ou talvez exista um orifício de saída do projétil. Finalmente, Alek decide afastá-la e acomodá-la.

Alek está aqui de novo.

Ele tira a tesoura do estojo de primeiros-socorros que Anthony não percebeu que ele estava segurando.

Alek corta a camisa do homem e procura pelo sangue, passando a mão pelas costas do homem, em busca de um ferimento. É estranhamento íntimo. Os três —Alek, Anthony e Spencer — procuram manter um homem vivo com suas mãos desnudas sobre o corpo dele.

Não há sangue nas costas do homem.

Alek vai embora outra vez.

Até mesmo Mark está calmo. "Rapazes, meu braço está doendo"; ele afirma isso sem alterar o tom de voz. Ele tem uma hemorragia arterial e só está vivo porque Spencer está tapando o local com os dedos, mas Mark não parece saber que está morrendo, nem dá a impressão de estar muito preocupado com isso.

"Não posso movê-lo", Spencer afirma. "Vou perder o buraco."

"Me deixe mudar de posição um pouco. Meu braço está doendo de verdade."

"Sim. Mas não estamos preocupados com o seu braço neste momento."

Ninguém parece ter qualquer noção de quão sério é tudo isso. Mark não está preocupado que sua cabeça esteja a centímetros do terrorista que atirou nele. Sobre o carpete do vagão, eles estão deitados um ao lado do outro. Nenhum deles se importa. O terrorista está desacordado, e Mark está muito perto disso.

Eles esperam.

O trem ainda se desloca por 30 minutos.

Anthony sabe que a polícia francesa vai querer falar com eles. Sabe que os jornalistas franceses, provavelmente, também vão querer. Através da bruma mental, entende que eles acabaram de deparar com um terrorista. *Acabamos de pegar um maldito terrorista.* Spencer e Alek são membros das Forças Armadas norte-americanas e estão de folga. Anthony sabe que o caso vai ser importante. Sabe que vão transformar isso em uma grande história na França.

O trem para na estação, e quando Anthony encosta seu rosto contra o vidro, percebe a Polícia Nacional francesa a postos, perto de veículos do tipo Swat. No entanto, ele não sabe o que vai acontecer. Que eles vão virar celebridades, não só na França, mas também nos Estados Unidos. Que vão ser capa da revista *People*, que o CEO da fabricante de roupas esportivas Columbia Sportswear vai deixar que eles usem seu jatinho por uma semana e que Anthony vai voar nele para casa, que sua chegada vai ser registrada por cinegrafistas de helicóptero, que policiais à paisana vão revistar seus colegas de faculdade, que ele vai se sentar ao lado de uma *starlet* belíssima e ter uma conversa na tevê com Jimmy Fallon, que o presidente dos Estados Unidos vai convidá-los, de modo que possam ver as catacumbas secretas da Casa Branca, que Alek — Alek! — vai participar do programa *Dancing With the Stars* e vai chegar à final, que eles vão ficar em cima de um carro alegórico na cidade natal deles em um desfile em sua homenagem, que Megyn Kelly, deslumbrante comentarista de política do canal Fox News, vai ganhar a competição nacional pela primeira entrevista do grupo.

Que uma viagem que Anthony só começou a planejar alguns meses antes, quando seu pedido por um cartão de crédito com limite alto, que ele não podia se permitir, foi milagrosamente aprovado, o tornaria uma celebridade internacional.

Mas, naquele momento, tudo em que ele conseguiu pensar foi: *Preciso falar com meu pai.*

Tempos depois, Anthony vai entender que, no momento em que identificou a ameaça que estava enfrentando, seu corpo foi tomado por uma série de mudanças fisiológicas, que o prepararam para aguentar o tranco, mas o impediram de perceber perfeitamente o que acontecia ao redor; que realmente mudou a maneira como ele experimentava as visões, os sons e os sentimentos. Outras pessoas chamavam isso de "lutar ou fugir", o que não fazia justiça, não expressava o poder dos processos que tomavam conta dos organismos delas. Anthony tinha conhecimento de algo a esse respeito: ele era especialista em cinesiologia, o estudo dos movimentos humanos. Quando identificou o que estava acontecendo no trem, substâncias químicas foram liberadas, as artérias se contraíram, os sistemas não críticos ficaram inativos. Açúcar foi bombeado para onde era necessário, que é o motivo pelo qual sentimos um nível de energia sobre-humano, mas a percepção de Anthony também mudou. Seu organismo dispensou os sentidos que não eram decisivos para a missão. As pessoas não entendiam isso: seus organismos realmente *mudavam*. Tudo mudava, até minúsculos músculos que nivelavam os cristalinos dos olhos, para que conseguissem focalizar os objetos situados a uma distância média. Melhor ver ataques de predadores ou perceber rotas de fuga, mas essa mesma mudança roubava a visão periférica. As pessoas enxergavam através de túneis.[1]

O mais fascinante de tudo era que Anthony não processava as informações perfeitamente, pois bloqueava coisas que não eram importantes. Ele não conseguia se lembrar de nenhuma outra pessoa daquele vagão, a não ser as que interagiram com ele: Spencer, o terrorista imobilizado e Mark, se aproximando da morte. Havia mesmo outras pessoas no vagão? Honestamente, ele não era capaz de dizer que se lembrava delas, mas, claro, sabia que estavam ali.

Porém, o mais importante que Anthony experimentou naquele momento, aquela contradição tumultuante e perturbadora, foi quando reconheceu o perigo e o processo começou dentro dele, mudando sua percepção do *tempo*. Os acontecimentos se apresentaram para ele de modo mais lento do que estavam realmente ocorrendo, e sua memória os gravou com defeito. Algumas vezes, sua memória ficou simplesmente em branco. Também havia um motivo para isso: quando seu organismo foi acometido de mudanças físicas, o hardware em seu cérebro que formava lembranças foi cooptado para liberar substâncias químicas. O mecanismo de formação de memórias não foi mais deixado simplesmente para formar memórias; naquele trem, parte do que estava acontecendo com Anthony era um estado clínico com um nome conhecido: amnésia. Ele não conseguia formar as lembranças corretamente, porque o gravador de vídeo em seu cérebro estava sendo utilizado para outra coisa.

Talvez por isso, Anthony nunca tenha visto aquela pistola. Ou melhor, não conseguia se *lembrar de* que viu aquela pistola. É uma coisa engraçada a respeito da memória: ela nem sempre parece nebulosa quando está errada. Quem sabe seja por isso que testemunhas de crimes violentos juram que viram coisas que nunca viram, e juram que não viram coisas que aconteceram bem na frente delas. É por isso que, às vezes, funcionários de lojas roubadas não reconhecem o que está acontecendo na gravação do circuito fechado de tevê do roubo ou tiroteio: o que eles realmente experimentaram parece totalmente diferente do que veem na tela.

Ocasionalmente, a memória pode parecer precisa, um modelo cortado a laser do que aconteceu. Assim, você é capaz de enxergar uma imagem totalmente detalhada quando fecha os olhos. Pode parecer exata mesmo quando está errada. Como as lembranças são formadas? Apenas por meio de um sistema de sensores arranjados ao redor do corpo para captar visões, sons e cheiros? E se esses sentidos estão desligados? E se estão calibrados de forma incorreta? E se a forma do olho mudou, de modo que, como através de uma lente *fisheye* de uma câmera, a imagem que você capta é alterada? E se até mesmo a maneira como você experimenta o *tempo* mudou? Anthony não vivenciou o ataque do mesmo modo que Alek, que o experimentou de modo diferente do de Spencer. A aceleração e o quase congelamento do tempo começou e terminou em diferentes pontos para cada um deles. Cada um possui grandes pontos negros em suas lembranças de partes do ataque, e clareza fora do normal de outras partes.

Tempos depois, Spencer disse que queria ter um vídeo do que havia acontecido, mas Everett, seu irmão mais velho, policial rodoviário, discordou. Everett sabia que era como passar por uma confrontação traumática, que parecia muito diferente do que uma câmera de segurança captava, e que isso era realmente desorientador. "É melhor que você simplesmente tenha as suas lembranças", ele disse.

Mas era só isso. As memórias deles eram diferentes.

Nota

1. *Basic and Clinical Science Course,* Chapter 6: Sensory Physiology and Pathology (San Francisco: American Academy of Ophthalmology, 2014).

AYOUB

Em 1985, os dirigentes europeus se reuniram em Schengen, em Luxemburgo, para discutir um acordo. O objetivo era o livre comércio. Os países europeus tinham valores semelhantes, e se a passagem entre eles pudesse ser facilitada, o comércio poderia se tornar mais fácil. O comércio mais fácil era bom para todos. Todas as economias se beneficiariam. Todos os países ficariam mais ricos se bens e serviços passassem automaticamente entre eles, com menos regulamentos, menos impostos, menos demora nas travessias de fronteiras.

A ideia era converter todo o território europeu em um único país de maneira efetiva: uma vez que você estivesse dentro, estava dentro. As fronteiras internas se tornariam quase sem sentido.

Para alguém vindo de fora, o desafio seria entrar na Europa. Assim que você entrasse, poderia se mover dentro do continente à vontade. Se você tivesse um visto Schengen, geralmente não passaria por verificações de identidade. O acordo também tornaria mais fácil para estrangeiros, como turistas norte-americanos, passar férias na Europa. Eles não precisavam de vistos, e, depois que desembarcassem em um dos países-membros, não teriam de apresentar seus passaportes de novo, mesmo quando transitassem entre os países.

Nem toda a Europa firmou o Acordo de Schengen imediatamente, mas, entre os sete primeiros países-membros, três eram fundamentais: Bélgica, França e Espanha. Isso tornou a Europa, ao menos esses países, mais atraente para os turistas norte-americanos. E para os imigrantes.

Ayoub El-Khazzani nasceu no Marrocos e morou em uma cidade chamada Tetuão. O nome do lugar vem da palavra berbere para "olhos", uma referência às fontes de água espalhadas pela cidade. Ayoub foi criado em uma espécie de paraíso mouro. Sua família não era rica, nem mesmo de classe média, mas o mundo que o cercava era luxuriante, coberto de mercados árabes cheios de artesanatos, com romãzeiras e amendoeiras se estendendo pelas colinas. Era uma encruzilhada situada no Norte da África, onde as roupas e o artesanato nas lojas davam testemunho de todos aqueles que percorreram e depositaram parte de sua cultura ali, principalmente os berberes, mas também os mouros e os cordobeses. Eram quase todos muçulmanos, e, de certo modo, o lugar refletia um período que desaparecera 300 anos antes, quando o mundo muçulmano era uma potência cultural e intelectual, um lugar com segurança e liberdades civis, em que até mesmo cristãos e judeus eram protegidos, porque também eram filhos de Ibra-

him. E embora pagassem tributos extras por suas crenças, porque ainda eram considerados infiéis, também não precisavam lutar no Exército. As coisas eram justas. Eram equilibradas, estáveis, organizadas. O grande califa Uthman surgiu e eliminou a pobreza. Grandes descobertas científicas ocorreram naquele lugar. Albatani, astrônomo e matemático, refinou o conceito de expectativa de vida, enquanto Ibn Al-Haitham, o pai da óptica, provou que os olhos não emitem luz, mas a captam. Al-Farabi, o maior filósofo depois de Aristóteles, estudou ali. Era a época da Casa da Sabedoria, onde filosofias eram traduzidas do grego para o árabe e, assim, acabaram no Ocidente.

O mundo devia ao califado seu conhecimento; o Ocidente devia aos muçulmanos. Ayoub estava bem ao leste da antiga Mesopotâmia; o local da explosão cultural que emergiu onde o Tigre se une ao Eufrates, e que ficou conhecido como o berço da civilização. Mas sua cidade foi berço de uma corrida por dinheiro. Parecia o lugar e o tempo que continuam a produzir anseios tão poderosos em seus descendentes.

E que também, ocasionalmente, gera poderosa violência naqueles que acreditam que podem retornar ao mundo do período utópico se demasiado trauma puder ser disponibilizado aos poderes que corrompem os muçulmanos, que murcham e se retraem como artérias cortadas.

Apesar da riqueza ao redor dele, oportunidades de trabalho eram escassas. Ayoub estava perto daquele mundo rico e verdejante, mas não nele. Sua família era pobre.

Em 2005, o pai de Ayoub foi forçado a embarcar em uma barcaça de carros para uma curta viagem até a Espanha, a fim de encontrar um emprego melhor. Finalmente, conseguiu trabalho, negociando com sucata, obtendo valor de coisas que as outras pessoas descartavam.

Ele já tinha ido embora havia dois anos. Assim, Ayoub passou a adolescência entre dois tipos de vida. Não era órfão de pai, mas seu pai estava ausente, vivendo em outro país, em outro continente; mesmo assim, nem a 200 quilômetros de distância. Ali e não ali. Perto, mas em outro mundo.

PARTE I

SOLDADO DA FORÇA AÉREA SPENCER STONE

13 DE AGOSTO, 11H49

Joyce Eskel:
Spence, como está o seu tornozelo?
O que aconteceu?

18 DE AGOSTO, 18H50

Joyce Eskel:
Ei, você precisa postar fotos!!!

1.

Joyce Eskel desligou o computador com uma sensação incômoda.

Ela não gostava da ideia de Paris. Acompanhou a história dos terroristas que atacaram a redação da revista *Charlie Hebdo* alguns meses antes. Vinha lendo acerca dos extremistas islâmicos desde o 11 de Setembro, e sabia que a França tinha as fronteiras abertas. Claro que Paris era uma grande cidade (ela estivera ali antes, havia muitos anos), e a probabilidade de que os garotos estivessem sob qualquer tipo de risco era baixa. Ela sabia disso.

No entanto, Joyce sentiu alguma coisa.

E tem mais: Anthony estava lá, e sempre que seu filho e ele se juntavam, coisas aconteciam. Depois de duas semanas de viagem, Joyce mal conseguia acreditar que eles tinham evitado uma grande catástrofe.

Se bem que haviam evitado a grande catástrofe por pouco. Ela sabia que os dois bebiam além da conta, de modo que Spencer tropeçou em um paralelepípedo e quase fraturou o tornozelo. Isso na primeira noite da viagem. Spencer contou a ela, depois que se conectou à internet, que talvez precisasse suspender a viagem e voltar para a base. Cancelar a viagem logo no primeiro dia! Não era possível fazer uma radiografia ali? O seu seguro não cobre isso?

Era estranho como um causava dano ao outro. Joyce não conseguia entender o relacionamento deles: dois garotos geralmente descontraídos, que não pareciam ter muita coisa em comum, mas quando se juntavam... Ela se lembrou de uma vez, quando os dois estavam na oitava série e redecoraram a casa do vizinho com uma dúzia de rolos de papel higiênico. Depois se revezavam tocando a campainha e correndo para se esconder atrás da cerca viva. Quando estavam juntos, os dois pareciam gostar de se meter em confusão.

Assim, Joyce se sentou, após desligar o computador, e refletiu a respeito da sensação. Há vinte anos talvez a tivesse desprezado, mas, agora, sabia o que era. Uma voz calma e suave. Para aqueles que não entendiam, ela chamava de "intuição"; para aqueles que entendiam, chamava daquilo que sabia o que era: Deus. Preparando-a para os acontecimentos subsequentes, da mesma forma que Ele fizera inúmeras vezes antes, quando aprendeu a escutá-Lo, avisando-a de que seus filhos estavam em perigo. O que importava, agora, era o que fazer com aquilo. Então, Joyce decidiu fazer o que sempre fazia em situações semelhantes: rezou. Fechou os olhos, inclinou a cabeça e rezou, para que as coisas acabassem bem para os garotos na França.

Àquela altura, Joyce tinha aprendido a deixar muita coisa por conta de Deus. Ela aprendeu cedo, quando Spencer ainda era bebê, quando ela trouxe as crianças para a nova casa, após um divórcio traumático e uma batalha feroz pela guarda dos filhos. Ela os levou para a casa de seus pais, primeiro; uma mãe separada, sentindo-se um fracasso e se perguntando o que acabara de acontecer.

Por um tempo, aquele foi um refúgio para Joyce, que não podia depender de seus velhos pais para sempre. Juntou todas as forças e conseguiu um emprego, e com a ajuda dos pais, encontrou uma casa com espaço para as crianças se sentirem à vontade. O bairro tinha um clube de natação e um clube de tênis, todos situados a curta distância. Entusiasmada, no primeiro dia, Joyce apontou os clubes para as crianças, mas ao estacionar o carro junto à casa, elas desembarcaram parecendo murchas. Para elas, a casa era velha e feia. Era o melhor que Joyce podia fazer não tendo quase nenhuma renda própria, mas os tapetes estavam gastos, os quartos fediam e a pintura estava desbotada. Era um sinal para os filhos de que suas vidas radiantes, com pais amorosos e uma casa grande e feliz, tinham ficado para trás, e aquilo era o que havia restado. Uma casa estilo rancho, velha e feia, chamando-os para um mundo novo e incerto.

No entanto, Joyce teve uma visão. Ela transformaria aquele lugar em um lar animado para as crianças. Era um fardo imenso que ela devia carregar: as três crianças e um divórcio conturbado; o pai não tão longe, mas geralmente fora da vida delas; finalmente, um novo emprego, como perita de seguro de acidentes do trabalho para o Estado, o que significava dias longos capazes de enervar qualquer pessoa e de deixá-la respirando com dificuldade. Significava constante exposição às piores qualidades humanas: coisas que as pessoas fazem umas às outras, coisas que acontecem com elas. A maneira como as pessoas astutas manipulavam o sistema para descolar uma grana. A maneira como o sistema eliminava pessoas necessitadas. Diariamente, Joyce se dava conta do desespero e da cobiça delas. Ela ficou calejada. Começou a perceber que toda a sua vida, antes do casamento fracassado e do novo emprego, tinha sido embaraçosamente ingênua. Ela sempre ressaltou o melhor nas pessoas. Que todos eram capazes de ser bondosos; que todos tendiam a agir com base nisso.

Não mais. Agora, profissionalmente, ela captava a conversa fiada, e suas crianças estavam começando a assimilar essa habilidade.

Quando Spencer chorava em seu quarto, porque era dia de limpeza — que criança emotiva ele era! —, ela não tinha piedade.

Quando Joyce estava deitada em seu quarto e gritava para Spencer e Everett: "O que é todo esse barulho?", se Spencer respondesse: "Só estamos nos divertindo", mesmo com a voz aguda e estranhamente anasalada, ela não interferia.

É claro que Joyce não sabia que, na maioria das vezes, em outro aposento, no chão, Everett estava sentado sobre o peito de Spencer, segurando-o pelos pulsos e fazendo ele esmurrar a si mesmo, dizendo que golpearia com mais força se Spencer o dedurasse. "Diga para a mamãe: 'Só estamos nos divertindo.' Diga isso!"

Mesmo então, quando Spencer tinha 4 anos, ele já assimilava o ceticismo de sua mãe. Ele tinha dificuldade para aceitar regras, independentemente da procedência delas. Joyce o levava para a igreja com ela, sentava-o no banco da frente todos os domingos, e quando o pastor perguntava quem gostaria de receber a salvação, Spencer levantava a mão. Todas as semanas, o pastor sempre sorria. "Te peguei, amigo." Joyce tentava ensinar as Sagradas Escrituras para o filho. "Você não precisa fazer isso todas as semanas!" Mas a regra de que a pessoa só tinha de fazer aquilo uma única vez não fazia sentido para Spencer. Quem decidia isso? Por que isso dependia daquela pessoa? Talvez fosse insolência, talvez Spencer só quisesse consumir mais do que sua cota justa do Salvador, mas Joyce começou a ver isso de modo diferente: Spencer tinha um coração de ouro e queria ficar bem com Deus todas as semanas. Então, ela decidiu parar de brigar. Poupou sua energia para brigas mais importantes.

Joyce economizou centavos e transformou a casa velha e feia em um espaço acolhedor, com os arbustos bem-cuidados, a grama sempre aparada, e a lareira realimentada quando a temperatura caía abaixo de 10 graus. Sábado era o dia da faxina. Ela queria que, quando estivessem prontos, seus filhos saíssem para o mundo, sabendo como deixá-lo um pouco melhor do que haviam encontrado. Após conseguir a guarda, ela tentou criá-los sozinha, para manter seus filhos seguros e alimentados, e ajudá-los com as lições de casa. Dia a dia, sentia que podia contar com um auxiliar e, então, erguia os olhos e pedia a ajuda de Deus. Também fazia isso em momentos de dificuldade ou de necessidades específicas, e quando uma oportunidade se apresentava. Por exemplo, quando o casal vizinho começou a falar em se mudar, Joyce percebeu uma oportunidade. Ela caminhou ao redor do imóvel e encontrou locais estratégicos para rezar, transmitindo a Deus suas preferências em relação ao próximo morador. No mundo ideal, uma mãe separada, como ela, porque seria agradável ter alguém para compartilhar experiências. No mundo ideal, alguém com filhos da mesma idade que os seus, de modo que a vida social das crianças melhorasse, sem que Joyce tivesse de motivá-los mais.

E Ele respondeu, provando Sua benevolência sob a forma de uma mãe jovem, divorciada, que chegou com duas crianças a reboque e outra nos braços. Kelly, a irmã de Spencer e Everett, levou flores aos novos vizinhos para dar as boas-vindas, e, em seguida, voltou correndo e transbordante de excitação. "Mãe, ela é como você!" Joyce convidou a mulher para um café, e no instante que começaram a conversar, Joyce arregalou os olhos, surpresa. "Você também era comissária de bordo?" Joyce viajara pelo mundo dessa maneira, assim como Heidi. Heidi também viajara pelos Estados Unidos, trabalhando em uma empresa de ônibus antes do trabalho como aeromoça. Ela sorriu. "Acho que sempre estive no ramo de viagens", e sua última viagem a conduzira direto para Joyce. Enquanto conversavam, diversas coincidências estranhas se revelaram, e as duas mulheres falaram a respeito delas.

"Você também adorava os seus pais?"

"Você está preocupada com o fato de proteger demais os seus meninos?"

"Você também se lembra um pouco constrangida do quanto você era ingênua?"

Joyce foi apresentada a uma réplica de si mesma. A única diferença era Tom, homem musculoso que Heidi havia começado a namorar e que se afeiçoou aos filhos dela como se fossem seus. Ele os bombardeava com pizzas e filmes de Chris Farley, tinha um bom emprego e era, sem dúvida, um homem forte, com uma boa alma. Contudo, Heidi relutava em se arriscar cegamente com ele. Ela não queria se casar imediatamente porque ainda não confiava em si mesma depois do que acabara de fazer seus filhos passarem. Mas Tom estava ali, um pai substituto para seus filhos e, em breve, para os de Joyce também.

As duas viraram irmãs. As duas casas se tornaram duas alas da mesma propriedade. Também podiam não ter portas nem paredes, porque as crianças se moviam por elas livremente. Joyce tinha certeza de que o

Senhor era responsável por isso, que era Ele que merecia o crédito por aquela nova amiga. Talvez, de modo mais exato, Ele merecesse a maior parte do crédito, e Joyce talvez apenas um pouco de gratidão por ter pensado em Lhe pedir.

Elas eram dois pilares que se apoiavam mutuamente, duplamente fortes. Cada uma era exatamente o que a outra precisava, exatamente no momento em que cada uma precisava da outra ao máximo. Ambas eram determinadas e sensatas, mas com desesperada necessidade de apoio, e de alguém diante de quem podiam baixar a guarda, porque as crianças precisavam de estabilidade depois do que tinham enfrentado. Cada uma se sentia culpada. Cada uma sentia a necessidade de sufocar seus sentimentos em prol das crianças, porque elas precisavam de uma mãe confiável, e não de uma mãe perturbada. Era só entre as duas que cada uma podia baixar a guarda e admitir até mesmo ter sentimentos.

Joyce e Heidi preenchiam a peça ausente uma na outra, e como se isso não bastasse, os filhos eram de idades próximas. Everett, primogênito de Joyce, ainda era o mais velho, enquanto Heidi tinha Solon, o mais novo da nova turma, mas Peter, filho de Heidi, tinha a idade de Kelly, e Heidi também tinha um filho mais novo, que nasceu com diferença de poucos meses em relação a Spencer. Uma criança tranquila, com um rompante ocasional para o dramático. Heidi quis chamá-lo de Alex, por causa de Alexandre, um bom nome de origem grega, como Peter (Pedro), seu primogênito, mas quando uma fonoaudióloga que ela conheceu no curso do método Lamaze disse que era difícil falar o *s* de Skarlatos depois do *x*, Heidi mudou de ideia. Deu-lhe o nome de Aleksander. As pessoas o chamariam de Alek.

Spencer e Alek se tornaram tão próximos quanto suas mães. Os dois sempre estavam juntos. Em geral, Alek era uma criança quieta, reservada, mas possuía um senso de humor e uma autoexpressão que vinham à tona das maneiras mais inesperadas. Por exemplo, um período de obsessão efêmera com Batman, em que ele usava o traje do Homem-Morcego o dia todo, diariamente, por meses, mesmo em saídas com sua mãe, ganhando cumprimentos de caixas e funcionários de supermercados.

Em uma produção de Natal da igreja, ele representou um soldadinho de chumbo, incluindo um bigode ao estilo francês desenhado com lápis de maquiagem. Após a apresentação, quando um espectador se aproximou dele e se ajoelhou para cumprimentá-lo, Alek, de 6 anos, ergueu os olhos e avaliou o homem. Olhou com desdém e disse: "Então, você quer meu autógrafo?"

Alek, entretanto, assimilava e sentia mais o que acontecia ao redor dele do que deixava transparecer. Um churrasco organizado pelas mães acabou mais cedo quando a polícia apareceu na porta de Heidi, comunicando que estava respondendo a uma emergência. Joyce olhou para Heidi, que fez uma cara de espanto; ela não sabia de nenhuma emergência. Levou meia hora para que elas descobrissem que Alek, que não recebera muita atenção durante a festa, tinha ligado para o 911, o número dos serviços de emergência, e comunicado um crime em andamento. Alek explicou sua versão dos fatos para Spencer, que defendeu seu amigo. Alek foi considerado culpado só por vadiagem, e não por sabotagem. Ele usou o telefone da casa de Spencer para fazer um telefonema para sua própria casa, mas seu dedo escorregou quando digitou 916, o código de área. Um erro honesto!

Ou, por exemplo, quão bem Alek entendia Spencer. Em seus primeiros cinco anos vocais, o tópico preferido de conversa de Spencer era seu próprio aniversário. Sem deixar transparecer, Alek selecionou fragmentos de coisas que Spencer havia falado sobre o assunto. Então, quando finalmente chegou a hora de fazer um bolo para os vizinhos, Alek perguntou para a mãe se ele podia ser o responsável. Alek a arrastou até uma loja de brinquedos, fazendo-a comprar três soldadinhos de plástico e uma minúscula bandeira americana. Depois, colocou tudo sobre o bolo, em vaga aproximação da icônica foto dos fuzileiros navais em Iwo Jima.

Em seu aniversário de dez anos, Spencer entrou na cozinha, viu o bolo, olhou para Alek e, então, sorriu, estupefato pela sensação de que, nunca antes, em todo o grande desenrolar da história humana, um gesto mais perfeito havia sido realizado de um amigo para outro.

Alek se senta ao lado dele e olha pela janela. Em seu assento, Spencer está curvado, sentindo que está começando a adormecer. Ele fotografa o laptop e a meia garrafa de vinho tinto sobre a mesinha e posta a imagem: "Primeira classe, querida!"

Então, Spencer sente as pálpebras pesarem e se reclina para relaxar naquele balanço maravilhoso e alcançar um sono providencial.

Movimento suave e reconfortante. *Rhythm and blues* nos fones de ouvido abafadores de ruídos. Spencer não sabe durante quanto tempo dormiu. Então, há um momento de ruptura confuso, uma dissonância distante por trás da música. Um homem de farda correndo a toda velocidade diante de sua visão; a percepção parcial de que ele está acordando, caindo de cabeça para baixo em uma cena de cinema já em andamento. Os fones de ouvido soltos. Contato visual através do corredor e o rosto de Anthony contorcido, em uma expressão de confusão.

Agora, Spencer está totalmente acordado, e encolhido entre os assentos. Em seu cérebro, uma comporta se ergueu e uma gigantesca onda de adrenalina a está atravessando. Seus músculos se contraem, e o tempo desacelera para ele. Spencer vê uma porta corrediça de vidro se abrir e um homem magro, com uma expressão colérica, usando uma mochila do jeito errado presa na barriga. De algum modo, Spencer sabe, sem ter de pensar, que a mochila está cheia de munição e balança para frente, porque dessa maneira é mais fácil recarregar. Ele consegue ouvir os passos de modo claro e sonoro, como se o homem estivesse andando pesadamente de propósito. O homem se aproxima, estende o braço até o chão e pega uma metralhadora, que por algum motivo está ali. Ele a ergue, e Spencer consegue ouvir o atrito de metal sobre metal da arma sendo municiada.

Um instante se passa. Alguém precisa pegar aquele sujeito. Uma frustração ativa algo em seu cérebro. *Vou morrer aqui.* Então, uma descarga elétrica percorre o seu corpo, e um derradeiro pensamento se apossa dele com uma torrente de energia, uma lição oriunda de uma aula em Fort Sam há dois anos, que seu cérebro agora acessa como um disco rígido, recuperando um núcleo de informação: *Não vou morrer sentado.* A percepção beira a euforia. O som se comprime e Spencer não escuta mais os gritos e o vidro estilhaçando, que só agora entende que foi o que o despertou. Tudo isso se filtra em uma memória rarefeita e distante, como um ruído que foi sugado do trem para o passado, e, agora, tudo o que ele escuta, o único ruído em todo o mundo, são passos pesados e claudicantes. O terrorista está chegando mais perto. Ele ainda não começou a atirar.

Spencer fica de pé e começa a funcionar. A voz de Alek o alcança como um encorajamento de outro universo, incentivando-o: "Spencer, vai!" Spencer olha nos olhos do terrorista. Em seguida, sua visão se estreita, e seus sentidos mais irrelevantes o abandonam. Ele não registra nenhum som, e sua visão periférica entra em colapso. Spencer só consegue ver uma pequena parte do homem para cima de quem está partindo, um quadrado de tecido, e esse é o seu objetivo.

Ele se dá conta que está totalmente exposto.

Não há cobertura.

Não há outra distração para o atirador, porque todo mundo está se agachando.

Spencer é um alvo grande e fácil. Ele está exposto por um segundo, dois segundos. *Eu vou morrer aqui.* Três segundos, quatro segundos... O terrorista engatilha a metralhadora e aponta para Spencer. Spencer, então, flexiona as pernas e escuta, com total clareza, o atirador puxando o gatilho e o percussor atingindo uma bala.

Em seguida, tudo fica escuro.

2.

As armas talvez fossem a única diferença entre Heidi e Joyce. Spencer tinha liberdade para brincar com qualquer tipo de brinquedo, e sua mãe cedeu ao fato de os meninos gostarem de armas, porque... Bem, meninos gostam de armas. Ela tinha de rir de Heidi, que, abençoada seja, ainda se agarrava à falsa esperança de que Alek, Peter e Solon cresceriam em uma casa livre de armas. *Boa sorte,* Joyce pensou. As duas estabeleceram limites para lidar com parte da maternidade que causava atrito. As latas de lixo entre as duas casas marcavam a zona desmilitarizada: nenhuma arma do lado de Heidi.

Apenas alguns anos depois, Joyce saiu para ver Heidi, que esperava no assento do motorista de seu SUV, enquanto um comando de adolescentes com uniformes camuflados, empunhando armas de paintball, se amontoava na traseira do carro. Heidi se sentia derrotada. Ela havia desistido. Joyce não se conteve e gritou: "Nossa, Heidi, você fica bem com toda essa turma de roupa camuflada!"

Heidi olhou pela janela e tentou conter um sorriso. Em seguida, as duas caíram na gargalhada.

Àquela altura, Alek e Spencer tinham criado uma liga improvisada de jogos de guerra. Eles entornavam latas de lixo na rua e se escondiam atrás dos carros. Reuniam crianças do bairro para atuar como colegas soldados, que se alinhavam nas extremidades opostas da Woodknoll Way e carregavam as armas de pressão. Em seguida, atiravam uns contra os outros uma quantidade absurda de projéteis de airsoft ou paintball, e rios de tinta amarela e verde fosforescente corriam pelas sarjetas, como se as ruas da zona nordeste de Sacramento tivessem sido atingidas por uma chuva psicodélica. Outras crianças queriam entrar. Em pouco tempo, havia cinco meninos de cada lado, depois dez, atirando projéteis uns contra os outros das extremidades opostas da rua.

Inicialmente, não havia estratégia. Então, se o inimigo fosse atingido, ele estaria fora. Mas como se podia provar que alguém fora atingido? As discussões irromperam e ficaram mais intensas. Em seguida, passaram a ser arbitradas por um conjunto de regras não escritas e apaixonadamente contestadas. Verdadeiras assembleias se formaram na Woodknoll Way, onde duas dúzias de garotos discutiam os pontos mais sutis da guerra simulada, tudo em uma tentativa de igualar os métodos e manter algum senso de imparcialidade. Isso se tornou especialmente necessário porque Alek começou a utilizar armas com as quais as outras crianças não podiam competir. Certo dia, ele apareceu para o combate com o que Spencer achou que devia ser uma arma de pressão CO_2, de 150 dólares, réplica de uma pistola Colt 1911. Alek podia disparar projéteis a uma velocidade de quase 350 quilômetros por hora. Assim, os outros meninos se escondiam atrás dos carros e das cercas vivas, enquanto Alek alvejava a vizinhança como um Tony Montana em miniatura. A ordem tinha de ser restaurada. Então, começaram a dividir as equipes de acordo com a qualidade do equipamento. Alek formaria par com qualquer novo menino que quisesse brincar e que só estivesse armado com um canudo para lançar ervilhas.

Mais à frente da Base Operacional Avançada Stone-Skarlatos havia uma espécie de reserva natural atrás da Escola Schweitzer, onde os professores costumavam ensinar a filosofia de Albert Schweitzer de reverência pela vida e pela paz, mas que os meninos ocuparam com o propósito de intensificar sua filosofia de reverência pela guerra imaginária. Atrás das plataformas para bicicletas BMX e tubulações remodeladas como obstáculos antitanque, que bloqueavam tanques imaginários de desembarques anfíbios em uma imaginária praia de Omaha,* colocavam máscaras e disparavam projéteis de paintball. Os projéteis de paintball eram caros para quem vivia de mesada, mas melhores do que os de airsoft, porque não era possível trapacear tão facilmente. Podia-se passar menos tempo discutindo e mais tempo lutando.

Spencer nunca se cansava disso, nem Alek. Eles começaram uma pequena insurreição em seu arborizado subúrbio de Sacramento. Lutavam até de noite. E Spencer tentava parar o tempo, pois, mesmo então, tinha a noção de que outras forças estavam chegando para mudar suas vidas; forças poderosas, além do poder de controle deles. Algo grande e difícil de ver, e quase impossível de confrontar, mais forte do que ele sozinho. Alek e ele tentariam vencer juntos, mas isso, no final das contas, iria separá-los. Ao menos por algum tempo.

---

* Praia da Normandia, na França, onde as tropas aliadas desembarcaram no Dia D (6 de junho de 1944). (*N. do T.*)

3.

Spencer se encheu. Everett o estava deixando louco. O babaca, o idiota, o bundão do Everett. O irmão de Spencer estava tentando preencher o vazio deixado na família pelo pai deles, mas não sabia como fazer isso. Joyce achava que seu primogênito atormentava Spencer e Kelly por causa de um instinto bom e puro: ser o homem forte da casa, uma figura de autoridade. Era isso justamente que não estava dando certo. Everett agia com superioridade em relação a Spencer e Kelly, exercendo a autoridade e o controle não só fisicamente, mas também emocionalmente. Ele sabia como irritar, como alimentar a raiva de Spencer. Everett provocava sem parar e, então, quando Spencer dava mostras de estar prestes a explodir, seu irmão adotava uma expressão impassível, como se não fizesse a mínima ideia do motivo pelo qual o pequeno Spencer estava tão transtornado. Assim, certo dia, quando a mãe não estava em casa, Spencer finalmente explodiu. Atravessou correndo a cozinha, golpeou o peito de Everett com o ombro e, então, para sua surpresa, empurrou o irmão quatro passos para trás, jogando-o contra uma parede. A parede rachou, e eles derrubaram um pedaço dela, caindo em uma gigantesca caixa-d'água que nem sabiam que existia.

Um momento de confusão.

Ah, droga!

Eles se levantaram rapidamente e examinaram o dano na parede: um buraco do tamanho aproximado de dois adolescentes. Uma caixa-d'água os espreitando atrás.

Eles não perderam tempo. Primeiro, Spencer ligou para Alek. "Merda, Alek, chame o seu padrasto. Estamos ferrados."

"Ele não está aqui, Spence. Está trabalhando."

Então, Spencer ligou para o quartel dos bombeiros. "O Tom está?" Levou um tempo insuportavelmente longo para Tom atender. "Tom! Desculpe incomodar o senhor. Por favor, venha até aqui. Precisamos da sua ajuda. Pisamos na bola."

"Calma, Spence. Qual é o problema?"

"Nós... Bem... Nós quebramos a casa."

"O que você fez agora?"

"Bem, foi o Everett, principalmente. Ele quebrou a casa..."

"Ele..." Everett falava ao mesmo tempo, procurando encobrir a voz de Spencer e negar a culpa que o irmão estava lhe atribuindo, enquanto Spencer tentava colocar a mão sobre o rosto de Everett.

"Por favor, Tom, você precisa vir nos ajudar. Temos que arrumar a parede antes que minha mãe chegue."

"Puxa, Spence. Sinto muito, cara, mas ainda estou no trabalho. Seja como for, as lojas estão todas fechadas. Impossível conseguir algum material de construção agora."

"Não, não!"

"Não se preocupe. Simplesmente confesse. Tenho certeza de que não vai ser nada demais. Apenas seja honesto."

Joyce chegou duas horas depois. Everett a encontrou do lado de fora, ajudou-a a sair do carro, desviou-a da porta da frente e a escoltou pela garagem até a área de serviço, mostrando-lhe a casa como um animado corretor de imóveis. "E aqui temos o piso que acabou de ser limpo!" Ele mostrou toda a casa limpa com aspirador de pó. Um primor. Até com velas acesas sobre o consolo da lareira. O passeio terminou perto da porta da frente, onde Spencer e seu primo estavam parados, em sentinela, majestosos como guardas palacianos. Cavalheirescos, como você preferir... Ainda que encostados na parede de um modo um pouco desajeitado.

"Bem, acabamos de ver esta casa. A que devo essa maravilhosa surpresa?"

As chamas das velas tremulavam. Spencer olhou para seu irmão mais velho. Lentamente, com timidez, deu um passo à frente e revelou o buraco.

A animação de Joyce sumiu de imediato. "Isso é *sério*?" Ela começou a gritar, saiu andando pela casa proferindo ameaças, voltou. "Vocês vão arrumar isso!" Em seguida, foi para o quarto para se acalmar, deixando Spencer mergulhado no pior sentimento possível: ele tinha decepcionado sua mãe.

QUANDO EVERETT PASSOU PARA a sexta série, seu dom para se meter em encrencas começou a preocupar Joyce. Ela ouviu dizer que ele estava sendo intimidado na escola, e, ainda mais assustador, estava intimidando. Não eram mais meninos sendo apenas meninos; os meninos estavam se tornando homens. Outros garotos estavam ameaçando Everett nos corredores, fingindo cortar a garganta dele com gestos de polegar porque ele ousou empurrar um deles. Certo dia, uma gangue apareceu na casa da família antes de ela chegar, ameaçando Everett e provocando Kelly, que saiu da casa gritando em defesa de seu irmão mais velho. Isso só irritou Everett ainda mais, levando-o para mais perto daquele lugar onde os garotos fazem coisas estúpidas por orgulho. Joyce começou a se preocupar com as brigas que aconteciam em sua casa e também nos corredores da escola. Everett não estava recuando.

Aquela escola não estava fazendo bem para Everett. Não era um lugar seguro para uma criança estudar. Everett até conseguia cuidar de si mesmo, mas Spencer? Ele ainda era pequeno, ainda sensível. Joyce ficava doente de preocupação a respeito do que aconteceria com seu filho mais novo quando ele passasse para a sexta série do ensino fundamental.

E, bullying à parte, a escola pública não estava cuidando direito de Spencer. Pelo fato de Spencer estar atrasado em leitura, a professora sugeriu que ele tomasse um remédio para transtorno de déficit de atenção. Joyce conversou com Heidi a esse respeito. Descobriu que a escola estava dizendo a mesma coisa acerca de Alek, porque — e isso era absurdo — Alek gostava de olhar pela janela durante a aula. Tomando café, Joyce e Heidi concordaram que era inconcebível que professores tentassem medicar seus filhos.

Quando Joyce foi a uma reunião de pais e mestres e disse que não estava disposta a dar nenhum remédio para seu filho (*só porque vocês não fazem bem o seu trabalho*, ela teve vontade de dizer), a professora de Spencer afirmou: "Bem, se você não medicá-lo agora, ele vai se automedicar depois."

Essa afirmação deixou Joyce com raiva.

"Sabe, os filhos de mães separadas", a professora continuou. "É o que dizem as estatísticas, Sra. Eskel. Estatisticamente, eles são mais propensos a desenvolver problemas."

Estatísticas? Joyce sentiu o sangue ferver. Como aquela mulher ousava encará-la com desprezo só porque ela era uma mãe separada e seu filho estava um pouco atrasado em leitura? Ela pensou em um milhão de coisas que queria dizer para aquela mulher. *Sabe o que mais?*, ela pensou, *Meu Deus é maior do que as estatísticas mundanas. Realmente, não me importo com o que você me diz. Você não tem permissão para falar comigo desse jeito.* Quando Joyce se acalmou, ficou de pé e disse, descontraída: "Se você acha que eu vou drogar o meu filho para facilitar o seu trabalho, está muito enganada." A professora olhou em volta, demonstrando aborrecimento, e Joyce se retirou, com raiva.

E aquela foi a gota d'água. Spencer precisava de um lugar melhor. Ele precisava de um lugar onde não havia meninos nos corredores que queriam fazer picadinho dele, nem professores que queriam enchê-lo de substâncias químicas. Joyce precisava de um lugar onde os adultos tivessem mais controle sobre as crianças, e onde Spencer fosse protegido e cuidado. Talvez um lugar que proporcionasse o aconselhamento de que Spencer e Alek sentiam falta, pelo fato de ficarem separados a maior parte do tempo de seus pais. Mas as escolas particulares eram caras. Então, Joyce rezou. Quando uma amiga próxima lhe falou acerca de uma pequena escola cristã, soube que tinha sido favorecida por outro milagre. A escola ficava perto da casa dela, a cinco minutos de carro, uma distância de cerca de 4 quilômetros. Como ela não soube disso antes? Era como se tivesse acabado de aparecer no quintal dela. Para os padrões de escola particular, não era cara. Ela talvez fosse capaz de arcar com as mensalidades. Melhor de tudo, tinha atividades o dia todo. No período vespertino, as crianças tinham coisas construtivas para fazer e alguma supervisão, e também nos fins de semana. A escola seria como um pai ou uma mãe extra.

Então, ficou combinado. Spencer e Alek iriam para a nova escola. Suas súplicas tinham sido atendidas.

Era quase bom demais para ser verdade.

4.

Inicialmente, Spencer tentou se sair bem. Apresentou sua candidatura para presidente do grêmio. Alek atuou como seu coordenador de campanha. Planejaram as coisas juntos e apresentaram uma plataforma progressista, incluindo a oferta gratuita de burritos.

Criaram um cartaz para a campanha: Spencer segurando uma arma de paintball, réplica de um fuzil M-16, diante de uma bandeira americana, usando uniforme camuflado e imitando o Tio Sam dizendo "I want you".

Então, para garantir que permaneceriam fiéis à mensagem, os dois garotos foram para a escola usando trajes camuflados completos. Era importante levar a sério a campanha, porque Spencer tinha grandes planos para mudar o mundo. "Vou trocar as máquinas de Coca por máquinas de Pepsi", ele disse. "Porque a Pepsi é mais americana." Porém, no dia em que os candidatos se dirigiram a todos os eleitores, seu adversário leu sem erros um discurso bem-escrito, e Spencer, perturbado e nervoso, apresentou suas promessas de campanha tão baixinho que ninguém ouviu uma única palavra. Seus grandes planos para máquinas de venda automática mais patrióticas simplesmente não foram ouvidos. Spencer perdeu a eleição.

Com suas ambições políticas liquidadas, o ódio de Spencer pela escola cresceu. O lugar o irritava. A maneira pela qual envelopava cada parte de sua vida era excessiva. Ele passou de uma casa sem pai para um lugar com uma dúzia de novos pais e mães. Não parecia certo, ainda que ele não soubesse explicar o que parecia errado. Spencer era pequeno e não tinha autoconfiança. Para ele, os professores pareciam desligados; eram diferentes dos professores de sua antiga escola. Ele não gostava de ir à igreja e à escola com as mesmas pessoas, sob a mesma autoridade. Era uma mistura de dois mundos em relação aos quais alguma separação parecia natural. As pessoas estavam sempre observando. Estavam muito interessadas nele, mas pareciam olhar além dele, através dele, como se Spencer tivesse algo podre dentro, desconhecido para ele, mas que os outros tinham certeza de que estava lá. Quando se irritava e reagia, eles o puniam, arrastavam-no para a sala do diretor, onde o mantinham durante horas, que pareciam dias, insultando seu caráter, invocando Deus para levá-lo às lágrimas e lhe assegurar que estava envergonhando o Senhor, que precisava obedecer porque estava, sem dúvida, entrando no caminho da perdição.

"Eles são loucos, mãe. Estou dizendo para você: eles são loucos. E você não se importa!", Spencer gritou, mas Joyce não acreditou, ou ao menos, inicialmente, não quis acreditar. Joyce sabia que Spencer precisava de estrutura, e, de fato, ela não tinha realmente muitas opções. Estava economizando o que podia para viver dentro do orçamento e mantê-lo na escola particular. Era o único filho ao qual ela tinha condições de oferecer isso. Para Joyce, a hipótese de enviar Spencer de volta para a escola pública era impensável. Ali ele seria assediado pelos meninos mais velhos e os professores recomendariam o uso de remédios controlados. Ela esperava que a atitude de Spencer mudasse, favorecendo a construção de seu caráter. Sem dúvida, em breve, ele veria o valor disso e, finalmente, começaria a se dedicar.

Mas o que aconteceu foi que Spencer passou a odiar a escola cristã ainda mais, e a ligação entre ele e Alek, seu único aliado conspirador, ficou mais forte. Os dois resistiam à autoridade daquele lugar estranho, cujos defeitos as duas mães não percebiam. Aquela era a única redenção para Spencer: Alek também observava aquilo.

Alek aderiu à apatia e se dedicou a ela em relação aos deveres de casa. O comportamento de Alek assegurou a Spencer que ele não era o problema. O problema eram as pessoas da escola. Elas não mereciam julgá-lo e, sem dúvida, não tinham nenhum direito de lhe dizer se Deus estava do seu lado ou não. Parecia que os dois, Spencer e Alek, estavam juntos nas trincheiras de algum tipo estranho de guerra psicológica. E como eram apenas os dois que não aceitavam a autoridade da escola, os dois recém-chegados, intrometidos naquele mundo frequentado por todos os outros alunos desde o jardim de infância, eles, mais do que ninguém, atraíam a ira da direção da escola.

Alek reagiu da maneira que estava se tornando seu estilo. Ele ignorava as pessoas. Fazia o que queria e não se deixava afetar pelo que diziam. Isso parecia aumentar ainda mais a raiva das pessoas da escola. Spencer via o jeito como tratavam Alek, e seu sangue fervia.

As linhas da batalha estavam traçadas.

5.

Se a nova escola estava se tornando um pesadelo para Spencer, havia ao menos um raio de esperança. Um menino negro, matriculado por meio de uma bolsa de estudos para minorias, estimulou um fraco programa de esportes, porque não é fácil montar um time com apenas 15 meninos por classe, a menos que exista um craque.

Como calouro, Anthony Sadler seria o armador titular do time de basquete e, depois, o recebedor titular do time de futebol americano (*flag*). Ele era o tipo de menino que não escondia sua frustração no campo. Xingava, gritava com os companheiros, era presença assídua na sala do diretor, que, àquela altura, era uma parada diária obrigatória para Spencer e Alek. Se os dois garotos da Woodknoll Way não tinham muito em comum com o novo menino de Rancho Cordova, estavam ao menos familiarizados com a delinquência frequente. Isso eles tinham em comum. À noite, voltavam para zonas diferentes da cidade, mas durante o dia passavam a maior parte do tempo na mesma sala.

E havia outra coisa a respeito de Anthony que fazia parecer que o destino tinha traçado a amizade deles: os sobrenomes. Sadler vinha pouco antes de Skarlatos, que vinha pouco antes de Stone. Isso significava que, toda vez que os estudantes tinham de formar fila em ordem alfabética, Spencer ficava perto dos dois. A amizade foi reforçada pelo acaso alfabético.

Não podia ter havido pior coincidência para a administração escolar: os três garotos mais travessos sempre estavam juntos.

Para Spencer, era estimulante ter outro excluído por perto. Era como um vestígio de uma época passada, os dias de glória da escola pública. Spencer e Alek foram forçados a andar com um bando de meninos que faziam o jogo do sistema e não sabiam nada mais. Em Anthony, havia finalmente outra pessoa normal. E ele sabia coisas descoladas. Sabia se vestir, que tipo de tênis usar. Como usar uma calça deixando a cueca à mostra, como usar uma camiseta dois números maior. Os garotos da Woodknoll Way ainda iam para a escola com roupas camufladas, porque achavam bacana. Com Anthony aprenderam que não era (de modo enfático). E Anthony xingava o tempo todo. Era isso que você fazia na escola pública, ele disse para Spencer. Esqueceu? Ele fazia isso nos jogos de basquete. Fazia isso sem nenhum motivo. Ele afirmou que estava tentando reduzir o uso de palavrões, mas era como desaprender uma linguagem, e isso também era revigorante. Spencer e Alek também usavam palavrões, e sempre que um "porra" escapava seus colegas de classe pareciam que tinham levado um tapa na cara. Com Anthony, Spencer podia conversar à vontade, do seu jeito normal. Era uma ligação criada por meio de palavras de baixo calão.

Em pouco tempo os três, se alimentando mutuamente, começaram a ser chamados para a sala do diretor juntos. "Vocês disseram *o quê*? Esta é uma escola cristã!"

Spencer observava Anthony trabalhar essa questão. Ficava impressionado, pois Anthony tinha uma capacidade incomum de se adaptar ao meio. Parecia muito consciente de seu ambiente e sempre sabia se encaixar perfeitamente nele, enquanto Spencer não se importava, e Alek também parecia não se importar.

Logo que entendeu que xingar não era legal ali — e que as pessoas deduravam —, Anthony refletiu sobre seu temperamento. Ele se orgulhava de sempre saber como agir. Só tinha de dedicar algum tempo extra na escola para descobrir o que não era aceito. Começou a controlar isso. Spencer viu Anthony se tornar o filho pródigo. Os adultos ali, como os adultos em todos os lugares, começaram a adorá-lo. Os adultos *sempre* o adoravam. Ou o achavam tranquilo e educado, e Spencer tinha consciência disso. Era tudo um teatro, aquilo que Anthony queria que eles pensassem. Spencer sabia que, na realidade, Anthony era como ele.

Quando Spencer levou Anthony para sua casa, para conhecer sua mãe, Joyce achou Anthony amável, mas quieto. Ela não conseguiu fazer uma leitura dele. Quando ela foi acordada por um telefonema de um vizinho furioso, cuja casa fora coberta por papel higiênico por dois garotos que, sob o halo do poste de luz, pareceram ser um menino branco, pálido e gordinho e um menino negro, alto e magro, Joyce se sentiu humilhada. Não só seu filho a envergonhara perante os vizinhos, mas o que ela iria dizer ao senhor Sadler?

Por anos Spencer e Alek foram os únicos dois que não aceitaram o sistema, mas Anthony tinha a mesma tendência independente de Spencer e Alek, o mesmo olho para travessuras. Não era só que os dias de escola haviam sido tão chatos por muito tempo; a escola estendia seus tentáculos para outras partes da vida deles. Fora as batalhas de paintball e airsoft, Spencer e Alek, de fato, não tinham vida fora da escola. Agora tinham.

Se Anthony representava um sopro de ar fresco — um garoto que não era um escravo como todos os outros pareciam ser, que era um livre--pensador como Spencer e Alek, que possuía seu próprio estilo, que era uma janela para uma cultura com a qual Spencer e Alek não tinham contato —, sem dúvida, também ficou impressionado com eles. A primeira vez que Anthony foi à casa de Spencer e viu todas as armas — armas de brinquedo, armas de airsoft, armas de softball, uma escopeta de verdade no quarto de Spencer —, ficou de queixo caído.

"Seus pais deixam você ter isso?"

"Você nunca viu uma dessas?", Spencer perguntou, dando de ombros, em um gesto de indiferença.

"Não, não uma de verdade."

"Você nunca caçou?"

"Não. Quero dizer, os negros não caçam. Não é uma coisa que nós fazemos nas horas vagas."

Anthony nunca vira nada daquilo. Spencer começou a entender que também desse jeito a vida de Anthony fora um pouco diferente da sua, que a família de Anthony tinha contato real com a violência concreta do mundo do crime. O pai de Anthony foi um motorista de furgão de entregas que se tornou pastor, uma referência para a comunidade. Ele era o tipo de homem que considerava o prefeito e o chefe de polícia seus amigos pessoais, junto com quaisquer celebridades que Sacramento podia invocar, porque, qualquer que fosse sua preferência política e sua religião, respeitava-se um homem que dialogava com membros de gangue e colocava seu corpo na frente da violência. O pastor Sadler tentou construir pontes com as pessoas à margem da sociedade, ligando seu próprio grupo de fiéis com os traficantes de drogas e os membros de gangues. Ele tentava atrair a polícia para isso, construir relações entre a polícia e as pessoas inclinadas à violência em regiões carentes da cidade, de modo que os dois grupos não se vissem apenas quando começavam a atirar um contra o outro, e de modo que, antes de mais nada, o tiroteio pudesse ser evitado. Mesmo antes de ser ordenado, o pai de Anthony tinha visto as armas arruinarem muitas vidas próximas dele, e, assim, ele não queria que seus filhos as tivessem como brinquedos.

Nisso ele teve êxito, impedindo os filhos de terem contato com armas, mesmo quando moraram em uma comunidade repleta delas. Só quando Anthony saiu de uma escola pública em um bairro violento para uma pequena escola particular em um bairro seguro, finalmente teve contato com armas.

Na casa de Spencer, Anthony estava fora do alcance do pastor Sadler, e ficou impressionado. De imediato, economizou 30 dólares para comprar seu próprio revólver de airsoft. Em seguida, adquiriu um rifle de airsoft MP5 e, depois, uma espingarda de airsoft. Ele se perdia em batalhas épicas que Alek e Spencer organizavam na frente de suas casas e no bosque atrás da Escola Schweitzer. Aos sábados, ele sumia, avançando com Alek e Spencer pelo bosque, e, depois, os três partiam para a Woodknoll Way, para se juntar ao exército que os aguardava. Recriavam batalhas épicas a partir dos filmes. Na escola, a única aula que os três achavam interessante — a única matéria em que não conseguiam nem mesmo fingir que desinteresse — era história, porque o professor falava o tempo todo de guerras mundiais, e, então, os garotos, depois da escola e nos fins de semana, reviviam as grandes e heroicas batalhas: o desembarque na Normandia, o bombardeio de Khe Sahn.

Ajudava o fato de o professor parecer muito normal. Ele era animado, e fomentava o interesse dos garotos por guerras e atos esporádicos de heroísmo ao longo da história. Estudaram Franklin Delano Roosevelt; a ideia de uma pessoa como o ex-presidente, liderando um país em seu maior desafio, enquanto ele mesmo passava por sofrimentos físicos, era estimulante. O professor foi mais fundo em relação às guerras do que qualquer outro: Segunda Guerra Mundial, Vietnã e, sobretudo, aquele homem, Roosevelt, que lidou com um mundo frenético e, apesar disso, fez as coisas certas, nos momentos certos, para neutralizar situações perigosas em momentos críticos. Na aula, os três nem piscavam.

Assistiram a filmes: *O Resgate do Soldado Ryan, Cartas de Iwo Jima, Falcão Negro em Perigo, Tempo de Glória, Apocalypse Now*, com os vilões parecendo um tanto familiares. No momento em que os créditos apareciam, conversavam entre si: "Quando eu alcançasse a praia, me esconderia atrás do barco até que eles tivessem de recarregar as armas." História não era algo chato, não se você abrisse as cortinas o suficiente para poder se imaginar no palco, desempenhando o papel de um soldado de infantaria avançando até a praia, ou de um piloto voando perto das copas das árvores para escapar do radar inimigo. Eles inventavam cenários em que venciam uma ameaça contra todas as expectativas e salvavam a pátria. Isso deixava seus pulsos acelerados. Então, atiravam uns contra os outros com projéteis de plástico, imaginando o que aconteceria se, um dia, algum deles estivesse na linha de fogo.

6.

"Eu queria ir à festa de formatura", Anthony disse.

Spencer riu. "Você quer dizer comigo?"

"Não, cara! Quero dizer em geral. Nós não temos isso aqui. Isso é o que eu quero dizer: não há festa de formatura aqui, nem reencontro de ex-alunos, nem... Não sei. Nada das coisas que tem na escola pública." Anthony já estava se preparando para ir embora. Ele tinha mais chance de se dar bem em esportes em uma escola pública, e também de achar uma namorada. Spencer não podia argumentar em contrário. Você não devia nem *conversar* com garotas aqui. Se ele tinha uma chance de escapar, precisava aproveitá-la.

Assim, Anthony partiu, mas o vínculo entre eles estava criado. Mantiveram contato, e Anthony ainda aparecia para brincar com armas e assistir filmes da Segunda Guerra Mundial. No entanto, a escola particular não era a mesma sem ele. Anthony trouxera algo novo e energizante para a vida de Spencer e Alek, e, agora que tinha ido embora, aquele lugar era ainda mais difícil de tolerar.

Um novo ano escolar começou. De novo, era uma comunidade de dois. Spencer e Alek, um bando de pessoas que eles não entendiam, um bando de pessoas que não os entendiam.

Foi então, naquele primeiro ano depois que Anthony partiu, que a escola finalmente foi longe demais.

Para Spencer, ficou claro. Alek era o alvo; ele ficava quieto e não reclamava, mas, como Spencer, todos sabiam que Alek não aceitava o código como um todo. Os deslocamentos ritualísticos para a sala do diretor não eram mais suficientes. A pressão aumentou. Um professor que xeretava as mochilas dos alunos pegou o iPod de Alek, ouviu as músicas e encontrou uma com um palavrão. Outro afirmou que ouviu, por acaso, Alek travando uma discussão com um colega de classe, e aquilo foi o suficiente. Alek foi rotulado como uma criança problemática.

Alek só estava na oitava série, mas Spencer o observava ser revistado diariamente antes da aula como se fosse algum tipo de ex-prisioneiro, e foram ainda mais longe. A escola passou a acreditar que Alek precisava viver com o pai, e apresentou o novo arranjo como um fato consumado para Heidi. Ela se sentiu pega de surpresa. Ficou tonta. Não fazia sentido. A própria escola que pediu a ajuda dela repetidas vezes, para treinar o time de futebol e fazer trabalho voluntário no refeitório e na creche, subitamente decidiu que o lar de outra pessoa seria melhor para seu filho. Heidi quase não teve chance de entender a ideia absurda de que Alek — Alek! — estava sendo chamado de criança problemática, ou a chance de falar o que pensava, antes que seu filho fosse embora, primeiro, para a casa do pai, do outro lado da cidade, e, depois, para ainda mais longe.

Spencer achou que tudo era besteira. Ele odiou a escola ainda mais por separá-lo de seu melhor amigo. A ideia de que Alek — quem diria? — representava algum tipo de ameaça era tão ridícula que se tornava quase engraçada. Spencer se preocupou com Alek, embora, quando foi visitá-lo na casa do pai, ele tenha dado a impressão de estar bem.

"Uau!", Spencer disse, passando a mão sobre uma caixa de som, parte de um elaborado interfone que o pai de Alek havia instalado. "Estão mimando você bastante agora."

"Cara, não estão me mimando." Nesse momento, o interfone apitou, e se ouviu a voz de uma mulher. "Alek? Querido? Você quer calda de chocolate em seu brownie?"

Spencer encarou Alek.

"Tudo bem", Alek disse. "Talvez eu esteja sendo um pouco mimado."

Joyce via com tristeza o que Heidi estava passando. Spencer não achava que seu amigo merecia tanta atenção, mas ficou feliz de saber que sua mãe, finalmente, estava ficando com pressão alta por causa da escola. Agora Spencer tinha uma poderosa aliada, e já não era sem tempo. Alek disse que seu pai iria permitir que ele fosse para a Del Campo High School, escola pública maior e mais normal, que era boa para Alek, mas significava que Spencer ia continuar preso na escola cristã, sozinho.

A verdade era que Joyce não precisou de muito convencimento. Por mais que quisesse acreditar que a escola particular era algo bom para o filho, a comunidade da escola havia começado a irritá-la. A comunidade realizava encontros aos domingos, de que ela já não gostava, porque, depois da igreja, desejava um pouco de tempo para estar com os filhos, mas ela ia, e organizava festas quando era sua vez de organizar festas, com o espírito aberto, fraterno, ou algo assim. Mas as pessoas eram simplesmente... Ela simplesmente não conseguia se conectar com elas. Elas não se misturavam.

Limitavam-se a si mesmas. Não pareciam capazes de se relacionar com alguém que não fizesse parte de sua igreja. Tratavam qualquer outra pessoa com olhar inquisidor, até desconfiança. Quando a escola interferiu na vida de Heidi, para Joyce, foi a gota d'água. Ela tomou uma decisão.

"Spencer, querido, preciso conversar com você."

"Tudo bem..."

Com uma expressão séria, Joyce entrou no quarto de Spencer e fechou a porta. Preocupado, Spencer achou que alguma tragédia tivesse se abatido sobre a família. Joyce se sentou na cama e encarou o filho: "Escute. Você quer mudar de escola?" Spencer não conseguiu acreditar. Era uma piada? Sua mãe realmente ia deixá-lo trocar de escola? As nuvens se abriram e o futuro se iluminou. Ele não seria deixado para trás, completamente só, enquanto Anthony e Alek partiam para uma vida nova e empolgante. Agora, era apenas uma questão de retornar à vida selvagem, encontrando desculpas para deixar a escola cristã antes da hora, para que eles pudessem ir até a Del Campo para fazer testes de futebol americano.

Spencer e Alek conquistaram uma imensa vitória. A batalha não era nada menos do que existencial. Para um adolescente, poucas coisas podem ser mais devastadoras do que a perspectiva de perder a vida proporcionada pela escola do ensino médio: os esportes, as garotas, as festas, os bailes. O confinamento em uma minúscula escola era tolher um impulso basicamente biológico. Até mesmo seus hormônios estavam dizendo que eles tinham de cair fora.

Durante dois anos Spencer e Alek receberam de Anthony lições importantes. Ele surgiu na vida deles como um oráculo de tudo que era descolado, fazendo-os perceber tudo que estavam perdendo: festas de formatura, reencontro de ex-alunos, futebol americano, a sublime vocação do mundo dos atletas das escolas de ensino médio. Spencer estava empolgado com a escola pública; para Alek, era, principalmente, a fuga que parecia interessar. A escola de ensino fundamental o tinha abatido. Ele não se importava muito com o lugar para onde iria depois.

Juntos, chegaram a Del Campo como dois órfãos fugitivos, com pouco além dos conselhos de Anthony a respeito de como se comportar ou de que tipo de roupa usar. Encontraram um banco desocupado. Spencer, sorridente, mas com excesso de peso, e Alek, quieto e taciturno, ambos bastante não descolados, ambos felizes, mas pouco à vontade em seu novo ambiente, se sentaram e almoçaram, apenas os dois, como um casal de velhos em uma praça de bairro.

Viram os outros garotos se misturarem; garotos que organizaram suas panelinhas, seus clubes, seus grupos e seus parceiros de estudo, mas Spencer e Alek comeram seus sanduíches embrulhados em papel-manteiga só os dois. Spencer não sabia exatamente como se envolver com crianças normais, mas sentia que se sentar apenas com Alek não era saudável. Os dois precisavam de novos amigos. Por mais difícil que parecesse tentar se envolver, por mais que ele fosse ridicularizado, Spencer precisava diversificar. Assim, certo dia, no almoço, ele decidiu: *Vamos. É agora ou nunca.* Ele se levantou e olhou para Alek. "Você vem?"

Alek balançou a cabeça negativamente. Assim, Spencer ficou exposto sozinho a ataques de todas as direções. Sozinho, saltando de grupo em grupo, até encontrar um lugar onde pudesse se encaixar por algum tempo, e Alek, satisfeito, permanecia quieto em seu banco, ensimesmado, observando a vida adolescente passar, enquanto Spencer tentava se relacionar sem um companheiro ao lado. Os dois queriam estar ali, mas agora, quando tinham o que queriam, foi quando a separação deles começou. Spencer não podia deixar de sentir que estava, de certo modo, deixando Alek para trás.

Ele só não sabia quão permanente isso seria.

Apesar da dificuldade de Spencer em tentar fazer contato, apenas algumas pessoas tornavam isso impossível. Ele mesmo, por exemplo. Spencer nunca sabia o que usar. A pequena escola cristã tinha tolhido sua noção de moda, e ele sempre se sentia deslocado. Ele se destacava na multidão. Alek também não sabia nada a respeito de moda, mas não parecia se importar por estarem sempre vestidos de um jeito muito diferente dos garotos que frequentavam escolas normais. No treino de futebol americano, um dos técnicos gostava de juntar Spencer e Alek para a derrubada com a "cabeça", alinhando-os, com os dedos para baixo, e, então, para que ninguém se esquecesse de que os dois tinham chegado da pequena escola cristã, ele gritava: "Atenção! É uma guerra santa!", enquanto Spencer e Alek partiam para cima um do outro.

E, então, certo dia, Alek partiu. Foi para Oregon com o pai. Spencer teve de manter isso em segredo. Heidi só soube quando ligou para Alek um dia para saber se o filho queria aparecer para jantar e Alek disse que não podia porque estava em Oregon. Simples assim. E embora parecesse cruel e repentino que seu amigo tivesse partido tão rápido, e Spencer sentisse saudade dele, pensou: *Oregon, sim. Provavelmente, é melhor para ele lá.* Algo a respeito de natureza, campos abertos. Spencer não sabia exatamente o motivo, mas foi assim que imaginou o Oregon, e aquilo que imaginou que seu melhor amigo precisava.

7.

Quando Spencer subiu ao palco para receber seu diploma do ensino médio, escutou o que parecia uma vaia.

Podia ser uma vaia?

Não podia ser uma vaia, podia?

O que... Por que elas estão...?

Eram três pessoas, talvez cinco, vaiando. O piadista, um amigo, Spencer descobriu depois, achou que seria engraçado que algumas pessoas vaiassem quando Spencer subisse para receber seu diploma. Mas provavelmente as pessoas próximas acharam que havia um bom motivo. Então, a vaia se espalhou, e, logo, toda a plateia estava vaiando. Spencer caminhou pelo palco cerrando os punhos, sentindo o sangue ferver, pronto para explodir de raiva. Toda a sua família estava presente, vendo-o ser vaiado. Ele quis mostrar o dedo do meio para todos, gritar obscenidades, mas se conteve. Pegou seu diploma e saiu do palco, ansioso para varrer esse capítulo de sua vida para sempre. Era uma despedida adequada rumo a uma vida pós-formatura que seria totalmente medíocre.

Spencer concluiu o ensino médio e começou a ficar indeciso. Ele conseguiu um emprego na casa de sucos e smoothies Jamba Juice. Ganhou peso. Fazia poucos exercícios físicos. Nenhum além daqueles nas ocasionais aulas de jiu-jítsu. Seu irmão, Everett, tinha abraçado o esporte, e era quem dirigia o carro. Assim, Spencer o seguia para qualquer diversão à qual Everett estivesse disposto a ir. Spencer sempre gostou de artes marciais, porque gostava de qualquer coisa marcial, mas se frustrou com caratê. Ele voltou para casa depois de uma aula e tentou se exercitar com o irmão mais novo de Alek, mas quando seu colega de treinamento não se posicionou de acordo com as regras rígidas do esporte, Spencer não pôde exibir seus movimentos. Ele queria fazer movimentos com todo mundo, mas simplesmente não parecia funcionar contra alguém que não sabia caratê.

Jiu-jítsu era diferente. Não era como as outras artes marciais. Funcionava com qualquer pessoa. Funcionava se ela soubesse jiu-jítsu e funcionava se não soubesse. Sobretudo, se não soubesse.

Isso também era prático. Não só porque você podia estrangular o irmão caçula de seu melhor amigo, independentemente da forma de resistência que ele pudesse oferecer. Você podia subjugar qualquer pessoa na rua que tentasse atacá-lo, ou que agredisse alguém. Desde que a pessoa não soubesse jiu-jítsu melhor do que você, você poderia derrotá-la.

Ganhando 8 dólares por hora servindo sucos e smoothies, Spencer não podia arcar com as despesas para treinar. Então, procurava novas academias, matriculava-se para uma aula grátis, depois, pedia desculpas: "Sabe, na verdade essa localização não é muito conveniente para mim", e ia procurar outro local para uma aula grátis.

Uma dúzia de estilos de luta diferentes ensinados por uma dúzia de professores diferentes.

Spencer não conseguia fazer nenhum tipo de progresso, mas gostava da camaradagem, e dessa rara combinação de confiança e humildade que você obtém disso, ainda que essas duas coisas pareçam contrárias. Qualquer velho magricela, caminhando pela rua, podia estrangulá-lo se fosse mais treinado do que você. Isso faz você respeitar todo mundo. Porém, se você fosse o mais treinado, poderia submeter qualquer um, independentemente das vantagens que talvez tivessem sobre você. A menos que portassem algum tipo de arma, Spencer considerou.

Contudo, naquela época, na maioria das vezes, Spencer passava os dias com Anthony, que começara a faculdade, ou trocando mensagens de texto com Alek. E passava o tempo perto de Meghan, garota de expressão amável, com piercings e tatuagens, que trabalhava ao lado dele na Jamba Juice. Ela havia acabado de chegar de São Francisco. Spencer a ajudou com a mudança e mais do que isso; sem se dar conta totalmente naquele momento, ele propiciou a Meghan uma proteção para ajudá-la a entrar em uma nova fase da sua vida. Ela acabou fazendo o mesmo por ele.

A Jamba Juice ficava defronte ao centro de recrutamento das Forças Armadas. Assim, soldados homens e mulheres chegavam o tempo todo, e Spencer, que, àquela altura, estava, acima de tudo, entediado, começou a questioná-los. Antes de aprender a distingui-los pelos uniformes, perguntava em que serviço estavam, e se pudessem escolher de novo, qual seria a escolha? Ele obtinha prazer indireto disso: podia se ver no período de serviço militar deles, nas aventuras que enfrentavam. Imaginou-se no convés de um porta-aviões, em um deserto do Afeganistão.

Spencer começou a achar que a cura para seu tédio talvez fosse se alistar. Mas não *simplesmente* se alistar. Ele queria fazer isso de um modo significativo. Queria ser o melhor dos melhores, deixar sua família orgulhosa. Talvez ser um Navy Seal ou um Boina Verde. Conversou com seu amigo Dean, da escola Del Campo, que estava treinando para ingressar na Unidade de Busca e Resgate da Força Aérea. Spencer começou a ler sobre o tema. Harmonizava-se com suas ideias acerca de como encarar a vida: a percepção emergente de que ele queria uma mudança, ir embora por um tempo e viver uma aventura, queria estar onde as balas estavam zunindo, ser um pouco louco, queria assumir alguns riscos, mas por um bom motivo. E isso se encaixava no princípio de que você podia justificar essa aventura ajudando as pessoas. Então, que serviço era melhor do que aquele que o enviava para a batalha, fazendo-o saltar de paraquedas em meio ao fogo cruzado, para tratar de soldados feridos, tirá-los dali, salvar suas vidas? Serviço cujo próprio lema era *That Others May Live* (Que outros possam viver)?

Quanto mais Spencer pensava a respeito, mais achava que integrar a Unidade de Busca e Resgate era o trabalho perfeito para ele. Talvez o *único* trabalho para ele. Mais que um trabalho, era uma vocação. Eles eram a elite, os Navy Seals da Força Aérea, mas, de algum modo, quase *mais* fodões, já que seu objetivo era salvar pessoas.

Spencer queria muito isso. *Tinha* de conseguir. Ele se imaginava voando acima do campo de batalha de Faluja ou de Kunduz, acionando um paraquedas a 300 metros de altura ou descendo de um helicóptero por meio de uma corda, com apetrechos, até um soldado ferido, conversando com um homem em seus momentos mais assustadores. Cuidando dele e o trazendo de volta à vida. Isso acelerava sua pulsação. E nada mais. Além disso, após o término de seu contrato com a Força Aérea, receberia uma licença de paramédico e poderia conseguir um emprego no Corpo de Bombeiros local. Fazia todo o sentido.

Mas Spencer estava gordo. E nunca tinha realmente trabalhado duro em nada. Nunca! Agora que pensou nisso, jamais em sua vida havia se dedicado de verdade. Everett era o realizador, que fora aprovado no teste para ser policial rodoviário da Califórnia. Kelly, sua irmã talentosa e hilariante, tinha ido para Los Angeles tentar a sorte na indústria do entretenimento. E o que Spencer já havia feito? Que riscos ele correu? Jamais gostou de estudar, talvez um sentimento desagradável originado na escola cristã, que nunca se foi. Desistiu do futebol americano e se concentrou no basquete, mas desistiu do basquete depois de não conseguir acompanhar o ritmo dos jogos.

A única coisa de que Spencer realmente conseguia se lembrar era de uma vez, em que estava trabalhando como empacotador no supermercado local, e um homem tentou sair com 300 dólares em bebida alcoólica roubada. Spencer ajudou a persegui-lo e capturá-lo no estacionamento, onde um caixa fora do turno o nocauteou. Foi isso. Quando mais ele fez algo além da obrigação? Spencer não conseguia lembrar. Ele mal teve interesse em tentar o ensino superior. Matriculou-se em algumas matérias na American River College, mas não foi capaz de ter foco, não conseguiu ver o sentido daquilo.

Então, Spencer estava naquela situação: não cursava nenhuma faculdade, não tinha um plano. Passava os dias espremendo, misturando, limpando. Em seguida, varria e arrumava a loja. Depois, ficava de bobeira e ia dormir. A vida menos fascinante que ele podia imaginar era a sua. Talvez a pior parte fosse que, até certo ponto, ele gostava daquilo. Não sofria pressão, nem mesmo de sua mãe. Ela se resignou a deixar Spencer levar a vida em seu próprio ritmo. Ele gostava de seus outros amigos. Ele e Meghan tinham um instinto protetor e caloroso, mas nunca claro, um pelo outro, e Dean era uma força estabilizadora, leal a Spencer, sempre disponível para um conselho breve. Ele deveria pedir mais do que isso? Talvez tivesse o que era importante: um emprego fixo, a bebedeira ocasional, alguns bons amigos. Meghan, misturando smoothies ao lado dele; Dean; Anthony, começando a estudar na Sacramento State; Alek, apenas alguns quilômetros além da divisa do estado. A vida era muito boa.

Mas sem glória.

E se ele envelhecesse sem nunca ter se pressionado a realizar algo?

Spencer sentia que podia fazer mais; ele *queria* mais. Ser um integrante da Unidade de Busca e Resgate parecia exatamente isso: algo *mais*.

Seu primeiro grande projeto pessoal seria tentar o ingresso em uma das principais unidades de elite de todas as Forças Armadas.

"Ei, cara, uma ótima notícia", ele escreveu em uma mensagem de texto para Alek. "Vou me inscrever para a Unidade de Busca e Resgate da Força Aérea." Spencer achou que Alek ficaria empolgado com a notícia. Um minuto se passou, cinco minutos. Finalmente, mais tarde no dia, Alek respondeu: "Isso é ótimo. Boa sorte."

Um pouco morno para uma decisão tão importante, mas Alek era assim. Um cara de poucas palavras.

Se Spencer quisesse ter êxito, precisaria alcançar a plena forma física. As esporádicas práticas de jiu-jítsu durante as aulas grátis em academias não seriam suficientes. Mas ele não podia se dar o luxo de frequentá-las com mais regularidade.

Sem problemas. Ele deflagraria sua própria jornada.

Começou a malhar duas vezes por dia. Corria 10 quilômetros, nadava 2 mil metros, puxava ferro. No dia seguinte, repetia tudo. Abriu mão de suas comidas preferidas. Passou a se alimentar de modo saudável. Jantou líquidos durante um ano. O emprego na Jamba Juice era perfeito, mesmo que só ganhasse 8 dólares por hora e o trabalho fosse monótono, porque, quando o patrão não estava por perto, ele podia preparar seu suco especial de verduras, que era bastante caro.

Spencer fez sua primeira flexão de braços na barra fixa. Ele jamais havia conseguido completar uma antes. Tinha muito peso para erguer, mas, agora, pesava menos. Agora estava mais forte.

Seis meses se passaram e, depois, oito. Ele perdeu quase 25 quilos. Convenceu o gerente de um clube de natação a deixá-lo entrar antes do horário de abertura e se exercitar segurando a respiração debaixo d'água. Precisava nadar duas piscinas inteiras para se qualificar, e muito mais se quisesse realmente se dar bem. Na Jamba Juice, Spencer só falava dos homens da Unidade de Busca e Resgate, que ele começou a chamar de *parajumpers* e, depois, apenas de PJs, como se fosse um clube do qual já era sócio. Tudo o que pensava, tudo o que falava era o que tinha deixado de fazer antes de se juntar aos PJs, o que faria quando fosse um. Meghan sorria e balançava a cabeça.

Dez meses se passaram. Ele fazia 13 flexões seguidas e ainda não se sentia pronto. Reforçou sua massa muscular em quase 12 quilos, mas só se alistaria quando conseguisse fazer 15 flexões seguidas e 70 abdominais em dois minutos.

Um ano se passou e ele ainda não se inscrevera. Não arriscaria tudo por nada, não colocaria tudo a perder, não *podia* colocar tudo a perder, tornou-se sua identidade e, ainda que se sentisse como o Superman, poderia estar melhor. Então, ele esperaria, e esperava, e só se submeteria ao teste quando *soubesse* que estava pronto.

Finalmente, ouviu um conselho de Dean, que fora chutado para fora do treinamento da Unidade de Busca e Resgate por causa de uma distensão da virilha: "Olhe, Spencer, você não deve esperar. Se não fizer isso agora, nunca vai fazer. Você vai se machucar, ou algo vai aparecer na vida e vai te desviar disso. Inscreva-se agora."

Spencer obedeceu, e se inscreveu. Ele tinha acumulado muita massa muscular, mas estava quase 6 quilos acima do peso. Em três semanas, perdeu o excesso. Em um mês, com os nervos à flor da pele, estava em um carro com o recrutador, indo para uma academia onde faria os testes de capacidade física para operações especiais. Então, aconteceu algo incrível: ele foi aprovado em todos os testes. Seu desempenho superou o de todos os outros candidatos, exceto em um teste. Além disso, bateu seu recorde em corrida, percorrendo 2,5 quilômetros em menos de nove minutos. Estava tudo quase muito bom para ser verdade. Spencer se preparou ao máximo, e estava *apto*. Estava voando baixo. Alguns meses depois, passou a noite no hotel Double-Tree, perto do shopping Arden Fair, e, de manhã, foi ao Posto do Processamento de Ingresso nas Forças Armadas (MEPS, na sigla em inglês) para a etapa final.

Spencer estava prestes a conseguir a única coisa que quis por um ano, aquilo pelo qual tinha dado o maior duro de sua vida, algo para que teve de se transformar fisicamente. Então, começou a sentir a grande satisfação de ter encontrado um propósito e, depois, provou a si mesmo ser capaz de alcançá-lo.

Coletaram seu sangue. Ficou só de cueca para que o médico pudesse checar seu corpo quanto a anormalidades. Spencer não tinha nenhuma. Tudo agora era rotina, apenas formalidade. Ele mal conseguia conter o entusiasmo. A última coisa a verificar era a visão, e o último teste envolvia a percepção de profundidade.

"Qual círculo é o diferente?", o médico perguntou. Spencer vivia momentos de glória, já pensando no que ia beber naquela noite para comemorar. Ele observou o instrumento óptico. É antigo, pensou. *Engraçado, como é velha a coisa que usam aqui.*

Mas tudo bem. Foco.

"Hum, me deixe ver", Spencer disse. Ele viu 12 círculos negros, todos exatamente iguais. Aquilo era estranho. Ou, então, era uma pegadinha! Era um truque para ver como você responde a algum tipo de desafio cognitivo. "Os círculos são todos iguais, senhor." Um tempo se passou.

"Bem, escolha o que você acha diferente." O tom de voz do médico não era leviano. Naquele momento, Spencer não tinha certeza sobre o que fazer. Ele podia jurar que todos eram exatamente iguais, mas o médico insistia para que ele escolhesse um que parecia diferente. Então, Spencer chutou: "O número 3 é diferente, senhor."

* * *

Mais tarde, depois de todos os testes, Spencer foi até o escritório da Força Aérea buscar o resultado, e um segundo-sargento entregou-lhe uma lista de empregos para os quais ele havia se qualificado. Spencer examinou a lista. Não podia acreditar. Reexaminou.

"Desculpe, senhor, mas o emprego que eu quero não está aqui. Quero ser membro da Unidade de Busca e Salvamento."

O segundo sargento pegou a folha de papel de volta e a olhou novamente. "Parece que você não se qualificou", disse, devolvendo a folha de papel para Spencer.

Não pode ser. "Desculpe, senhor." Spencer sentiu que as pessoas atrás dele na fila estavam ficando impacientes. "Mas o que o senhor quer dizer com não se qualificou? Fui aprovado em todos os testes de capacidade física e completei todos os exames. Nenhum dos médicos me disse que havia algo errado..."

"Parece que você não foi aprovado no teste de percepção de profundidade."

"Como?"

"Você não tem percepção de profundidade."

"Percepção de profundidade?"

"Você é desprovido de percepção de profundidade. Não pode ser um PJ sem ela. Escolha outro emprego da lista. Eu escolheria rápido se fosse você, ou talvez não consiga nada. Escolha antes de sair. Ficamos abertos só por mais 30 minutos."

"Só participei do processo de admissão para ser PJ."

"Se você for embora hoje sem escolher um emprego, talvez não consiga nada. Faltam agora 29 minutos. Escolha rápido."

E foi isso. Assim, à toa, acabou.

Mais tarde, ao reconstituir a situação em sua mente, Spencer pensou: *Falta de percepção de profundidade? Quanta besteira. Como é que eu consigo pegar uma xícara? Como foi que joguei basquete?* Mas não importava. Não havia como recorrer da decisão. Spencer não estava apto para o serviço. Ele não seria um membro da Unidade de Busca e Salvamento da Força Aérea. Jamais. Um ano de castigo a si mesmo, por nada. Spencer nunca se sentiu tão murcho na vida. Foi para casa, fechou a porta e chorou. Quando terminou, sentiu-se vazio, com toda a sua motivação completamente esgotada. Estava exausto. Sentia-se um tolo por ter trabalhado tanto, sem saber que uma coisa tão pequena e estúpida estava esperando o tempo todo para sabotá-lo.

Percepção de profundidade?

Era um erro. Tinha de ser. Ele tinha certeza disso. Mas não havia nada que pudesse fazer. Era tão frustrante quanto desmoralizante que alguém, em alguma posição de autoridade, tivesse decidido que um instrumento óptico antigo e inútil poderia determinar se você conseguia ou não aquilo para o qual trabalhou tanto. Um antigo objeto metálico. Ele teria sido um ótimo membro da Unidade de Busca e Salvamento, teria sido feliz e teria salvado vidas. Quem quer que estivesse ali tomando decisões, estava impedindo isso.

Então, qual era a questão? Por que ele tinha trabalhado tanto? Ele não tinha feito nada na vida, mas ao menos antes sempre podia dizer que era porque não tinha tentado. Agora, não podia mais dizer isso. Era pior.

Spencer telefonou para Dean, que havia passado nos testes médicos iniciais de admissão para o treinamento de membro da Unidade de Busca e salvamento, mas, naquele momento, fora forçado a abandonar o treinamento duas vezes depois de sofrer lesões, e estava esperando uma terceira oportunidade. Dean proporcionou algum incentivo. Ajudou por alguns minutos, mas, em seguida, seu encorajamento sumiu, como um comprimido, e Spencer não pôde fazer nada. Ele tinha falhado. Seus olhos haviam falhado.

Os olhos de Spencer não estão mais funcionando. Ele está ficando cego. Entrou em provação e seus sentidos o deixaram. O mundo inteiro se estreita e vira um corredor único e desprotegido. Todos os passageiros estão se escondendo. Spencer está correndo diretamente para um homem que segura uma arma. Ele sabe que o homem está lá, mas não consegue vê-lo, porque não enxerga nada. Minúsculas fibras em seus olhos tensionaram e puxaram os cristalinos, nivelando-os. Assim, todas as coisas perto dele desaparecem. A toda velocidade, ele está atravessando um túnel escuro com um ponto de luz no final. Então, esse ponto também desaparece. Spencer está apenas correndo, esperando que as balas o atinjam. Seu último pensamento coerente é: *Talvez eu o retarde o suficiente para ajudar os outros.* Em seguida, ele se projeta para a frente.

Um lampejo de luz e dor em seu rosto. Sua boca explodindo com o gosto de pimenta e metal: isto é, pólvora. A bala atravessou sua boca? Sua testa arde de calor. Agora Spencer sabe que foi ferido com gravidade, mas não sabe como. Não sabe se a bala o atingiu ou o que acabou de acontecer. Mas ele está no chão e pode se mover. Então, começa a lutar. Ele se esforça para imobilizar o homem, mas começa a perder a visão de novo, com o sangue cobrindo seu olho, que está inchando. O homem é magro, mas sua força é surpreendente, sobre-humana. Ele deve ter consumido uma droga que lhe dá essa força anormal. Eles lutam no corredor. Spencer não consegue enxergar quase nada, apenas luz e formas. Tenta controlar a arma, mas não consegue segurá-la. Toda vez que sente os dedos roçarem o metal, este escapole de novo, puxado de sua mão. Não consegue enxergar o suficiente para saber que o arrancou da mão do homem quando o atingiu. Agora, está tentando puxar da mão do homem uma arma que ele não está mais segurando.

Eles procuram se pôr de pé. Spencer tenta golpeá-lo, mas eles estão muito próximos. Então, ele agarra o homem, puxa-o para si, segura-o perto de seu próprio corpo. Agora, eles estão de pé. Spencer procura se colocar atrás do homem, lembrando-se da pegada pelas costas do jiu-jítsu, o golpe do mata-leão. Ele apenas tenta se proteger, balançando o terrorista. Assim, quando o homem se joga para a direita, Spencer se joga para a direita com ele. Essa parte é como uma dança. Spencer busca apoio para não perder o equilíbrio, porque, se perdê-lo, ficará exposto a qualquer arma que o terrorista possa ter. Com o cotovelo, engancha o pescoço do homem, de modo que seus corpos ficam nivelados um contra o outro. Então, Spencer reúne todas as suas forças e se lança para trás. Voando em conjunto sobre os assentos, seu corpo amortece a queda do terrorista. Sua cabeça bate contra a janela do trem com tanta força que centelhas de luz preenchem sua visão e uma mancha de sangue em forma de cabeça cobre a janela atrás dele. O homem gira de modo intenso sob o domínio de Spencer, que aperta seu antebraço com mais força no pescoço do homem, tentando desesperadamente deter o fluxo de sangue para o cérebro dele. Mas o homem não para de brigar, e sequer parece enfraquecer. Uma onda de pavor se apossa rapidamente dos pensamentos de Spencer. Esse homem devia ter apagado em questão de segundos. Alek está gritando alguma coisa. Graças a Deus ele está aqui, e Anthony está ali ao lado dele, apenas vendo o que está acontecendo. Então, os punhos do pistoleiro estão se curvando para trás. Golpes em 180 graus atingem o queixo de Spencer. Ele pode sentir que estão funcionando, minando sua força, acertando de raspão seu olho, que já está inchado e sangrando. Seu rosto parece um pedaço de carne crua sendo socado com uma pedra. A metade superior de sua visão está embaçada, como se algo estivesse pendurado. Quanto tempo passou? E se ele perder o controle? E se ele morrer e não conseguir deter esse homem? Spencer está sangrando no olho inchado e lutando meio cego. O terrorista dispõe de um impressionante estoque de força e ainda não parece sentir cansaço. Spencer está imobilizado junto à janela, não sabe quantas armas o homem possui, não sabe o que vai acontecer se ele perder essa luta e o homem recuperar a arma. Se o homem escapar de seu domínio, terá todas as probabilidades a seu favor e reencontrará aquela metralhadora. Então, de fato, ele vai começar a trabalhar. Nesse instante, Spencer ouve, de algum canto recôndito de sua consciência, uma voz familiar.

"Pare, seu puto!"

É Alek, apontando a metralhadora para a cabeça do terrorista.

8.

Quando o recrutador ligou, Spencer achou que já tivesse se recuperado da frustração. Após a desclassificação, Spencer, em estado de choque, tinha escolhido o programa SERE, que preparava homens capturados atrás das linhas inimigas. O significado do acrônimo parecia forte — *Survival, Evasion, Resistance and Escape* (sobrevivência, evasão, resistência e fuga) —, e como ele não tinha mais nenhuma perspectiva em relação ao futuro, aquilo pareceu ser a chance de realizar *alguma coisa*. Era isso ou o TACP (Tactical Air Control Party — Grupo de Controle Aéreo Tático). No entanto, naquele momento, por mais interessante que parecesse se envolver com batalhas aéreas para aliviar a decepção, o curto parágrafo que descrevia as atividades do TACP não o entusiasmou: aquilo dava a impressão de ter muito mais a ver com controle de tráfego aéreo. Ele aprenderia a fazer "desconflitação"; ou seja, mostraria aos pilotos, que realmente estavam fazendo coisas, a maneira de evitar colisões uns contra os outros. Ele não queria isso; preferia ensiná-los a sobreviver em caso de colisão. Assim, naquele momento, escolheu o programa SERE, depois foi para casa e esqueceu do assunto.

Spencer quase não sabia o que o SERE realmente era, e não estava pronto. Ainda se sentia inseguro em relação àquelas emoções gêmeas que o refreavam: a noção de que não havia nenhum bom motivo para trabalhar duro por qualquer coisa e o impulso de questionar pessoas em posição de autoridade.

Ele não podia ingressar em um ambiente para o qual era tão pouco adequado.

Todo o *propósito* do treinamento do programa SERE era impedir a pessoa de ter controle, imitando uma situação em que ela ficava completamente à mercê de alguém. Uma parte envolvia a preparação para realmente ser um prisioneiro. Era um programa criado para testar a determinação, mas determinação era algo que estava em falta em Spencer. Ele estava atravessando tempos difíceis, preocupando-se muito com nada.

No dia da partida de Spencer, Anthony apareceu no hotel, em Sacramento. Estava com uma garota, mas ficou concentrado principalmente no amigo. Ficaram de bobeira por algumas horas, tiraram uma foto, assistiram a uma partida de basquete na tevê. Spencer estava indo para o Texas para fazer o treinamento básico. Depois, se apresentaria à sua missão, em qualquer lugar do mundo que fosse, e só voltaria quando sua carreira na Força Aérea chegasse ao fim. Poderia ser enviado para qualquer lugar, talvez para a guerra. O que significava que aquela podia ser uma despedida por algum tempo. A próxima vez que eles iam se ver, até onde sabiam, podia ser depois do retorno de Spencer de alguma aventura no exterior.

Passaram mais tempo juntos, assistiram um pouco mais de basquete e, no saguão do hotel, se despediram. Nenhum dos dois sabia se era o momento para um abraço. Apertaram as mãos.

"Bem, não sei quando a gente vai se ver de novo", Spencer disse, e se virou para voltar ao quarto.

"Escute. Não se esqueça de manter a cabeça abaixada", Anthony afirmou.

Spencer sorriu. Ele ficou comovido, ainda que a preocupação de Anthony parecesse exagerada. *É a Força Aérea,* Spencer pensou. *Não é como se eu fosse lutar contra terroristas.*

Então, Anthony voltou para sua garota.

9.

A Base da Força Aérea de Lackland inclui um comando de treinamento e educação aérea. Isso significa que os homens alistados vinham do treinamento básico e passavam para a especialização. Por uma cruel coincidência, os alojamentos do programa SERE ficavam em frente a todos os esquadrões de treinamento de operações especiais, incluindo a Unidade de Busca e salvamento. Assim, quando Spencer não conseguia dormir, ia observar os membros da Unidade de Busca e Salvamento se preparando para serem soldados de campo de batalha. Constantemente, ele era confrontado com seu fracasso. Fazia seu treinamento físico, ia para a escola do SERE com os colegas de classe, enquanto os recrutas da Unidade de Busca e Salvamento iam para a escola deles, corriam para a piscina, carregando suas mochilas, parecendo apenas um pouco mais durões, um pouco mais orgulhosos, um pouco mais triunfantes.

Spencer conseguiu passar a primeira semana sem nenhum incidente importante. Tudo era bastante objetivo: você trabalhava duro, resistia a algum desconforto, adquiria algum conhecimento profissional. Era isso.

No entanto, era difícil suportar o sofrimento quando aquilo pelo qual Spencer estava sofrendo sequer o atraía tanto. Além disso, à medida que os instrutores ficavam cada vez mais exigentes, antigos instintos invadiam sua memória muscular. Ele tinha herdado esse hábito de sua mãe: o hábito de identificar o papo furado, de sempre percebê-lo quando estava presente, de, às vezes, percebê-lo quando não estava presente. Sofria para aceitar a autoridade, e, naquele lugar, a autoridade estava por toda parte. O SERE era um programa *projetado* para mostrar a Spencer que ele não tinha nenhuma. E ainda, entre todas as atividades que tinha de suportar, incluía-se a de costura. Aquilo o abateu de vez.

Descobriu que saber costurar era a arma secreta da sobrevivência, porque, se um piloto se ejetar de um avião, ele pode fazer quase tudo com seu paraquedas, se souber costurar: redes, tendas, fio de tropeçar para defesa do perímetro, armas de caça. Então, costurava-se por um bom motivo, e Spencer sabia disso. Mas... costura? Ele queria estar treinando para salvar caras bons e matar caras maus. Em vez disso, ficava acordado à noite praticando para se tornar um costureiro malprovido de equipamentos.

Quanto mais cansado ficava, mais as ordens o irritavam, independentemente de quais fossem. Alguém lhe dizia que ele tinha de costurar; então, isso, automaticamente, fazia a costura parecer sem valor. Mesmo quando Spencer sabia por que estava fazendo. Era apenas reflexo.

Suas mãos pareciam grandes e desajeitadas. Um colega de classe teve piedade e lhe deu um precário protetor de mão, que fez com uma colher roubada da cantina militar, encapada com esparadrapo e dobrada quase no meio, para que ele colocasse em volta da palma e prendesse agulhas sem que suas mãos ficassem esfoladas. Ele estava fazendo centenas e centenas de pontos, mas ainda assim não conseguia apertá-los o suficiente. Sua tarefa era simples: usar cordões do paraquedas para fazer uma bolsa de água e uma esteira para manter o equipamento livre de sujeira e detritos. Mas não conseguia deixar os pontos próximos. Acordava às 4h da manhã, treinava até a 1h da tarde, fazia "exercícios de desenvolvimento de equipes" pelo resto do dia, que, na realidade, era apenas treinamento físico com desafios extras e punições. Estava ficando para trás em suas tarefas, e o curso era projetado para avançar como uma avalanche sobre o recruta que não fosse capaz de assimilar as coisas com bastante rapidez. Ele enfiava uma agulha através de uma lona dura e não cooperativa durante toda a noite; cada fila exigia quatro horas ou mais de trabalho, e ele continuava falhando, o que significava que não podia dormir, o que talvez fosse a questão central.

Os instrutores passavam cada vez mais deveres de casa. Spencer também tinha de preparar planos de aula, porque o objetivo principal não era só sobreviver atrás das linhas inimigas, mas ensinar outras pessoas a sobreviver atrás das linhas inimigas. Ele precisava ser um líder. Ele precisava pensar. Ele precisava ser criativo. E tinha de fazer isso sem dormir se quisesse concluir a tarefa no prazo.

No oitavo dia, Spencer não conseguiu pregar os olhos nem meia hora, adormecendo por cinco ou dez minutos antes de todos se reunirem para o café da manhã.

Após uma noite inteira enfiando a agulha na lona, só tinha feito metade da tarefa. No entanto, levou-a para o instrutor, cambaleante de exaustão e frustrado. Seu instrutor pegou um pincel atômico vermelho e circundou todos os pontos que não estavam bastante apertados. Isso significava que Spencer devia desfazer os pontos até o primeiro que estava com problema e, em seguida, refazê-los.

Outra noite sem dormir, trabalhando ainda mais duro e ainda mais rápido, ficando ainda mais para trás na tarefa.

No dia seguinte, Spencer estava aprendendo a se orientar com uma bússola e a traçar uma rota entre dois pontos em um mapa, aprendendo em detalhes irritantes e inúteis o que cada pequeno sinal e desenho significavam. Exigia esforço só olhar para o mapa: ele estava tão cansado que seus olhos perderam o foco. Deu-se conta de que estava quase dormindo em pé. O instrutor ficou nebuloso e espectral em sua visão. Spencer cambaleou, piscou, forçou os olhos a ficarem abertos, escutou seu nome. Mas o som das palavras foi sumindo: "Tone... Soldado Stone... SOLDADO STONE!"

"Desculpe, senhor. Pode repetir?"

"... O próximo passo para traçar sua rota seria...?"

"Desculpe, qual foi a... O senhor me fez uma pergunta?"

Spencer mal conseguia manter os olhos abertos. Será que todos estavam olhando para ele?

"Soldado Stone, você é um perigo para você e para os outros. Por que não faz alguns abdominais para mim? Talvez isso o acorde."

Spencer obedeceu, forçando-se a fazer o exercício, mas percebeu que estava tão cansado como se já os tivesse feito. Passou o resto da aula meio acordado, meio dormindo, envolto em uma bruma de confusão, e o instrutor encerrou dizendo: "Todos que ainda estiverem com as tarefas de costura vão trabalhar esta noite. Apresentem-se antes da refeição matutina ao instrutor na escola."

Spencer voltou para o seu beliche, exausto, desmoralizado e dolorido de todo o treinamento físico. Deitou-se no chão para alongar as costas só por um minuto e acordou seis horas depois. Entrou em pânico. Passava da meia-noite, e ele devia se apresentar às 4h da manhã. No mínimo, precisaria de oito horas de costura, mas tinha menos da metade desse tempo para concluir o serviço.

De manhã, apresentou seu trabalho, consciente de que não estava bom o suficiente, foi para o café da manhã e um instrutor entrou. "Soldado Stone, você está eliminado. Compareça à sala dos fundos. Você vai receber os papéis da eliminação."

Spencer havia fracassado de novo. E dessa vez não estava na Califórnia. Estava encalhado em uma base militar do Texas.

Spencer sabia que ainda estava de ressaca por causa do fracasso em se qualificar para o treinamento da Unidade de Busca e Salvamento, mas estava demonstrando para si mesmo, com abundância de provas, que era simplesmente um fracasso, ponto. Perdeu a motivação e começou a entrar em parafuso. Agora, estava havia dois meses no serviço militar, comprometera-se com a Força Aérea, fora excluído do único cargo que queria de verdade e, depois, do único outro que pareceu que era capaz de tolerar. De algum modo, teria de encontrar uma maneira de sobreviver mais quatro anos em um serviço em cujos dois únicos trabalhos atraentes ele fora rejeitado. Era um "estudante fora de treinamento", como um jogador sem contrato que ninguém quer. Virou uma espécie de zelador. Ajudou os instrutores do SERE a colocar esteiras novas na academia, organizou as salas da escola, fazia todo e qualquer trabalho sem glamour que era necessário. Naquele momento, tinha de eleger seus seis empregos preferidos em uma lista com diversos empregos, nenhum dos quais era de elite, nenhum dos quais era para matar caras maus, nenhum dos quais era onde havia ação. Considerou que o mais certo que poderia conseguir era o emprego de técnico de emergência médica (EMT, na sigla em inglês), que ao menos o formaria para ser um bombeiro quando voltasse para Sacramento. Assim, escolheu esse, e, após outro mês, deixou Lackland, deixou o mundo das forças especiais para sempre. Desistiu de seus sonhos.

10.

Spencer conseguiu se convencer de que as coisas dariam certo. Na viagem de ônibus para o Leste, até Fort Sam, em San Antonio, disse a si mesmo que ainda tinha algum rumo. Tinha *algum* objetivo. Mas sentiu o estômago embrulhar quando chegou. Aquela base era diferente. O ambiente das forças especiais era como ele sempre imaginara que as Forças Armadas seriam. As pessoas sabiam que eram da elite e não precisavam provar.

Naquele lugar, todos marchavam em uníssono, cantando músicas da Força Aérea. As pessoas se preocupavam demais. Pior, as pessoas tinham de se conformar. Naquele momento, havia toque de recolher. Parecia um asilo para adultos.

Ainda assim, Spencer deu o melhor de si para encontrar algum prazer naquilo, porque, o que mais havia ali? Ser infeliz pelo resto da vida? Então, arregaçou as mangas e pôs a mão na massa. Não era empolgante, mas Spencer estava usando as mãos. A princípio, as coisas faziam sentido. Se uma pessoa para de respirar, você massageia o peito para fazer o sangue circular. Se alguém começa a sangrar, você encontra uma maneira de estancar o sangue.

Após o EMT, Spencer passou para a segunda fase: cinco semanas de treinamento de enfermagem. Era mais civilizado. Não precisava mais tentar descobrir como era lidar com um soldado ferido no campo de batalha. Agora, ele tinha um hospital, todos os recursos e a civilidade de um prédio de verdade. Só precisava aprender a usá-los. Tinha de aprender como é a postura na cabeceira do doente, de aprender coisas que jamais precisaria fazer no campo de batalha: como usar todas as coisas que zumbem e apitam para manter viva uma pessoa ferida.

Ainda que enfermagem significasse, na maioria das vezes, aprender a trabalhar em um hospital, Spencer descobriu que também tinha de passar muito tempo em uma sala de aula. Dias inteiros em uma escola, o que ativou sua reação contra a autoridade, mas ele tentou mantê-la sob controle. Ainda não tinha amor pelos livros, ainda queria estar onde havia ação, e passar o dia trancado com um professor não era sua ideia de glória, mesmo assim encontrou seu caminho em uma área em que se sentia bem. Não saltaria de aviões como os caras retratados nos cartazes brilhantes, mas seria útil.

Certa tarde, quando Spencer estava em uma sala de aula, sentado, deixando a mente vagar para o campo de batalha, um subtenente da reserva do Exército, de 52 anos, aproximou-se da mulher no centro médico do Exército, um pouco mais à frente da escola. O subtenente queria falar com ela a respeito de sua decisão de deixá-lo. Os dois começaram a conversar, mas a conversa virou uma discussão, que se agravou. Ela o conduziu para fora, até uma varanda, onde ele puxou uma pistola calibre 45 e começou a atirar. A mulher caiu no chão e tentou rastejar, mas ele continuou atirando, e disparou oito tiros, incluindo uma bala que não atingiu nenhum órgão vital só porque se cravou em um chaveiro no bolso dela.[1]

Spencer ouviu as sirenes primeiro. Carros de polícia, a segurança da base e soldados da força pública estadual passaram pela janela da sala de aula.

Que diabos...

Um alerta de atirador ativo foi dado pelo sistema de alto-falantes da base e surgiu nos terminais de computador, mas não especificava que o atirador estava envolvido em uma briga conjugal, e não em um ataque terrorista contra um alvo militar. Assim, os 30 mil civis e militares da base receberam ordens para seguir o protocolo de "se abrigar no lugar". Spencer recebeu a ordem de uma professora de enfermagem, que levantou os olhos no meio da frase com uma expressão de pânico.

"Ok, escutem. Temos um atirador ativo na base."

Um instante de riso nervoso.

"Escutem, vocês dois. Coloquem a mesa perto da porta para que ela não possa ser aberta. Agora! Todos os outros, debaixo das suas mesas. Não é um exercício."

Foi algo na maneira como ela falou, no modo como os carros passavam em alta velocidade... Spencer achou que o atirador pudesse estar do lado de fora, ali mesmo, *na escola*, caminhando pelos corredores, talvez a poucas dezenas de metros de onde ele estava, prestes a arrombar a porta e começar a matar as pessoas. Então, por que eles tinham de se esconder debaixo das mesas? Eles eram *militares*! Quem melhor para desarmar um atirador?

Havia protocolos para aquela situação, já que uma concentração de militares é um alvo atraente para um homem motivado de modo específico, sobretudo se a concentração não estiver armada e estiver sentada em salas de aula, um pouco como civis. Todo o simbolismo de atacar militares americanos, sem nenhum desafio. Então, o protocolo foi ensaiado, e era muito claro. Você foge e não trava combate. Se não puder fugir, "se abriga no lugar". Se esconde. Porque, se você travar combate, vai criar oportunidade para mais violência. Quando os primeiros defensores chegarem, talvez confundam você com o agressor. A ideia é que as únicas pessoas em movimento sejam os caras maus e as forças de segurança. Então, se você não puder fugir, encontre um esconderijo de onde possa observar a entrada. Você "diminui as vulnerabilidades do recinto". Monta barricadas nas portas e, se possível, nas janelas. Pega o rádio, abaixa o volume e monitora tudo de perto. Apaga as luzes, de modo que pareça que o local está desocupado.

Na mente de Spencer, você age exatamente como um covarde. Ele não engoliu a história. Os avisos publicados em todos os lugares tinham instruções claras: no caso de "perigo imediato", você tenta "fugir/evacuar", e, se não for possível, "avalia a situação/local — o que pode protegê-lo (*deter as balas*) — e procura rotas de entrada/saída — os líderes assumem o comando".

Na opinião de Spencer, era o que ele deveria fazer. Assumir o comando. Seu instinto enfrentava aquelas ordens que o continham como um animal enjaulado.

Os estudantes montaram barricadas junto às portas, e o segundo--sargento gritou para eles entrarem embaixo das mesas. Spencer se moveu lentamente, resmungando enquanto engatinhava, encaixando-se sob sua mesa, submetendo-se, mais uma vez, às ordens sem sentido de uma autoridade injusta. Era um momento de excitação, e ele estava sendo instruído a se encolher de medo. *Debaixo desta porra de mesa. Somos um alvo fácil.* Ele se sentia patético. Mas era um aluno, e não podia se dar o luxo de ser expulso de outro programa. Assim, ele seguiu as instruções.

Por algum tempo.

Spencer olhou para um colega de classe, também debaixo de uma mesa, que estava pegando seu canivete. Eles fizeram contato visual, e o colega fez que sim com a cabeça, como se dissesse: *Se esse cara aparecer aqui, vamos pular em cima dele.* O que fez Spencer pensar que, se o atirador entrasse enquanto todos estavam sob as mesas, ele estaria indefeso. Provavelmente, seria morto. Todos na sala também seriam mortos. Se alguém realmente entrasse atirando, o que ele faria?

Spencer ficou de pé. Com o segundo-sargento o repreendendo com um sussurro irritado, ficou ao lado da porta, preparando-se para atacar alguém que entrasse. Pelo menos, se o atirador entrasse, Spencer poderia lutar, talvez retardá-lo o suficiente para dar aos outros da sala a chance de dominá-lo. A única vantagem que ele tinha era numérica, e talvez, se ele fosse bastante rápido, o elemento surpresa. Se ele levasse um tiro tentando confrontar um atirador, pelo menos cairia lutando.

Após uma hora, soou o sinal de que tudo estava em ordem, mas Spencer passou a maior parte daquele tempo imaginando diferentes formas de como aquilo terminaria. Um daqueles cenários tomou conta de sua mente. *E se um atirador tivesse entrado enquanto ele estivesse escondido debaixo da mesa?*

E se ele fosse encontrado daquele jeito? E se a última imagem que alguém tivesse de Spencer Stone fosse seu corpo, morto, naquele lugar onde ele havia se encolhido de medo?

Se alguma vez ficasse naquela situação de novo, decidiu, não seria encontrado debaixo de um móvel. Se ele morresse, pelo menos morreria sendo útil.

Nota

1. Guillermo Contreras, "Fort Sam Shooter Gets 20 Years in Prison", *San Antonio Express News*, 12 de setembro de 2014, http://www.expressnews.com/news/local/article/Fort-Sam-shooter-gets-20-years-in-prison-5752073.php.

11.

Spencer ouve um som pulsante e estridente. As sirenes tocam. Ele pode ouvir metralhadoras matraqueando e morteiros caindo. É o caos. Diante dele, um homem está deitado, jorrando sangue com tanta intensidade que é quase *trash*. Um efeito cinematográfico ridículo. Três homens estão parados atrás dele, enquanto Spencer tenta descobrir o que está acontecendo. O homem deitado tem fraturas, está inconsciente e apresenta uma hemorragia no braço. O braço foi atingido por uma bomba e a longa artéria do bíceps sofreu um corte no meio dela, esguichando sangue sobre Spencer, mas o mais importante — ou menos importante — é que o homem não parece estar respirando. Spencer se coloca atrás do corpo e põe as mãos sob o pescoço, segurando-o como se estivesse pegando água de uma lagoa. Põe o queixo do homem para trás, de modo que a boca e o nariz fiquem voltados para cima. Ao fazer isso, se houver asfixia ou vias aéreas obstruídas, ocorre uma desobstrução. Mas é claro que não há obstrução. Spencer conhece o mecanismo da lesão, e sem dúvida esse homem não está com as vias aéreas obstruídas. Spencer se recompõe. Volta para o braço e tira o torniquete, deslizando o braço do homem através do laço, e, naturalmente, o homem não resiste. Em seguida, Spencer move com força o braço. Ele não está preocupado com fraturas, e sim com a perda de sangue, seguida pela queda de pressão arterial, pela falta de sangue oxigenado no cérebro, danos cerebrais, e o *a posteriori*. Duplica o torniquete e, depois, aperta-o com mais força, tanto que pode sentir o tecido se comprimir, como se estivesse tentando reduzir permanentemente o tamanho do braço do homem, mas isso é bom, isso é bom. Agora, Spencer volta para a cabeça, a fim de enfrentar o próximo problema urgente: o homem está respirando? Seu peito não está se movendo. Reanimação cardiorrespiratória? Não, ainda não. Primeiro, ele tem de restabelecer as vias aéreas. O homem está inconsciente. Então, Spencer se lembra: quando a pessoa está inconsciente, os músculos da mandíbula relaxam e a língua pode retroceder e bloquear a respiração. Além disso, com o trauma, pode haver sangue obstruindo as vias aéreas. Spencer revira sua mochila e encontra um longo tubo de aparência cirúrgica com a extremidade em forma de funil. Ele deixa o tubo cair, *droga!*, ergue-o, limpa-o, começa a manusear desajeitadamente uma embalagem de lubrificante, tenta rasgá-la, mas ela escorrega de sua mão e cai, *porra!*, ergue-a também, tenta rasgá-la de novo, mas ela escapa de sua mão e sai voando — *porra, porra!* — e, então, decide, *que diabo*, e então põe a mão esquerda sobre as maçãs do rosto do homem, e começa a introduzir o tubo pelo nariz dele. Há um tiroteio atrás dele. Spencer guia o tubo com uma das mãos e empurra com a outra, enfiando-o pelo nariz, rumo à traqueia, até tudo o que é visível saindo do nariz do homem são alguns milímetros do tubo e a extremidade em forma de funil, como um pequeno cogumelo brotando da narina direita. O ruído de fundo não está mais lá. De fato, está completamente bloqueado. De repente, está totalmente silencioso, e Spencer sente um tapinha no ombro.

"Soldado Stone, parabéns. Você acabou de causar um dano cerebral permanente nesse homem."

Spencer tira as mãos e se inclina para trás. Enxuga o suor na testa com o antebraço. "Mas eu não preciso ter certeza que ele tem uma via aérea e..."

"Precisa. Mas você não reparou que o nosso amigo aqui tem um fluido claro nos ouvidos? O que seria o fluido claro, senhor Stone?"

"Ah, merda."

"Não exatamente, soldado Stone. Tente de novo."

"Líquor, senhor. Pode ser líquor." Os outros membros de sua equipe recuam.

"Correto! Líquor. E se o nosso amigo tem líquor nos ouvidos, o que isso nos diz?"

"Ele pode ter uma fratura de crânio."

"Está certo! O nosso bom e velho manequim para treinamento de primeiros socorros pode ter uma fratura do crânio. Esse seu tubo teria passado direto através dela. Então, para recapitular: você foi até um cara que já estava tendo, se formos honestos, um dia muito ruim, e você enfiou um pedaço de silicone no cérebro dele. Parabéns, soldado Stone. Você simplesmente lobotomizou seu paciente."

E foi assim que um homem inanimado, uma imaginária vítima de trauma, consolidou o entendimento de Spencer a respeito de todas as noções mais contrárias à intuição da medicina de urgência e emergência.

Um homem pode precisar respirar, mas você não pode apenas oferecer a ele uma via aérea.

Um homem pode precisar respirar, mas se ele tem uma hemorragia, às vezes você precisa lidar com isso primeiro.

Um homem pode ter uma hemorragia, mas nem sempre você pode usar um torniquete.

Spencer descobriu que o corpo humano é um sistema complexo, belo e elaborado, de maneiras para acabar consigo mesmo. Cura isso, destrói aquilo. Você precisa de um torniquete para impedir que alguém sangre, mas se o torniquete agir por muito tempo, você ganha uma necrose, ou seja, a morte do tecido orgânico. Isso significa que, ao tentar impedir que um paciente morra de hemorragia, você pode provocar uma infecção irreparável nos membros dele.

Se a lesão for em uma junção, como na axila ou na virilha, você não pode usar um torniquete, porque não dá para amarrar nada em volta.

Ou, o mais complicado de tudo: o que você faz com um ferimento acima dos ombros? Um ferimento na cabeça ou um corte feio no pescoço? Dizem que você deve pressionar o ferimento para estancar o sangue, mas o que você vai fazer: enrolar uma toalha ou uma camiseta e enfiá-la no pescoço de alguém? Você não consegue usar um torniquete, porque um torniquete no pescoço é igual a um nó corrediço. Assim, se o seu paciente tem um sangramento no pescoço, então... Então, você não tem muita certeza do que fazer. Sem dúvida, em combate, o tratamento de ferimentos no pescoço deve ser importante, porque os soldados usam capacetes e coletes protetores, mas os pescoços ficam desprotegidos. Então, o que você faz?

Spencer pensava consigo mesmo.

Você reza e espera que algo criativo passe pela sua cabeça.

12.

No momento em que Spencer chegou à sua primeira missão no exterior, soube que sua sorte havia começado a mudar. Ele estava baseado nos Açores, uma série de ilhas vulcânicas pertencentes a Portugal. A base aérea parecia acessória, algo secundário em um arquipélago de nove ilhas verdejantes e impressionantes. Spencer tinha a impressão de que estava no Havaí ou em algum outro paraíso insular, exceto pelo fato de haver algumas pessoas de uniforme entre ele e a água. Mesmo a pista de pouso e decolagem terminava em um surpreendente penhasco sobre o Atlântico.

Seus turnos eram fáceis: um dia de trabalho e dois de folga. Ainda que não houvesse muito o que fazer na ilha, ele tinha liberdade e tempo disponível para aproveitá-la.

Spencer queria sair e explorar a ilha. Ninguém lhe dizia que não, mas a maioria dos carros tinha câmbio manual. Sem problemas. Ele dispunha de tempo para aprender. E, como nunca usava os dias de folga — já havia tido bastante tempo livre; nunca sentiu necessidade disso —, eles começaram a se acumular.

A base era tranquila, e, até onde ele sabia, já existia havia algum tempo. Foi construída para dar suporte a uma arma pouco conhecida da Segunda Guerra Mundial, sobre a qual Spencer se lembrava de ter aprendido na aula de história com Alek e Anthony: o dirigível. A Marinha dos Estados Unidos idealizou dirigíveis como uma maneira de combater os submarinos alemães que aterrorizavam os navios aliados no Mediterrâneo.[1] Mas era uma longa viagem entre a América do Norte e o estreito de Gibraltar, então, quando a Marinha enviou seus primeiros dirigíveis através do Atlântico, eles precisavam de uma escala. E era esta. Eles paravam naquele lugar, na pista bem na frente de Spencer, a caminho da luta. A caminho de uma base aérea no Norte de Marrocos.[2]

Porém, naquele momento, não acontecia muita coisa. Assim, Spencer podia se dar o luxo de ter passatempos, e o uso do câmbio manual não foi a única habilidade que conseguiu aprimorar na ilha portuguesa. Ele descobriu que a base tinha uma pequena comunidade de jiu-jítsu. Havia uma sala de aeróbica com uma parede de espelhos de um lado e uma janela voltada para o Leste do outro. Assim, você podia se ver ou podia observar o Atlântico enquanto lutava.

Spencer foi bem-recebido na coesa comunidade de praticantes, tanto americanos como portugueses; pessoas de um país diferente, mas com quem ele se ligou além do jiu-jítsu. Um tenente-coronel chamado John tinha a faixa mais elevada. Então, ele assumiu o papel de instrutor, fato que encheu Spencer de confiança, já que John era pequeno e, Spencer tinha certeza, não tão forte quanto ele. Spencer não via a hora da primeira luta. E, exatamente como ele esperava, quando os dois se encontraram no tatame, a luta terminou rapidamente. Exceto que, em vez de Spencer dominar John, foi o pequeno instrutor que triunfou, deixando Spencer ofegante e humilhado.

Mas aquela era a coisa principal em relação ao jiu-jítsu, aquilo que o atraiu quando Spencer começou a acompanhar seu irmão nas aulas. Um homem pequeno pode derrotá-lo se conhecer melhor a técnica. Quando você olha para um estranho do outro lado da rua, o jiu-jítsu lembra quão pouco você sabe a respeito dele; funciona como uma espécie de bloqueio contra suposições. Aquele sujeito magricela manquejando pode ser faixa--preta. Ele pode derrotá-lo em um combate corpo a corpo se você o menosprezar; é simplesmente impossível saber. A primeira luta com John foi um lembrete. Depois disso, Spencer continuou lutando contra ele, continuou perdendo, mas resistiu um pouco mais a cada vez.

Então, depois de dois meses, ele teve uma série de *insights* decisivos.

O primeiro foi que seu progresso em relação a John era apenas em parte seu próprio aprimoramento. John o estava deixando resistir cada vez mais: quanto mais Spencer resistia, mais o homenzinho deixava Spencer se esgotar, acreditando que estava na liderança. John permanecia calmo, deixava-se levar, ia para onde Spencer o conduzia, esperava até Spencer ficar sem fôlego, e, então, virava a luta em seu favor.

Spencer ainda estava tentando usar seu tamanho e sua força, e John, tentando mostrar para ele que no jiu-jítsu o corpo é secundário, um acessório para a habilidade. Um homem grande pode ser rápido; um homem pequeno pode ser forte.

Quando Spencer estava no tatame com outros praticantes, podia sentir John o observando com atenção, assentindo quando Spencer melhorava, aprendendo a parar de tentar subjugar as pessoas e, em vez disso, conservando a energia, usando a técnica, aproveitando o físico em seu favor.

No terceiro mês, as lutas começaram a se equilibrar. "Cara, nojento!", John gritava, esquivando-se das gotas de suor de Spencer, enquanto este tentava não rir.

"Desculpe! O que você quer que eu faça?"

Foi então, com o pequeno e astuto instrutor, que Spencer aprendeu a segunda lição que o desconcertou. Tinha a ver com uma das técnicas fundamentais do jiu-jítsu, a maneira pela qual muitas lutas terminam. *Hadaka jime*, "o mata-leão": um bíceps e um antebraço ao redor do pescoço do oponente; a outra mão atrás da cabeça do oponente, pressionando juntos e apertando a artéria carótida. Se a carótida for comprimida, o fluxo de sangue para o cérebro é interrompido, e o adversário perde os sentidos em segundos, ou percebe que isso vai acontecer e se rende. Você ganha a luta.

Quando, em suas primeiras lutas, Spencer tentava estrangular os oponentes, eles reagiam de maneira previsível, contorcendo-se e se esquivando, de modo que, mesmo quando achava que os tinha sob controle, não conseguia manter o pescoço deles na posição. Ele tentou diferentes maneiras de colocar os braços ao redor do adversário, mas o que não percebia era que os braços não eram o único problema. Nem sequer eram o maior problema.

A noção contrária à intuição que Spencer ainda tinha de descobrir era que, ao tentar dominar um oponente, tão importante quanto ter os braços na posição ao redor do seu pescoço é ter as pernas na posição ao redor da parte inferior do seu corpo. Você tem de usar os pés como "ganchos", a fim de puxar para trás o corpo do oponente e mantê-lo imobilizado. Então, o adversário não pode se esquivar e se livrar do estrangulamento. Começa com as pernas. Você pode ser o mais forte dos dois, pode estar comprimindo com toda a força, mas se não tiver os pés enganchados na parte interna das coxas do oponente, controlando a parte inferior do seu corpo, ele pode se contorcer e se esquivar, impedindo que você lhe aperte o pescoço com firmeza suficiente para interromper o fluxo sanguíneo.

John notou o defeito na técnica de Spencer. Apontava-a quando Spencer lutava contra outros adversários, explorava-a quando ele mesmo lutava contra Spencer. Spencer passava horas no tatame, tentando dominar homens menores do que ele (e os molhando com seu suor no processo), mas fracassando. Houve vezes em que Spencer achou que houvesse dominado o oponente, mas não conseguia fazê-lo se render. Lutando com John, se havia algum espaço, John o descobria, explorava-o, livrava-se da imobilização contorcendo as pernas e projetando o queixo contra o braço de Spencer, provocando uma contusão e abrindo espaço para o fluxo sanguíneo.

Isso continuou acontecendo. Spencer dominava os adversários até aquela última etapa, e eles se contorciam, enquanto os parceiros de treinamento portugueses e americanos gritavam palavras de incentivo.

"Spence, você ainda não chegou lá. Alinhe o queixo dele com o seu cotovelo. E *enganche!*"

"Posição antes da rendição!"

"Spencer, Spencer! Ataque as pernas! Não são só os braços. São as pernas!"

"Enganche, Spence!"

Quatro meses depois, Spencer finalmente conseguiu a rendição de John, seguindo a própria orientação de seu instrutor. Foi um surto de confiança. Da mesma forma que aprendeu que não podia dar como certa a derrota de um adversário, porque ele podia ser mais habilidoso do que você, Spencer aprendeu que poderia vencer o lutador mais graduado se confiasse em seu próprio treinamento.

Spencer foi até o quartel de bombeiros — reconstruído apenas alguns anos antes; outra vantagem do posto ali, naquelas ilhas —, conectou-se à internet e digitou uma mensagem: "Alek, estou ficando bom nisso!"

Alek estava cinco horas e meia à frente, em uma base secreta no Afeganistão. Spencer não sabia se Alek estava dormindo ou levantando pesos na sala de recreação da base, mas enviou a mensagem mesmo assim.

A tela de Spencer se iluminou com a resposta. "Bom em quê? Procurar espinhas?"

"Não, estou praticando jiu-jítsu. Finalmente estou começando a entender essa porra. Não estou me ferrando em todas as lutas."

"Ah! Você tem sorte, cara. Nada para fazer aqui. Sou um guarda de segurança. Sou um segurança de shopping."

"Bem, a aventura começa em breve."

A ideia de uma excursão pela Europa com seu melhor amigo ainda parecia mais uma fantasia do que um plano, mas Spencer estava começando a escolher as cidades. Faltavam apenas dois meses para ele se beneficiar de sua licença e partir para uma viagem de três semanas. Alek também teria dinheiro e tempo; sua mobilização acabaria pouco antes do início da licença de Spencer. Então, as datas coincidiriam perfeitamente. Eles visitariam juntos todos os lugares descritos nas aulas de história do ensino médio.

Alek havia convidado outra pessoa de sua mobilização, porque três parecia o número certo, e eles economizariam dinheiro na hospedagem, mas não estava tendo muita sorte. Spencer perguntou: "Strasser decidiu?"

"Sim. Ele não vai poder ir. Falei com Solon, mas acho que ele não tem dinheiro suficiente."

"Ok. Bem, me avise. Estou ficando empolgado, cara."

"Você não faz ideia. Estou louco para sair daqui. Mas acho que ainda precisamos parar na Alemanha por um tempo."

"Sim, é que... Tem muitas coisas que eu quero ver, sabe? Provavelmente, vai ser minha última chance de fazer algo assim. E se eu nunca mais voltar à Europa? Eu sei que você tem uma garota lá..."

"Não é só isso. Eu só não quero ficar em movimento todos os dias. Quero dar um tempo."

"Se você quiser ficar na Alemanha, tudo bem, cara. Faça isso."

"Não. Sem essa. Eu vou com você. Quero conhecer outros lugares da Europa."

Spencer não se convenceu. A essa altura ele sabia que Alek só estava interessado na Alemanha e na Suíça, lugares nos quais identificou suas raízes familiares. E Spencer sabia que havia aquela garota na Alemanha. Contudo, por algum motivo, Alek parecia estar tentando convencer Spencer de que tinha mudado de ideia.

"Tudo bem", Spencer afirmou. "Não precisamos decidir agora. Me avise a respeito da decisão de Solon. O que mais está acontecendo por aí?"

"Literalmente, nada. Preciso muito de um pouco de ação aqui. Não aguento mais ficar parado. Estou rezando para nós sermos atacados. Estou ficando louco."

"Ah, é um saco. Estou me divertindo muito aqui. Bebendo cerveja, tomando sol na praia, nadando no mar. Um vidão!"

"Seu merda. Tudo bem, agora é meia-noite aqui. Preciso ir pra cama."

"Valeu, mano. Até mais."

E Alek parou de responder.

Spencer teve uma ideia. Se parte do motivo da viagem era ver pessoalmente o que o professor de história do ensino médio ensinara, havia outra pessoa que podia se interessar. Ele consultou a hora em Sacramento e se deu conta de que Anthony já devia estar acordado. Valia a pena tentar.

O ROSTO DE ANTHONY apareceu na tela.

"E aí, mano?"

"O que você está fazendo, cara?"

"A rotina da manhã, sabe?"

"Tudo o que você faz é assistir o *SportsCenter*."

"Que saco! Não é só o *SportsCenter*. Também não perco o *First Take*, nem o *His & Hers*. É a minha religião. Espere aí. Só um minutinho", Anthony disse. Então, a imagem ficou indistinta. Spencer viu os pixels se moverem e se reorganizarem. O rosto de Anthony se recompôs. "Então, alguma ação por aí?"

"Não, mas dá uma olhada nisso", Spencer afirmou. Spencer desconectou o laptop e o girou lentamente para que Anthony pudesse ver.

"Caramba. É um paraíso. Você pode sair da base?"

"O tempo todo. Na realidade, eu estou com uma ideia. Nós vamos fazer uma grande viagem."

"Em Portugal?"

"Não, cara, para todos os lugares. Em toda a Europa. Acho que vou ter algumas semanas de férias acumuladas no fim do verão. Talvez quase um mês. Então, nós vamos dar um grande passeio."

"Nós quem?"

"Alek e eu."

"Vá mesmo, cara. Você pode ser enviado para qualquer lugar depois daí, certo? Pode até voltar para o Texas."

"Sim, mas estou dizendo que a gente devia se encontrar."

"Onde você quer se encontrar?", Anthony perguntou. Então, a ficha caiu. "Espere. Você está querendo dizer que eu devo te encontrar na *Europa*?"

"Sim, cara. Vai ser o meu 'gran finale'. Você tem férias para tirar, não? Quando você viria para a Europa?"

"Não tenho dinheiro para isso. Quero dizer, um dia vou ter."

"Eu sei que você vai ter. É por isso que... Veja, você pode fazer o seguinte: arranje um cartão de crédito. Você paga depois."

"Cara, se a sua mãe te ouvisse falando desse jeito. Não tenho renda para conseguir um limite muito alto."

"Tente. Consiga um cartão de crédito. Faça tudo o que estiver ao seu alcance."

Quanto mais Spencer pensava a respeito, mais certeza tinha de que Anthony viajaria com eles. "Essa é uma oportunidade única. Lembra da viagem para Tahoe?" Pouco antes do treinamento básico, ele e Anthony alugaram uma cabana por três dias. Finalmente, tinham 21 anos; assim, compraram algumas cervejas no caminho, alugaram jet skis e se deslocaram ao longo da margem do lago, observando as mansões com camas de bronzeamento e quadriciclos, fingindo ser possíveis compradores de casas. "Faz tempo que não temos uma aventura das boas. Tenho um cartão de crédito e uso bastante, mas faço os pagamentos em dia."

"Sim, mas você tem o seu salário da Força Aérea", Anthony disse, mas não enfaticamente. Spencer sabia que só precisava pressionar um pouco mais.

"Arranje um cartão de crédito, cara. Vá ao Credit Karma e veja o que consegue de limite."

Anthony ficou em silêncio por um momento. "Sabe, é engraçado. Ontem mesmo um dos caras do almoxarifado, do nada, começou a me dizer que eu precisava melhorar o meu crédito."

Depois de se despedirem, Spencer sorriu. Com o passar dos dias, começou a receber mensagens de Anthony sempre que se conectava ao wi-fi do quartel de bombeiros.

"Um colega do almoxarifado me falou a respeito sobre milhagens aéreas."

Outra mensagem: "Entrei em contato com o Credit Karma. Recomendaram um cartão com base em meu crédito e, por sorte, era um cartão internacional. Pontos de bonificação para passagens aéreas e outras coisas. Na medida!"

Então, em maio, certo dia, no quartel, Spencer estava consultando seus e-mails no fim do turno quando seu computador sinalizou uma chamada de Anthony, que começou a gritar antes mesmo de seu rosto aparecer na tela.

"*Porra! Consegui! Minha ficha foi aprovada! Tenho um limite de 10 mil dólares!*"

"Está falando sério? *Dez mil?* Meu limite não é tão alto!"

"Então, acho que vamos?"

"Nós vamos!"

Notas

1. *Blimp Squadron 14* (Esquadrão de Dirigíveis 14), http://www.warwingsart.com/LTA/zp-14.html.
2. Ibid.

13.

Poucas semanas depois, as mensagens de Anthony continham menos empolgação. Era como se algo tivesse surgido do nada para mudar sua opinião acerca de toda ideia a respeito da Europa. Ele estava se acovardando, começando a se preocupar, e a viagem, começando a balançar, ameaçando degringolar.

Assim que Anthony topou, Alek voltou ao seu plano original. Ele ficaria na Alemanha e nos Alpes, onde sua família tinha vivido. Disse que tentaria se encontrar com eles em algum lugar, mas Spencer não estava muito esperançoso. Naquele momento, Alek parecia decidido a seguir seu próprio caminho. Assim, Anthony havia substituído Alek, e, naquele momento, Anthony estava pensando em cair fora.

"Você está preocupado com o quê, cara?"

"Acho que com saudades de casa. Lembra quando fui para cabo San Lucas na semana do saco cheio?" Foi a única vez que Anthony saiu do país. Ficou tão deprimido que nem queria ver as pessoas. "Isso no quinto dia de viagem. Íamos ficar quase um mês." Além disso, ele tinha orçado a viagem em 4 mil dólares. Só a passagem custou quase 2 mil. Depois de comprar as malas e os equipamentos de viagem de que precisava, quase já havia chegado ao limite, antes mesmo de pagar uma única diária do hotel.

"Olhe, é só dinheiro." Spencer percebeu que talvez conseguisse mudar o humor de Anthony reorientando o plano. Ou seja, começar a pensar no que eles fariam, em vez do que Anthony iria deixar para trás. "Olhe, vai ser um grande giro, certo? Itália, Alemanha, França e, depois, a grande festa na Espanha."

A única coisa em que eles não conseguiram concordar foi qual outro país ou cidade visitar. Anthony queria conhecer Amsterdã; Spencer queria passear na Bélgica. Eles resolveriam isso depois. A única coisa em que estavam perfeitamente de acordo era que a viagem deveria terminar em grande estilo: as belas garotas e as belas praias da Espanha. De tudo que tinham ouvido falar, era o destino festivo supremo. As férias deles terminariam na Espanha.

Spencer levanta os olhos e vê seu amigo apontando a arma para a cabeça do homem, tão perto que Spencer consegue sentir o cheiro do metal. Ele procura mover a cabeça para o lado, porque sabe quão poderoso é o tiro da AK-47. Se a arma disparar, vai rasgar a cabeça do terrorista e atingir Spencer. Ele está ficando cada vez mais cansado. Está ficando cada vez mais frustrado com a força inabalável do homem e com sua própria incapacidade de neutralizá-lo, fazê-lo se render, desacordá-lo ou simplesmente fazê-lo parar de lutar. Além disso, tudo parece frágil, porque ele não sabe que outras armas ou cúmplices esse homem possui.

Spencer está sem fôlego para dizer isso, mas olha para Alek, procura estabelecer contato visual, e com os dentes cerrados e ar de espanto, tenta comunicar sua permissão para Alek. *Mate esse homem mesmo que você me mate também.*

Spencer observa as mãos de Alek. O cano da arma se move para baixo, para a cabeça do homem, em um ângulo em que o projétil a atravessará e também atingirá o pescoço de Spencer.

Spencer segura com mais força.

Spencer percebe o dedo indicador de Alex deslizar pelo cano e alcançar a proteção do gatilho.

Alek move o dedo até o gatilho.

Spencer fecha os olhos. Ele não tem tempo e não consegue reunir seus pensamentos para fazer uma oração, mas se prepara para morrer com um terrorista ao seu alcance.

Ele ouve Alex puxar o gatilho.

Nada.

Spencer abre os olhos. Todos ainda estão ali: o pistoleiro, lutando para escapar de seu domínio, Alek, parado acima deles, segurando a arma, com uma expressão de irritação. *O que acabou de acontecer?*

Então, o metal dilacera a carne, mas não dói. Spencer não sente dor; sente como ondas de percussão em surdina chegando do corpo do terrorista. Pancadas. Spencer se dá conta que não está sendo atingido; o terrorista está sendo atingido: Alek está golpeando o pistoleiro com o fuzil, furiosamente, repetidas vezes. Uma torrente de movimento; mais luz e metal fora de sua visão periférica, com as formas se arranjando para que uma percepção se ajuste no lugar — o terrorista possui uma pistola —, e, de novo, Spencer procura reunir força extra. O queixo de Spencer está enfiado no ombro esquerdo do pistoleiro, a pistola está na mão direita dele, então Spencer não pode vê-la. O preto do cano da arma atravessa sua visão. Spencer tenta balançar e se contorcer, mas está preso, sem nada para se esconder atrás, e está encaixado em um espaço tão apertado entre a mesa e o encosto do banco que não pode se mover. Não há para onde ir, nem tempo suficiente para reagir. Não há mais nada para ele fazer. *Vou levar um tiro na cabeça.*

Novamente, o cano da pistola atravessa sua visão e, por alguma misericórdia, não dispara, mas ele sabe que em breve vai disparar.

Spencer fecha os olhos e vira o pescoço para se tornar um alvo menor. Move a cabeça para a frente e para trás, tentando se esquivar do cano da arma, e usa o corpo do terrorista como escudo. Deixa o ângulo um pouco mais difícil. No entanto, não pode se esconder. Não há cobertura, nem tempo suficiente. O cano se move de novo, até apontar diretamente para a cabeça de Spencer. O pistoleiro puxa o gatilho.

14.

"Você conseguiu!", Spencer disse, na entrada do albergue em Roma, saudando Anthony enquanto ele desembarcava de um táxi.

Anthony não tinha mudado quase nada desde a última vez que Spencer o tinha visto, exceto pelo fato de que, naquele momento, puxava uma mala com rodinhas e segurava um bastão com uma câmera presa nele. Spencer balançou a cabeça. Anthony parecia o próprio "turista americano". Ou até mesmo um "peixe fora d'água".

"Puta merda, estamos na *Europa*!", Anthony disse.

"Estamos na Europa! Isso é louco!", Spencer afirmou. Ele esperou a chegada de Anthony ao albergue, guardando cada pedaço da viagem para que experimentassem juntos. Depois que deixaram as bagagens no quarto, estavam inquietos e agitados. E agora? Mesmo o próprio albergue era algo novo e excitante. Eles nunca tinham ficado em um antes, e este tinha *tudo*. Seu próprio bar, seu próprio restaurante — de algum modo, aquilo era inesperado e espantoso. Até o fato de ter uma prateleira com folhetos grátis pareceu um presente generoso.

"Então, estamos aqui! O que vamos fazer esta noite?", Spencer perguntou. Ele se virou para a jovem do balcão. "Acabamos de chegar à Itália. E ele acabou de chegar à Europa pela primeira vez. É o primeiro dia da nossa viagem."

Ela sorriu. "Acho que sei exatamente o que é", disse, em inglês perfeito e pronunciado de forma atraente. "Vocês sabem que nós temos um bar ligado ao albergue? Hoje à noite vai ter um ônibus-balada saindo de lá. Chamam de 'excursão da perversão'." Spencer olhou para Anthony, que fez um ar de espanto. "Vocês gostariam de ir?"

Assim que o ônibus se pôs em movimento, um barman se levantou e começou a servir cerveja italiana de nome impronunciável e doses de bebida colorida em copinhos fálicos. O ônibus parou em um bar e depois em outro. Então, a noite se tornou um borrão, com o barman servindo mais bebida e entornando doses diretamente na boca dos passageiros. Uma música vibrante e pulsante tocava em alto volume e as pessoas deslizavam para cima e para baixo em um poste instalado dentro do ônibus. Garotas sorridentes caíam umas sobre as outras. Spencer se divertia com a aventura, a bebida, a cerveja, o clima perfeito e os belos corpos jovens ao redor dele. Anthony conversava com algum novo amigo. Em certo momento, Spencer se deu conta de que precisava fazer xixi urgentemente. Pelo que pareceram horas, o ônibus continuou rodando, até que finalmente ofereceu uma vista do Vaticano abaixo e do Coliseu iluminado à distância, tremulantes na visão bem irrigada com álcool de Spencer. De muito longe, as luzes piscaram para ele, mas ele quase não teve tempo de considerar a história. Spencer correu, com as mãos na virilha, através da relva. Passou pelos bustos dos heróis italianos das guerras do século XIX, passou por Garibaldi montado em um cavalo. Correu para um lugar mais distante, onde uma pequena árvore lhe acenou com um farol de esperança, oferecendo a sugestão de privacidade que ele desesperadamente buscava. Estava tão perto que quase sentiu o alívio. Então, pisou em paralelepípedos inclinados por uma raiz saliente. Seu pé se torceu para a direita, e Spencer ouviu três sons sucessivos de estalo quando seu tornozelo dobrou para o lado.

A dor foi intensa, abrasadora. *Ah, meu Deus! Acabei de quebrar meu tornozelo.*

O álcool ajudou a entorpecer a intensidade da dor, e Spencer fez xixi se equilibrando em uma perna. Então, mancou até um muro de pedra que tinha provavelmente 400 anos ou talvez 4 mil. Alguém estava falando algo sobre isso, mas tudo o que Spencer conseguiu fazer foi se apoiar no muro e fechar os olhos, tentando se esquecer da dor. *O que eu acabei de fazer? Puta merda!* Ao longe, ouviu a voz de Anthony, rindo de alguma coisa. Em seguida, ouviu um sussurro, abriu os olhos, e duas garotas com as barrigas expostas estavam vindo em sua direção.

"Ah, por que esse pobre menino está tão sozinho?"

"Você é americano, não é?"

"Por que você está sozinho?"

A dor passou para segundo plano, abrindo caminho para que Spencer se concentrasse em ativar seu charme e tentasse descobrir quão amigáveis eram aquelas duas garotas. Àquela altura, Spencer tinha perdido a noção de tempo, mas, em algum momento, Anthony tirou uma foto com ele encostado no muro, emoldurado por dois corpos bronzeados e esbeltos. Spencer parecia um homem em seu hábitat. Ninguém imaginaria que seu tornozelo estava no processo de adquirir três vezes o seu tamanho normal e virar uma coisa azul lívida e escoriada. Mais tempo passou sem que Spencer se desse conta, e, então, ele se viu seguindo um bando de gente que tropeçava na direção do ônibus. Uma das garotas brasileiras — era Luiza ou sua amiga? — aninhou-se sob seu braço, com Spencer aproveitando a ilusão de cavalheirismo para disfarçar o fato de que usava Luiza (ou era a outra?) como muleta humana.

Então, eles voltaram para o albergue. Anthony estava com uma garota para quem tinha sorrido. Subindo a escada, Anthony e Spencer seguiram cambaleantes para o quarto, e Spencer percebeu tarde demais que Anthony tinha o melhor ângulo e a pista interna. Ele conseguiu entrar no quarto um momento antes de Spencer. Assim, Spencer se virou para Luiza ou para a outra garota e começou a contar piadas no corredor, tentando alguma protelação — ele não tinha certeza do motivo —, mas, finalmente, a garota ficou cansada de ficar no corredor de um albergue e partiu em busca de alguma outra diversão. Spencer foi dar uma espiada no quarto, entreabrindo a porta para não perturbar qualquer transa que pudesse estar rolando, mas encontrou Anthony sozinho, roncando.

Spencer se arrastou para a cama, pensando *Que porra de primeira noite na Europa,* e rindo sozinho de como os dois tinham arruinado uma oportunidade muito boa de iniciar a viagem em boa companhia.

Puta merda. Spencer acordou com o pé latejando.

A noite voltou para Spencer em lampejos diáfanos, e poucos segundos depois de abrir os olhos estava totalmente desperto, sentindo a dor com um balde de água fria no rosto.

Ele afastou o lençol e olhou: mal reconheceu o que viu. O pé não combinava com ele; parecia de outra pessoa. Na realidade, sequer parecia um pé, mas uma verdura madura demais, quase podre, inchada em dois lugares e com uma cor azul-escura que jamais viu um corpo produzir antes. Sentiu o estômago embrulhar.

Como ele explicaria aquilo?

Como passaria três semanas em um passeio a pé pela Europa?

Spencer cutucou Anthony, que se mexeu, deixando escapar um gemido: "Argh. Que porra a gente bebeu?"

Spencer não estava preocupado com a ressaca de Anthony. Ele se arrastou para a beira da cama, enquanto Anthony gemeu mais alguma coisa atrás dele. Sem olhar para o chão, contou: "Um, dois..." Então, tentou ficar de pé, aliviando o peso do traseiro. No momento em que as solas dos pés tocaram o chão, uma dor intensa o jogou de volta para a cama e o fez perder o fôlego.

"Anthony, cara, tô com o pé ferrado. A coisa tá feia."

"Hein?", Anthony murmurou, ainda de olhos fechados.

"Acho que não consigo andar. Mal consigo ficar de pé."

Ainda sem nenhuma reação de Anthony, Spencer sacudiu o amigo até acordá-lo. Obrigou-o a olhar para seu pé. Anthony arregalou os olhos. "Meu Deus. Tá nojento."

"Não estou querendo ser um bunda-mole, mas não sei se vou ser capaz de seguir viagem."

Anthony balançou a cabeça negativamente. Spencer viu um misto de compaixão e decepção na expressão do amigo.

A viagem já era. A única chance que tinham tido de viajar pela Europa, com certeza, terminou no primeiro dia.

Spencer fez um tremendo esforço para chegar à recepção. Uma garota correu para pegar um saco de gelo.

"Conheço um médico que pode vir dar uma olhada nisso", ela disse. "Vou telefonar para ele agora mesmo."

Enquanto Anthony se curava da ressaca dormindo no andar de cima, Spencer ficou sentado, com o pé mergulhado em gelo. Internamente, ensaiava como ia contar para as pessoas que sua viagem pela Europa tinha terminado no primeiro dia. Antes de visitarem qualquer lugar ou viajarem em um dos trens de alta velocidade para os quais tinham comprado passagens. A menos que o médico tivesse alguma cura milagrosa.

Ele não apareceu. Quando Spencer finalmente conseguiu vê-lo, o médico apalpou, tirou uma radiografia, mostrou para Spencer onde ele tinha uma microfratura — mas era difícil dizer se era uma lesão nova ou da infância —, receitou ibuprofeno e cobrou 120 euros.

Spencer passou o resto do dia saltitando entre seu quarto e a recepção, em busca de mais gelo, esperando que, por algum milagre, ficasse curado, porque, se não estivesse melhor até o dia seguinte — e que contusão daquele tamanho melhoraria em 12 horas? —, embarcaria no próximo voo de volta à base. Naquela noite, foi para a cama conformado com o fato de que sua viagem épica de três semanas pela Europa havia terminado antes de realmente começar. Nada de Alemanha, Bélgica, França.

Acima de tudo, nada de Espanha.

Apenas um dia em Roma, em um ônibus-balada.

Ele dormiu antes de o sol se pôr.

15.

No dia seguinte, Spencer acordou se remoendo de decepção. Era o dia em que teria de fazer todos os arranjos necessários para voltar para a base. Ele achou que poderia dar a si mesmo uma última chance antes de oficializar o retorno. Pôs os pés para fora da cama, apoiou-os no chão e se levantou. Estremeceu. A dor voltou. Mas era uma dor indistinta, não as pontadas que percorreram suas pernas como se estivessem zangadas com ele. Era uma dor que abarcava toda a metade inferior de sua perna e não um ponto específico.

Spencer se inclinou um pouco para a frente. A dor persistiu, mas não piorou. Inclinou-se para trás e para o lado. Deu alguns passos. O tornozelo resistiu. Arrancou os cadarços e enfiou o pé no sapato. Parecia que o sapato era quatro números menor, mas ele conseguiu calçar quase todo o pé. Deu mais alguns passos.

"Anthony, acho que eu consigo andar!"

"Sério?"

"Acho que consigo. Acho que... Vamos seguir em frente!"

Por um pequeno milagre, ou por força de vontade, a viagem prosseguiria.

Próxima parada: Veneza.

O trem que chegou à estação para levá-los a Veneza parecia menos um meio de transporte público e mais uma nave espacial. Ou um daqueles carros a jato construídos para bater recordes de velocidade em desertos de sal. Spencer sentiu que estava em marcha para o futuro.

A bordo, não era como os trens em que ele tinha viajado nos Estados Unidos. Os assentos eram de veludo. Limpos e funcionais. Os comissários caminhavam com uniformes impecáveis, oferecendo bebidas. A internet era rápida e confiável, as janelas eram grandes e os passageiros pareciam prósperos e elegantes. Nenhum viciado, como nos vagões de metrô que ele tinha usado. Ninguém mendigando. Nenhum criminoso.

Mas, acima de tudo, quando o trem começou a acelerar, foi a *força* que o impressionou. Era silencioso. Tinha atingido a velocidade de 240 quilômetros por hora e continuava acelerando. A paisagem rural passava como um filme em avanço rápido. Ele teve uma sensação que pareceu algo como inevitabilidade.

Toda aquela potência o transportando em silêncio, mas com uma força tremenda, para um destino.

16.

Spencer podia dizer que Anthony estava de mau humor. Aquela primeira noite o chateara. Tanto que, dois dias depois, o aborrecimento ainda não tinha desaparecido por completo. Para piorar, havia o fato de que, no momento em que desembarcaram do trem em Veneza, o calor tomou conta deles, denso e úmido, abarcando-os e parecendo uma camada extra de roupa. Spencer ficou muito concentrado no que estava diante dele para se preocupar com o calor: sabia que Veneza era uma cidade sobre a água, mas não achava que seria... *tão* sobre a água. Um mundo aquático completo. As pessoas usavam barcos como usam carros em todos os outros lugares do mundo. Os engarrafamentos eram de barcos próximos uns dos outros em um canal, em vez de minivans grudadas umas nas outras em uma autoestrada. Para chegarem ao albergue, tiveram que procurar um *vaporetto* (ônibus aquático).

O *vaporetto* foi o primeiro dos muitos testes que Veneza colocou diante deles. Curiosamente, algumas pessoas pareciam estar simplesmente embarcando. Outras estavam comprando algo parecido com passagens. Então, hum... Era grátis? Spencer não conseguia entender, e Anthony não estava no estado de ânimo para uma discussão. Todas as pessoas para quem Spencer pediu ajuda não tinham a mínima ideia ou não falavam inglês. Então, decidiu que pagaria para o rapaz que estava vendendo passagens ou, talvez, algo totalmente diferente, antes de embarcar e tentar encontrar sua ilha.

O *vaporetto* desatracou e se dirigiu para o Grande Canal. Spencer estava adorando. Aquilo despertou seu senso de aventura, porque ele havia renovado o contrato com a vida agora que podia andar de novo. Anthony estava sofrendo para puxar sua mala com rodinhas. Naquele momento, se deu conta de que era uma opção muito pior do que passear de mochila pela Europa. Spencer olhou para trás e o viu em maus lençóis. A mala de Anthony era destinada a homens de negócios que atravessam corredores de aeroportos regionais, e não antigas ruas de paralelepípedos. Spencer ouviu um som de estalo e, em seguida, Anthony explodiu: "Porra!" Spencer precisou reprimir a risada. Uma das rodinhas de plástico havia rachado, freando a mala de Anthony, de modo que a alça escapou de sua mão e a mala tombou para a frente. *"Droga!"* Enfurecido, Anthony chutou a mala. "Vá se foder!"

Discretamente, Spencer riu quando Anthony começou a arrastar a mala com apenas uma rodinha. A garra de plástico onde a rodinha se encaixava ficava raspando e pegando cada paralelepípedo.

Spencer tinha reservado o albergue, mas eles desembarcaram do *vaporetto* na parada errada, e não se deram conta disso no início. Assim, Anthony precisou arrastar sua mala danificada ao redor da ilha, em círculos concêntricos que se estreitavam lentamente, enquanto Spencer fazia curva errada após curva errada. "Deve ser logo ali em cima." Finalmente, ele concluiu que não estavam nem na ilha certa.

Voltaram à parada do *vaporetto*, enfrentando mais calor.

Spencer estava tendo dificuldade para se concentrar nas orientações, porque ainda não tinha superado o fato de que, apesar de estar em uma cidade, não havia carros nela. Era como um avião sem asas ou algo assim. Parecia muito estranho não poder parar para erguer os olhos e registrar tudo aquilo. Em vez disso, tinha de estudar as orientações e descobrir onde eles estavam.

Passaram outra hora e meia circulando pelas ruas, que — e isso, naquele momento, também estava começando a frustrar Spencer — pareciam nunca ter placas. Como as pessoas encontravam seu caminho ali? Simplesmente memorizavam aonde precisavam ir? As ruas não estavam organizadas em nenhum tipo de padrão, em nenhum tipo de ordem, mas pareciam traçadas exatamente com o propósito de confundir os estrangeiros. Eram apenas círculos dentro de círculos e séries de escadas para cima e para baixo, que pareciam não servir a nenhum propósito que Spencer conseguisse discernir a não ser elevar a pressão arterial de Anthony.

Anthony bufava de raiva, suava e arrastava sua mala Samsonite em escadarias sem sentido. Não eram apenas as placas de rua; também dificilmente pareciam existir placas de lojas ou nomes de prédios. Spencer se deu conta que era hora de pedir orientações para alguém e, então, se deu conta que também não havia pessoas. De certo modo, era realmente estranho. Onde estavam todos? Não era só um mundo aquático. Também era uma cidade fantasma. Ainda levaria algum tempo para Spencer tomar conhecimento do *riposo*, a tradição italiana de ir para casa e cochilar no meio do dia, quando o sol estava a pino e o calor era mais insuportável. Ele simplesmente achou que a cidade tinha sido abandonada. Houve algum surto viral de que ele não ouvira falar?

Anthony também percebeu isso. "Por que não vemos pessoas?" Anthony estava perdendo o que restava de sua paciência. "Onde estão as placas de rua? Por que não conseguimos encontrá-las? Para que servem todas essas escadas?"

Spencer começou a ver pessoas, mas só de vez em quando, e só pondo as cabeças para fora das janelas acima deles, como espectadores assistindo a algum jogo, alguma peleja que Spencer e Anthony estavam jogando, mas cujas regras eles não conheciam.

Finalmente, um farol, como a árvore no parque em Roma: um pequeno logotipo ao longe, que correspondia ao padrão de cores de que Spencer se lembrava do folheto do albergue.

"Acho que é o albergue."

Anthony ficou calado.

"Realmente, agora acho que encontramos. Anime-se, cara, estamos em *Veneza!*"

O único som de Anthony veio atrás dele: o rítmico e desagradável ruído da rodinha quebrada sobre os paralelepípedos.

Spencer ouviu vozes estridentes em uma língua estrangeira. Italiano? Ele não tinha certeza, mas, sem dúvida, não era inglês. Quanto mais perto ele chegava do albergue, mais claro ficava que uma discussão estava em andamento. Entraram na recepção, e Spencer viu que o barulho vinha de um casal gritando com a garota do balcão. Ela olhou Spencer nos olhos, e ele notou que ela estava tentando dar um sorriso. Era tarde demais para sair. Então, ele e Anthony ajeitaram as bagagens atrás de si e se posicionaram desajeitadamente ao lado da minúscula recepção, enquanto a garota procurava aplacar, educadamente, a raiva do casal.

Spencer olhou para Anthony, que fazia um ar de espanto. Finalmente, a energia do casal pareceu se esgotar, e eles partiram abruptamente. A garota do balcão olhou para os recém-chegados e irrompeu em risadinhas nervosas.

"O que foi isso?"

"Me desculpem. O casal disse que vai chamar a polícia porque o quarto não tem ar-condicionado e eles não conseguem dormir por causa do calor. Que a polícia virá para fechar o estabelecimento."

Spencer riu. "A polícia?", ele disse, balançando a cabeça negativamente. "Tenho certeza de que não vamos chamar a polícia", prosseguiu e sorriu. A garota fez o check-in e indicou o quarto para eles.

Quando Spencer entrou, o calor quase o nocauteou. "Puta merda!" Parecia um forno. Naquele momento, ele entendeu o descontentamento do casal. O quarto era até mais quente do que do lado de fora, como se o calor tivesse sido canalizado para ali. Estava tão quente que era difícil respirar. E havia mosquitos em todos os lugares. Spencer começou a contar, mas perdeu a conta, e calculou que talvez fossem uns 300. Fechou as janelas para ver se conseguia impedi-los de entrar, mas, logo que as fechou, a temperatura subiu ainda mais.

"Tudo bem, tenho de admitir. Não consigo ficar neste quarto. Não dá para dormir aqui. A gente pensa em alguma coisa mais tarde", Spencer disse.

Anthony só balançou a cabeça. Ele estava concentrado em seu celular.

"O wi-fi está funcionando?"

"Sim. Recebi uma mensagem de John."

"John? John Dickson?" Anthony tinha um amigo que jogava basquete semiprofissional em algum lugar da Europa. "Ele está jogando na Itália?"

"Alemanha. Ele me disse para procurá-lo quando eu chegasse à Europa, mas ele viaja muito", Anthony respondeu. Então, seu celular apitou. Ele abaixou os olhos. "Ele diz que devemos tentar nos encontrar quando chegarmos a Munique."

Por enquanto, Spencer considerou que eles só tinham uma noite em Veneza. Então, também podiam fazer algo em relação a isso. "Tudo bem, estamos perdendo tempo. Vamos visitar os lugares interessantes", ele disse. Os dois tomaram banho, trocaram de roupa e saíram para pegar o *vaporetto* para a ilha principal. Enquanto esperavam, Spencer decidiu que queria uma foto dele com a água e os prédios no fundo, mas Anthony estava sentado em um banco, tentando espantar o calor se mantendo completamente imóvel. Spencer viu uma garota, que se materializou naquela cidade-fantasma, esperando pelo mesmo *vaporetto*. "Ei, desculpe. Você fala inglês?"

"Sim", respondeu, sorrindo.

"Beleza. Pode tirar uma foto minha?"

"Claro!"

Spencer fez uma pose e perguntou se ela queria que ele tirasse uma foto dela.

"Tenho muitas. Já estou viajando há algum tempo."

"Sozinha? A propósito, meu nome é Spencer."

"Oi. O meu é Lisa", ela respondeu, voltando a sorrir.

"Prazer. E aquele ali... Ant! Levante-se. Venha conhecer Lisa. Lisa, este é Ant. Ou Anthony, quero dizer."

"Oi, como vai?"

Spencer teve uma ideia: "Estamos indo para a praça principal. Se você quiser nos acompanhar..."

Então, Spencer, Anthony e Lisa passaram por mercados cheios de gente. Anthony estendeu o bastão de selfie e começou a gravar. Para Spencer, um sinal de que o humor de seu amigo havia melhorado. Decidiram fazer um passeio de gôndola, porque, "quando em Roma, faça como os romanos". Assim, desceram até um ponto onde um grupo de pessoas esperava. Começaram a conversar com um casal, que descobriram ser malaio. Logo, Anthony convenceu o casal e Lisa a dividirem a conta. Um por um, embarcaram: a mulher, o marido, Lisa, Spencer e Anthony. O gondoleiro arregalou os olhos diante do tamanho da carga, mas conseguiu estabilizar a gôndola. Começou a remar, manobrando o barco em curvas fechadas e becos estreitos. Quando o barco chegava muito perto das paredes de pedra, ele o afastava usando um pé. A gôndola quase virou meia dúzia de vezes, arrancando gritinhos do casal. Em águas mais abertas, começou a balançar. No entanto, deixando os quase desastres de lado, foi um passeio perfeito, com becos estreitos, portas de garagem que davam na água, pontes e pessoas comendo em restaurantes à beira do canal, enquanto Anthony gravava cada segundo com sua câmera.

O anoitecer estava começando a impor aquela sensação quase mágica, com Spencer se sentindo relaxado e livre e o casal malaio feliz por ter companhia. Havia cordialidade entre os novos amigos, todos aconchegados naquele pequeno espaço, flutuando sobre a água com a cidade iluminada ao redor deles.

Lisa contou que era de Nova York. Tinha decidido passar as férias de verão na Europa viajando sozinha. Estava em Veneza havia alguns dias, hospedada na casa de uma família local. Gostava de viajar daquele jeito, para economizar dinheiro e aprender um pouco da língua do lugar. Depois do passeio de gôndola, mostrou algumas igrejas famosas e suas paisagens favoritas para eles. Atravessou um mercado lotado com os dois. Anthony seguia na frente com seu bastão de selfie, como porta-bandeira, gravando vídeos de si mesmo explorando a Europa e fingindo que não era ele que segurava a câmera. Como estavam em um passeio bem turístico e na companhia de uma dama que possuía alguma cultura, Spencer decidiu que deviam ter uma noite elegante. Na praça principal, passaram por um restaurante luxuoso. Spencer percebeu Anthony examinando o local e disse: "Dane-se. Vamos entrar."

Pediram massas caseiras. Anthony pediu uma taça de vinho, algo que Spencer nunca tinha visto o amigo fazer. Então, teve uma ideia melhor. "Por que não pedimos uma garrafa?" Também nunca haviam feito aquilo. Estavam curtindo, de short e camiseta, um jantar à luz de velas, servido por garçons usando ternos de corte impecável.

Bebendo vinho, Lisa pediu um resumo completo do plano deles. "Parece bom", ela disse. "Exceto a França."

"Por quê? Você não gostou de lá?"

"Paris, tudo bem. Mas os franceses são um pouco rudes."

Spencer olhou para Anthony, que deu de ombros. Lisa olhou de soslaio para eles. "Sabe, vocês deviam fugir da França", ela disse.

Spencer voltou a encher as taças com vinho.

Depois do jantar, passearam pela praça como venezianos sofisticados, pesquisando lojas para comprar presentes para suas famílias e se maravilhando com os pequenos drones que piscavam luzes e voavam a algumas dezenas de metros do chão. Registravam tudo: os vendedores ambulantes e os artistas de rua, que pareciam ter brotado da terra só para apresentar um espetáculo para eles. Provaram *gelato* com Lisa, andaram um pouco mais, vislumbraram um quarteto de cordas que tocava música clássica, mas "Viva La Vida", do Coldplay, começou a tocar no exato momento em que passaram, como se algum MC celestial tivesse visto os três se aproximando e decidisse oferecer uma trilha musical mais atual apenas para eles.

De volta ao albergue, Spencer e Anthony decidiram se refrescar um pouco no telhado antes de tentar dormir na "sauna". Enquanto olhavam para a água, Spencer acendeu um cigarro. Anthony teve uma ideia: "Parece que tudo que estamos fazendo é viajar. Talvez a gente devesse desacelerar um pouco. Talvez parar de tentar fazer um lugar por dia. Ficar um pouco mais."

Bem ao longe, Spencer achou ter visto um relâmpago. Esperou, observando o Adriático. O céu estava muito escuro, iluminado apenas pela cidade, que cintilava atrás dele. Então, ele viu de novo. Em algum lugar a distância, uma nuvem brilhou por um instante. Era uma coisa estranha: ao longe, um milésimo de segundo de poder extraordinário, a terra se abrindo e rugindo; aqui, nem sequer se ouvia um som. Apenas um instante de luz silenciosa; uma sugestão de algo acontecendo em algum lugar distante. Mas ele sentiu a umidade no ar. Sabia que estava chegando.

"Melhor descermos antes que essa tempestade nos pegue."

17.

Munique era uma cidade com Mercedes e BMWs em todos os lugares. Até os táxis eram dessas marcas. Anthony não conseguia se esquecer dos carros. Dessa vez, era Spencer que queria chegar ao albergue o mais rápido possível, ansioso para consultar os e-mails, porque deveria tomar conhecimento de seu próximo destino como soldado da Força Aérea.

"Muitas lojas com produtos halal", Anthony disse. Ele pareceu surpreso com a quantidade de muçulmanos e com as pessoas com aparência do Oriente Médio em toda a cidade. Spencer não estava prestando atenção. Imaginava-se em diferentes bases da Força Aérea. Em algum fim de mundo nos Estados Unidos? Na Base Aérea de Pápa, na Hungria? Em algum outro lugar na Europa? Em algum lugar de sua viagem? Seria engraçado. Na Base Aérea de Morón, na Espanha? Ou até mesmo na Base Aérea de Ramstein, aqui mesmo na Alemanha?

Isso o lembrou de algo: "Precisamos ver onde Alek está quando conseguirmos acesso à internet."

"Entendi. Muitos restaurantes de kebab. Muitas garotas com lenços na cabeça."

"Acho que é assim em toda a Europa", Spencer afirmou.

"Preciso de um hambúrguer. Temos de achar um McDonalds."

"Sério? Um McDonalds? Você já está com saudade da comida americana? Vamos comer a comida local."

"O que é local aqui em Munique? Pretzels?"

"Talvez salsicha?", Spencer disse, ainda não dando total atenção a Anthony. Naquele momento, ele estava conferindo o mapa.

"Talvez schnitzer", Anthony arriscou.*

"Schnitzer? Snitcher? Do que você está falando?**

"De wiener... snitcher."

"Acho que não está certo."

"Claro que está certo."

---

* Anthony está tentando se referir ao *wiener schnitzel*, prato muito popular na Alemanha, equivalente ao nosso bife à milanesa. (*N. do T.*)

** *Snitcher* significa delator. (*N. do T.*)

"Cara, do que você está falando?"

"Seja como for, preciso de um Big Mac. Já!"

"Tudo bem. Mas vamos fazer isso rápido. Preciso descobrir o que o futuro me reserva."

Depois de saciados de comida americana gordurosa, os dois encontraram o albergue com muito menos dificuldade do que em Veneza. Conectaram-se ao wi-fi. Anthony entrou em contato com John Dickson, seu amigo. "John viajou de novo. Aparentemente, está em alguma cidade ao norte de nós. Ele disse...", mas Spencer ainda não estava dando total atenção. Ele estava escrevendo para Alek: "Vamos para Berlim depois."

"Tudo bem", Alek respondeu. "Vou tentar encontrá-los em Berlim."

Então, a mensagem que ele estava esperando de seu supervisor chegou. "Puta merda!", Spencer gritou.

"O que foi?", Anthony perguntou.

"É Nellis! Vou para a Base Aérea de Nellis! Estão me mandando para Las Vegas!" Spencer estava tão feliz que quase se sentia culpado. A Força Aérea o tinha enviado para uma base nos Açores, que era um paraíso insular, e, naquele momento, de todos os lugares do mundo para os quais ele poderia ter sido designado — Iraque, Afeganistão, Groenlândia, Uzbequistão ou Taiwan —, ele havia sido transferido para um lugar a curta distância de voo de sua casa, e um lugar onde Anthony por acaso tinha família.

"Ah! Precisamos comemorar!"

Spencer procurou no Google um bar e eles partiram para o mais próximo, prontos para se esbaldar.

No entanto, o bar mais próximo acabou se revelando um bar de luzes vermelhas e decoração bizarra, incluindo bonecas Barbie decapitadas. Ou seja, a ideia de alguém a respeito de um fetiche após uma viagem de ácido. Pediram duas cervejas e não encontraram ninguém interessante — ou seguro — para conversar. Assim, terminaram suas bebidas, pediram a conta e escaparam do bar Bizarro World, topando com uma parada do orgulho gay que, por acaso, estava passando pela rua. Spencer se lembrou de uma sugestão que sua mãe fizera a respeito de um bar que vendia enormes canecas de cerveja. Então, chamaram um táxi e foram para lá, mas o bar estava vazio.

Em seguida, encontraram um clube noturno, mas que também estava quase vazio.

Depois, acabaram em um bar de inspiração latina, o que foi bastante desorientador: música latina na Alemanha? Anthony ainda queria encontrar um clube, mas Spencer estava ficando entediado e cansado de bares esquisitos. Então, decidiram encerrar a noitada. Poupar energia. Não havia nenhum motivo para ficar fora até tarde e, decidiram, nenhum motivo para ficar em Munique por mais um dia. No dia seguinte, partiriam para Berlim.

Spencer achava que Berlim seria bom. Estava animado. Instigado por Berlim, instigado por Las Vegas, instigado pela Espanha.

A viagem estava ganhando impulso

18.

Em Berlim o albergue ficava longe da estação ferroviária. E os paralelepípedos voltaram a ameaçar a mala de Anthony. E o seu humor. Pelo menos a Alemanha possuía placas de rua e planejamento urbano. As duas coisas representavam melhorias em relação a Veneza. Mas as palavras eram tão compridas que isso quase não fazia diferença. Levaram mais de uma hora para encontrar o caminho entre o trem e o albergue.

Quando chegaram ao albergue, perceberam que a sorte deles tinha mudado. Havia uma cama para cada um, o quarto era espaçoso e o ar, fresco e puro. Spencer ainda estava traumatizado com a experiência de tentar dormir no forno veneziano. Então, tudo aquilo representava um alívio. Tomaram banho, trocaram de roupa e, embora o pé de Spencer ainda fosse um balão colorido de inflamação, parecia estar melhorando lentamente, ou ao menos não estava piorando, mesmo com toda a caminhada. Ele tomou seu ibuprofeno, e, em seguida, os dois foram até o andar de baixo para ver se a recepcionista podia recomendar um bom lugar de diversão. Enquanto Spencer conversava com a mulher da recepção, Anthony interrompeu, dizendo: "Aquela placa ali não diz 'Louisiana Soul Food'?"

"Sim, nós temos comida americana... Vocês dizem cozinha 'caseira'?"

"Espere. Sério? Comida do Sul dos Estados Unidos em Berlim? Spencer, cara, nós temos de ver se é legítima."

Então, eles provaram comida sulista em Berlim: frango frito, purê de batata, couve e milho. Spencer se entupiu de comida e Anthony pareceu aprovar tudo, exceto a Fanta. Anthony reclamou do refrigerante. "Um pouco nojento", ele disse, segurando a garrafa e examinando o rótulo. "Provavelmente porque não tem adoçante. Não está doce o suficiente."

Exceto isso, a permanência em Berlim estava evoluindo muito bem.

Na manhã seguinte, no café da manhã, Spencer e Anthony estavam sentados em silêncio, comendo, quando uma garota desconsiderou 12 mesas vazias e se sentou perto deles. Ela olhou para Spencer e, depois, para Anthony. Então disse, com um entusiasmo não compatível com aquela hora tão matinal: "Oi! Sou Christy!"

"Hein?", Spencer murmurou, pego de surpresa. "Ah, oi!", disse em seguida. Ele olhou para Anthony. *Ela está dando em cima da gente?*

"E aí, Christy?", Anthony disse, limpando a mão e a oferecendo para ela apertar. "Sou Anthony. Ele é Spencer."

"Então, o que vocês planejaram para hoje?", ela perguntou.

"Bem, na realidade, nós vamos planejar o nosso dia depois do café", Spencer disse, ainda não totalmente adaptado ao fato de ter uma nova companhia.

"Você recomenda alguma coisa?", Anthony perguntou, intrometendo-se.

"Vou dar um passeio de bicicleta mais tarde. Acontece duas vezes por dia. Vou no das 10 horas, se vocês quiserem me acompanhar."

Christy não estava dando em cima deles. Ela só estava sendo simpática e prática. O que eram todas aquelas garotas asiáticas viajando sozinhas pela Europa? Andar de bicicleta pareceu uma boa ideia. Para Spencer, dava um pouco mais de tempo sem colocar peso sobre o pé. Além disso, aquelas garotas pareciam ter informações confidenciais a respeito de aonde ir e do que ver. Era como se eles continuassem a encontrar guias turísticos; um oráculo em cada porto, para ajudá-los em seu caminho.

Pedalando, seguiram em fila indiana pelo trânsito, parando ocasionalmente para breves conversas a respeito da história da cidade, que Spencer achou mais digerível do que qualquer coisa que aprendera na escola. Talvez fosse por um motivo óbvio: era mais fácil aprender por meio de elementos visuais. Talvez fosse mais fácil aprender do seu jeito, ou talvez fosse algo no ar, mas, qualquer que fosse o motivo, tudo parecia ter mais significado. Talvez fosse o guia turístico, um londrino de origem, magro, usando boné com a aba virada para trás e óculos que Spencer não tinha certeza se ele realmente precisava — bem descolado, e que parecia saber *tudo*. E ele parecia estar levando o grupo em um passeio histórico por lugares relacionados à guerra, como se fosse seu trabalho mostrar apenas os lugares onde as grandes ameaças mundiais tinham sido confrontadas.

Na frente da Universidade Humboldt, viram onde os nazistas queimaram milhares de livros, e o guia explicou como os estudantes tentavam combater esse mal realizando uma feira de livros todos os anos. "O jeito deles de recuperar os livros para o povo", ele disse, com uma perna pendurada sobre sua bicicleta, olhando para Spencer um pouco mais de tempo do que para os outros, como se significasse algo especial para ele. "Para mudar o que é a história."

Eles pedalaram um pouco mais e, então, pararam na Pariser Platz, praça que recebeu esse nome em homenagem à capital francesa, em frente a uma série de colunas com uma estátua no topo, com altura equivalente a um prédio de seis andares. Algo naquilo pareceu atrair Anthony, e Spencer o observou se afastar alguns passos do grupo e começar a tirar fotos. Depois, Anthony baixou a câmera e apenas olhou, como se algo não fizesse muito sentido para ele. Concentrando-se, Spencer semicerrou os olhos na direção daquilo.

"Esse é o Portão de Brandemburgo", o guia disse. "Onde o presidente Reagan pediu a Gorbachev para derrubar o Muro de Berlim." No topo, a estátua tinha quatro cavalos puxando uma carruagem, como algo saído do filme *Gladiador*, exceto pelo fato de a carruagem transportar uma mulher com asas. "Esse tipo de escultura, de uma deusa com uma carruagem de quatro cavalos, é chamada de quadriga", ele informou. Aquela, em particular, transportava Irene, a deusa da paz. Às vezes, o guia afirmou, as carruagens nas esculturas transportavam Vitória, a deusa da vitória. Muitas vezes, transportavam Fama, a deusa da fama.

Aquela escultura, ele disse, tinha uma história a mais. Tinha sido roubada por Napoleão após o cerco de Berlim e levada para a França. Só foi trazida de volta quando os prussianos ocuparam Paris.

Anthony se juntou novamente ao grupo, pegando o final da fala do guia. Ele balançou a cabeça negativamente. "É uma estátua muito grande para alguém levar. Como é que você rouba uma estátua? Tem o tamanho de um prédio."

O guia os levou ao Checkpoint Charlie. Mostrou o *Führerbunker*, onde, lembrou-lhes, Hitler se suicidou quando as forças russas se aproximaram.

"Espere", Spencer disse, confuso, olhando para Anthony. Anthony também pareceu confuso. "Hitler não se matou no Ninho da Águia, quando as forças americanas se aproximaram dele?"

"Seus livros de história estão errados. Em, ah... cerca de 700 quilômetros. O *Kehlsteinhaus* fica no Sul. Hitler estava *aqui*, com sua mulher, Eva, quando se suicidou. E eram os russos que estavam se aproximando. Vocês, americanos, não podem reivindicar a autoria toda vez que o mal é derrotado."

Ao pensar naquilo, Spencer não ficou tão surpreso. Talvez não fosse tão incomum. Quando contamos histórias, às vezes nos tornamos os heróis. Anthony e ele não fizeram aquilo? Em suas representações de airsoft, na frente da casa de Spencer, ou nos epílogos que escreviam juntos nos domingos à tarde após assistirem a *Falcão Negro em perigo* ou *O resgate do soldado Ryan*?

A parada seguinte foi o Memorial aos Judeus Mortos da Europa. Estacionaram suas bicicletas e caminharam por um campo de pedras. Do lado de fora, parecia rígido e ordenado, como um cemitério planejado e estéril, mas quando você caminhava dentro, era desorientador. Algumas pedras tinham poucos centímetros de altura; outras eram duas ou três vezes mais altas do que Spencer. Era um labirinto, que o engoliu quando ele entrou. Então, em um momento ele ficava totalmente na sombra e, no seguinte, faixas brilhantes de luz o encontravam por acaso.

Em um momento, estava totalmente sozinho; no seguinte, ficava preso em uma massa de turistas, em um cruzamento cego.

Anthony o seguiu, a poucos passos de distância, segurando a câmera no alto.

Então, o guia apontou para a Coluna da Vitória; outro monumento que maravilhou Anthony. "É muito ouro para estar em público. As pessoas nunca sobem ali para roubá-lo?"

Pararam para o almoço, e Spencer ficou sabendo mais a respeito do passado de Christy. Descobriu que sua mais nova companheira de viagem tinha muitos conselhos úteis a respeito do resto da viagem deles. Ela conhecia bem a França, porque, apesar de ter crescido na Flórida, trabalhara em Paris.

"Então, o que você acha? O que nós devemos fazer lá?", Anthony perguntou.

"Bem, você fala francês?"

"Ah! Não, nada. Nenhum de nós."

"Mal falamos inglês", Spencer brincou.

"Sou fluente em francês", ela revelou.

"Quanto tempo você precisou para isso?"

"Eu morei lá por quatro anos", Christy informou. Então, ela disse algo surpreendente. "Acho que vocês não devem passar muito tempo lá. Na verdade, não sei se deviam ir."

"Devemos ignorar Paris totalmente?"

"Sim. Eu ignoraria se fosse vocês. As pessoas podem ser rudes se você não falar francês. Também é muito caro. E eles realmente não gostam de americanos."

Spencer refletiu a respeito e olhou para Anthony.

"Ninguém está realmente eufórico a respeito de Paris. Talvez a gente devesse ignorar."

"Eu preciso tirar uma foto com a Torre Eiffel. É fundamental", Anthony disse.

"Sim, mas vale a viagem?", Spencer perguntou, começando a achar que, se as pessoas continuavam a dizer coisas ruins a respeito de Paris, talvez fosse hora de tirá-la do itinerário. "Vamos pelo menos pensar a respeito. Talvez ir direto para a Espanha." Anthony assentiu, e mordeu um pedaço do sanduíche. "Ei, Christy", ele disse depois de um instante. "O que você fez lá, afinal?"

"Fez onde?"

"Em Paris. Qual era o seu trabalho?"

"Ah! Eu trabalhei em um canal de notícias."

19.

Após o passeio de bicicleta, eles voltaram para o albergue. Anthony tinha de cuidar de algumas tarefas. Disse que ia usar o wi-fi do quarto para escrever ao seu amigo John. Queria saber se estavam próximos um do outro.

Spencer decidiu esperá-lo no bar do albergue.

Ficou sentado, pensando mais a respeito do conselho de Christy. Aquilo o estava atazanando. Quando pediu sua cerveja, decidiu perguntar ao barman sua decisão de ignorar a França.

A dois bancos de distância, outro cliente interveio. "Para onde você vai depois?"

Spencer examinou o homem. Ele estava deslocado em um albergue da juventude. Tinha mais de 50 anos, seu cabelo era comprido e desgrenhado e suas roupas, todas de couro e um pouco justas demais. Tinha a voz rouca, com um sotaque difícil de entender e ainda mais difícil de situar, mas que Spencer presumiu ser alemão.

"Acho que vamos para a França e, depois, para a Espanha", Spencer afirmou. "O problema é que as pessoas estão dizendo para ignorarmos a França. Seja como for, estamos mais empolgados com a Espanha."

"E Amsterdã?" A voz dele era tão rouca que Spencer teve de se aproximar para tentar entender o que estava dizendo.

"Não, Amsterdã não. Nós pensamos em ir, mas não vai dar tempo."

"Arranje tempo para Amsterdã", o homem disse.

Spencer o analisou. Ele parecia o tipo de sujeito que tinha levado uma vida dura e envelhecido mais rápido do que seus anos. Então, tentou compensar as rugas deixando o cabelo crescer e se vestindo... de maneira corajosa.

"Ah, sim?"

"Acabo de voltar de lá com minha banda."

"Você... Como?"

"Banda. A minha banda. Nós estávamos em Amsterdã até poucos dias atrás."

"Ah, você toca em uma banda? Que tipo de música?"

"Principalmente heavy metal."

"Uau! Todos os outros membros são alemães?"

"Não são alemães", ele murmurou. "Eu sou sueco." Ele tomou um gole de sua cerveja. "Mas vou te dizer: uma das minhas coisas preferidas quando vamos para lá é colher trufas no campo", disse, enquanto Spencer se inclinava para tentar entendê-lo. "E sabe o que eu faço depois?"

"O quê?", Spencer perguntou, incitando-o.

O músico sorriu, explorando a pausa. "Nada. Não faço nada. Só olho em volta."

"Não parece nada mau", Spencer disse, rindo.

"Sabe o que mais eles têm? Mesmo que você não curta todas as drogas como eu, Amsterdã tem as pessoas mais legais do mundo. E a maioria delas, aliás, fala inglês." Então, ele piscou. "Também tem mulheres muito bonitas. E história."

Spencer assentiu. Ele sentia que estava se entusiasmando com a ideia. O plano mudou em sua mente.

"Meu amigo, esqueça a França. Vá para Amsterdã. Você tem de ir."

Atrás de Spencer a porta se abriu. Anthony entrou e sentou no banco ao lado dele. "Fazendo amigos?"

"Sim. Escute, acho que precisamos mudar nossos planos", Spencer disse, olhando para seu novo amigo.

"Ah, é?", Anthony afirmou, acenando para o barman.

"Sim. Acho que precisamos ir para Amsterdã."

Com o cano da arma apontado para a cabeça de Spencer, o pistoleiro puxa o gatilho. Spencer escuta o clique. Ele ainda está vivo. Como? Quantas vezes ele quase foi baleado? O homem vai voltar a puxar o gatilho? Alek já está com as mãos sobre as mãos do pistoleiro, puxando a pistola com força antes que ele possa tentar atirar em Spencer de novo. Pondo o máximo de força nos braços, Spencer tenta imobilizar o homem, mas algo amarelo atravessa sua visão: a luz refletida de uma lâmina. A pistola já desapareceu, mas Spencer ainda está encurralado, e quando a lâmina chega, se movendo em forma de arco, tudo o que ele pode fazer é atacar o pescoço do pistoleiro. Ele sente o contato frio, um toque arrastado em seu pescoço. Vê mais sangue e, então, seus corpos se movem, em direções opostas. Spencer vê, de relance, seu polegar sobre o ombro do pistoleiro. Uma torrente de medo o atravessa. *Isso é um osso. Estou vendo o meu osso.* Seu polegar está curvado para trás e quase totalmente cortado. Assim, inicialmente, ele não o reconhece. Não é totalmente seu; parece que ele está observando o corpo de outra pessoa em um filme. Spencer se ouve gritando, sente-se lutando, a necessidade desesperada de criar espaço entre seus dois corpos. Ele se pega gritando: "Ele tem uma faca!" Contorce o corpo para chutar o pistoleiro, empurrando o homem para a frente, no meio do corredor.

Onde Alek e Anthony estão a postos, prontos para ajudá-lo.

Rapidamente, Spencer fica de pé.

Alek está pronto, à sua esquerda.

Anthony está pronto, à sua direita.

O pistoleiro está agachado, no meio.

Os quatro ficam parados por um momento. Três amigos e um terrorista. Ninguém sabe o que fazer agora. Ficam parados ali, no corredor, e um olhar de reconhecimento passa entre Spencer e o resto, como se, naquele momento, os quatro reconhecessem a mesma coisa. *Então, isso simplesmente fica incômodo.*

Um momento se passa. De repente, Spencer fica ciente de um alarme dentro do trem. Quando começou a tocar? O barulho é terrível, irritante demais. Está tocando o tempo todo?

Outro momento se passa.

Anthony se aproxima do pistoleiro primeiro, jogando-o de volta para Alek, que o esmurra duas vezes. Então, todos atacam o homem, tentando golpeá-lo até a submissão, mas ele não se rende. Spencer sente uma nova onda de raiva e põe sua mão boa nas costas do homem, empalma a cabeça dele e puxa-a para baixo, batendo-a contra a mesa. Alek pula para ajudar a imobilizá-lo, mas o pistoleiro se contorce violentamente. De novo, a força de resistência dele surpreende Spencer.

"Pare!", Alek grita, apontando a pistola para a cabeça do homem. Ele não para, e gira com força. Spencer se inclina, usando seu próprio peso para manter a cabeça do pistoleiro encostada na mesa. O homem se contorce com tanta força que dá a impressão de que pode girar o corpo independentemente da cabeça.

"Pare de lutar!", Alek grita de novo. "Pare! Pare de se mexer! Pare de resistir!"

Spencer sabe o que vai acontecer. É como se já tivesse acontecido. Alek vai atirar no homem enquanto Spencer o segura. *A cabeça dele vai sair voando em cima de mim.*

Alex aponta o cano da pistola.

Nós vamos executar esse homem, Spencer pensa.

Alek puxa o gatilho.

Nada.

Alek engatilha a arma para carregar um projétil no tambor vazio. Dessa vez, não dá nenhuma chance ao pistoleiro. Aponta para a cabeça do homem e volta a puxar o gatilho.

De novo, a arma não dispara. O esforço do homem para se desvencilhar se torna ainda maior. Agora, Spencer o agarra pelos ombros, gira-o e se joga para trás de novo, voando por cima dos assentos. Novamente, tenta enlaçar o queixo do homem com seu antebraço, para calçá-lo contra o pescoço dele, comprimindo as artérias e impedindo o fluxo de sangue para o cérebro.

Spencer não consegue ver.

Agora, ele renova a energia, mas não vai durar muito mais tempo. O sangue está escorrendo pelo rosto por causa do ferimento na testa, que inchou o olho, deixando-o quase totalmente fechado, e pelo pescoço, de um ferimento que ele ainda não consegue ver. A mão está ensopada de sangue do polegar quase decepado. Nenhuma das armas parece funcionar. Assim, não há como subjugar o terrorista, e, agora, a lâmina do estilete está fora de vista.

O pistoleiro o está esmurrando de novo, dobrando os punhos, para trás e para cima, no rosto de Spencer.

"Você ainda não chegou lá", ele ouve Alek gritar. Seu melhor amigo está tentando orientá-lo para ele conseguir melhor estrangulamento. "Com mais força." Spencer ajusta o golpe, mas ainda não consegue estrangular o terrorista. Então, uma lembrança lhe ocorre: o tenente-coronel do grupo de jiu-jítsu em Portugal gritando para ele: "Enganche, enganche! Não são só os braços. São as pernas!" Spencer ergue os calcanhares e os coloca entre as pernas do pistoleiro e puxa, começando a arrefecer a força de torção do pistoleiro. Spencer sente o antebraço se posicionar de forma satisfatória no pescoço do pistoleiro, exatamente onde se ajusta; finalmente, uma peça do quebra-cabeça se encaixando no lugar.

Spencer se inclina para trás e aperta com mais força, usando seu peso para aumentar o estrangulamento, que agora parece apertado.

Os punhos do homem continuam socando, mas Spencer absorve os socos, mantendo a força do estrangulamento, confiando em seu treinamento, confiando em Alek. Então, ele acha que os socos estão começando a enfraquecer, e logo a mão do pistoleiro está só se arrastando, com a palma aberta, sobre o rosto de Spencer.

O terrorista perde a consciência. O alarme geme.

AYOUB

Em 2007, Ayoub foi para a Europa, seguindo os passos do pai.

O pai de Ayoub estava tentando se virar em Madri. Então, Ayoub foi para lá, para se encontrar com ele, mas começou a se meter em confusão.

Em 2009, foi preso, sob suspeita de vender haxixe.[1] Ele não era usuário. Simplesmente não havia muito mais a fazer para ganhar dinheiro.

De qualquer forma, Ayoub não era radical em sua fé. Ele não se importava de se sentar com as pessoas que consumiam drogas. Principalmente, ele se considerava um atleta; o futebol era seu passatempo preferido.

Em 2013, a família se mudou para o Sul da Espanha, para uma cidade chamada Algeciras, na foz do rio de la Miel e junto à baía de Gibraltar.

Era um lugar de contrastes incômodos, um posto de pesagem para o petróleo transportado pelo Atlântico, onde pequenos barcos de pesca navegavam perto de gigantescos navios cargueiros. Uma rica área de pesca, mas também um dos pontos de transbordo mais movimentados do mundo; um lugar onde milhões de dólares de comércio ocorriam no espaço de cada segundo. Mesmo assim, Ayoub vivia entre imigrantes pobres, e quase metade da cidade estava desempregada.[2] Os navios passavam com milhares de toneladas de carga, mas, no bairro de Ayoub, havia pouco a fazer para ganhar dinheiro além de vender sucata e haxixe. Em todas as direções havia beleza natural, mas Ayoub morava em um antigo conjunto habitacional malconservado, com a pintura branca descascando.[3]

A lenda dizia que, antigamente, existia uma estátua enorme, com mais de 45 metros de altura, do profeta Maomé. Uma teoria afirmava que ela havia sido construída para alertar os muçulmanos a respeito de uma iminente invasão cristã.[4] Outra dizia que a estátua protegia a terra com magia, ventos e correntes marítimas, e só quando o enorme profeta foi derrubado os navios puderam passar e o comércio internacional começou.

A Algeciras moderna era um lugar em cujos becos e ruas laterais você podia passar despercebido e se manter anônimo, embora estivesse situada em uma província conhecida pela proliferação de torres de vigia. O lugar para onde Ayoub se mudou já tinha sido um paraíso mercantil; as torres eram os lugares de onde os comerciantes podiam observar as pessoas e as cargas que chegavam. Na família de Ayoub, também havia comerciantes. Seu pai vendia sucata. Ayoub vendia haxixe. Cada um negociava com coisas que não usava. Eles não possuíam torres de vigia. Do conjunto habitacional onde moravam não podiam ver as pessoas e as cargas chegando, principalmente dos Estados Unidos.

Ayoub era um jovem normal. Aproveitava as praias com outros amigos[5] e jogava futebol com frequência, mas, como a maioria dos outros rapazes de sua idade, estava constantemente procurando trabalho. Em 2012, voltou para Marrocos, e foi preso de novo, sob suspeita de vender drogas.[6] Quando retornou à Espanha, estava farto. Queria cair fora do mundo das drogas.[7] Queria algo melhor.

Algeciras, porém, era um importante ponto de passagem entre dois continentes, com enorme classe baixa desempregada. Uma cidade feita sob medida para o tráfico de drogas. Ficar fora disso era difícil. Era quase impossível encontrar outras fontes de renda quando uma óbvia estava sempre disponível, mas Ayoub tentou.[8] Buscou disciplina na reza, encontrou alguma estrutura nela e começou a participar de cultos religiosos de meia dúzia de congregações diferentes.[9] Perto de sua casa, no espaço entre um mercado[10] e um centro de detenção de imigrantes,[11] seu pai ajudou a converter uma oficina de carros em outra mesquita.[12] Seguia o conceito da Taqwa,[13] que significa "temor a Deus"; a ideia de que os seguidores sempre deviam ter o Todo-Poderoso em mente. Sempre estar vigilantes, para não fazer nada que desagradasse a Deus.

Era uma boa opção para um jovem tentando evitar o mundo do crime ao seu redor. Uma mesquita em que os homens e as mulheres rezavam juntos.

No entanto, a polícia espanhola acreditava que a mesquita era uma ameaça. Colocaram-na sob vigilância desde o momento em que começou a funcionar, e quando Ayoub entrou, trouxe para si mesmo um novo problema, embora fosse um problema de que ele ainda não tinha conhecimento: foi colocado sob vigilância, e registrado como possível ameaça.[14]

Ele não podia saber como esse registro o marcaria. Não sabia como isso afetaria seu futuro. Continuou trabalhando duro e se mantendo longe de confusões. Quando não estava rezando, trabalhava em uma casa de chá.

Ayoub também perdeu esse emprego.

E não conseguiu encontrar outro.

Ayoub estava buscando refúgio na religião exatamente quando, a 4 mil quilômetros[15] de distância ao Leste, na direção em que ele orava, havia rumores que afetariam sua vida e a de milhões de outras pessoas. Dois grupos de extremistas islâmicos tinham se unido. Um deles envolvia uma divisão da resistência síria denominada Frente Al-Nusra, e o outro se intitulava Estado Islâmico do Iraque; juntos, passaram a se chamar Estado Islâmico do Iraque e da Síria, ou ISIS (na sigla em inglês). Sua missão era tão audaciosa que durante muito tempo o ISIS foi desprezado, considerado um grupo de sonhadores. Outros grupos radicais o rejeitaram, considerando-o fantasioso, e até mesmo a Al Qaeda cortou os laços com ele. O ISIS queria restaurar o califado existente mais de mil anos antes. E exatamente quando Ayoub procurava uma saída em relação ao jogo das drogas, o ISIS estava se tornando um movimento que exigia ser levado a sério.

Em janeiro, de fato, assumiu o controle de Faluja, cidade assustadoramente próxima de Bagdá, capital do Iraque.

Algumas semanas depois, tomou uma cidade ainda maior, situada na margem norte do rio Eufrates, denominada Raqqa. Era importante não só porque Raqqa era uma metrópole importante, e não só porque o ISIS tinha apagado efetivamente a fronteira entre a Síria e o Iraque. A cidade tinha sido a capital do califado abássida, 1.200 anos antes, quando o mundo islâmico era o centro da ciência, das descobertas, da justiça e da ordem.

O ISIS estava controlando a antiga capital do califado que procurava restaurar.

A ideia de um Estado islâmico estava começando a parecer não apenas possível, mas iminente.

Conforme o ISIS tornava cada vez mais convincente o argumento de que poderia atingir seus objetivos, oferecia aos jovens desencantados de todos os lugares a oportunidade de integrar uma causa capaz de mudar o mundo. Os lugares onde lutava eram abundantes de pessoas fáceis de demonizar. Na Síria, os rebeldes amantes da liberdade eram mal-equipados e organizados de modo insatisfatório, tentando derrubar um ditador brutal, que enviou um exército profissional para lançar de helicópteros bombas de barril sobre crianças.

Abu Bakr al-Baghdadi, líder do ISIS, divulgou uma ordem de recrutamento.

Sua mensagem foi dirigida precisamente para jovens que lutavam para encontrar um significado. Ele queria inspirar "vulcões da jihad"[16] em todo o mundo, que expulsaria os infiéis, cuja intromissão nas terras muçulmanas as envenenara, convertendo-as em lugares onde os jovens honestos não podiam encontrar dignidade. Se os intrometidos pudessem ser expulsos, o mundo da justiça, da paz e da descoberta — o califado — voltaria a emergir.

Muitos combatentes do ISIS estavam tão interessados em bebidas e mulheres quanto os estereotipados soldados americanos da infantaria. Assim, enquanto se tornar um guerreiro sagrado pode ter sido para alguns uma maneira de servir sua fé, para muitos era simplesmente o único caminho para o glamour. Baghdadi ofereceu o equivalente a sair com um carro de uma concessionária sem desembolsar 1 centavo: nenhuma entrada, crédito ruim, falta de crédito, apenas assinar aqui e bem-vindo a bordo. Ele determinava as regras, um projeto, uma maneira de fazer parte de algo maior do que si mesmo, uma coisa para contar para as garotas.

Os imames leais ao ISIS eram habilidosos em acolher as queixas de cada jovem e encaixá-las em uma narrativa de perseguição contra todos os muçulmanos. Era uma narrativa que repercutiria imediatamente junto a jovens como Ayoub, que tinha de aceitar que não era muito bem-sucedido em nada porque não era muito bom em nada, ou optar por acreditar que o mundo estava conspirando contra ele. Ou, ao menos, no caso de Ayoub, que a Europa estava conspirando contra ele. E a Europa estava assumindo uma nova importância para o ISIS.

O ISIS queria combater seu inimigo não só no Iraque, na Síria e em outras zonas quentes do Oriente Médio, mas "mesmo fora daí, se possível, de modo a dispersar os esforços da aliança do inimigo e, assim, exauri-lo ao máximo". O raciocínio era simples: "Se um resort turístico que os cruzados frequentam... for atingido, todos os resorts turísticos, em todos os Estados do mundo, terão de ser protegidos pelo trabalho de forças adicionais, que são o dobro da quantidade usual, e um enorme aumento nos gastos."[17]

Drenar seu sangue, drenar suas carteiras. É por isso que se enfatizou que, "para ser eficazes, os ataques devem ser lançados contra alvos desprotegidos, que não podem ser defendidos em grau apreciável."[18]

Em outras palavras, alvos como, por exemplo, trens de passageiros.

Alguns países eram escolhas óbvias. Lugares onde a mensagem repercutiria, e onde soldados de infantaria poderiam ser recrutados. A França, por exemplo, tinha a maior minoria muçulmana do continente europeu, mas a comunidade muçulmana ali era, predominantemente, de classe baixa. Representava quase 70% da população carcerária. Havia quase 11,5 mil radicais islâmicos conhecidos no país, de acordo com dados franceses de vigilância,[19] *e o respeito pelo ISIS era alto. Se o ISIS queria um lugar longe do Oriente Médio, com possível suprimento tanto de recrutas jovens como de alvos simbólicos e desprotegidos, dificilmente podia haver lugar melhor.*

A França se apresentava como um teatro de operações novo e óbvio.

Em 2014, um novo emprego levou Ayoub para a França.

Uma subsidiária da empresa de telecomunicações Lycamobile estava recrutando pessoal no bairro de Ayoub, em Algeciras, e ofereceu trabalho para ele.

Foi sua primeira oportunidade. Finalmente, um emprego remunerado e a chance de deixar a casa de seus pais.[20] A empresa lhe deu uma camisa polo com um logotipo, um carrinho de presentes baratos, panfletos para distribuir na rua, e o despachou para um subúrbio parisiense denominado Saint-Denis.[21]

Era emocionante estar ali, sobretudo para um fã de futebol como Ayoub. O estádio nacional ficava em Saint-Denis; a seleção francesa de futebol realizava seus jogos como mandante não muito longe do lugar onde ele trabalhava.

Também era uma espécie de gueto e pós-industrial.[22] Ayoub fora arrancado da Espanha e jogado em uma área predominantemente muçulmana, que muitas pessoas de fora consideravam muito perigosa para frequentar à noite, e que o ministro do Interior francês designou como "zona prioritária de segurança".[23] Ele vivia em uma região de Paris com meio milhão de muçulmanos, 40% de desemprego e a maior taxa de crimes violentos do país.[24] Era um lugar onde a polícia fazia muito pouco para proteger a população local, ou mesmo puni-la, às vezes se retirando por medo de provocar tumultos.

Em Saint-Denis, os símbolos de autoridade foram tirados dos moradores e posicionados como inimigos.

Ayoub tentou se virar para sobreviver, vivendo entre outros que eram de diversas maneiras como ele; outros muçulmanos, outros norte-africanos, outros emigrantes de antigas colônias francesas.

Era um emprego temporário. Ayoub tinha um contrato de seis meses. Mas ele se sentiu bem com isso. Achou que era um bom emprego,[25] e seu pai achou que era uma chance saudável para um novo começo após uma juventude mais ou menos à deriva.[26] Não era um trabalho glamoroso. Era realizado na rua, envolvendo a distribuição de bugigangas baratas e a venda de cartões pré-pagos de telefonia celular para outros marroquinos. Mas Ayoub era um bom funcionário.

E como ele estava ali para atrair os expatriados marroquinos, era uma chance de se orgulhar de sua própria cultura.

Na França, Ayoub ficou tranquilo. Chegava ao trabalho usando o transporte público,[27] passava o dia, obedientemente, pregando cartazes, entregando folhetos, tentando vender cartões pré-pagos[28] e voltando para casa. Seus empregadores o consideravam aplicado. Ayoub estava encontrando seu caminho.[29]

Depois de um mês em sua nova vida,[30] as autoridades espanholas,[31] que vigiavam a mesquita de Ayoub na Espanha, souberam que ele fora para a França. Elas alertaram as autoridades francesas.[32] Ayoub foi colocado sob o "formulário S" de segurança do Estado, dando às autoridades a autorização legal para espioná-lo.[33] Um mês depois que as autoridades francesas receberam essa informação, Ayoub foi demitido.[34]

A explicação da empresa foi que ela descobriu que os documentos de trabalho de Ayoub[35] eram inadequados,[36] e não acreditava que o endereço que ele registrara na ficha fosse correto.[37] Quando os pais de Ayoub tomaram conhecimento da notícia, ficaram furiosos. Seu pai achou que a empresa era criminosa por tratar as pessoas daquele jeito.[38] Mas Ayoub não tinha nenhum direito a recurso. Naquele momento, ele estava paralisado, em um país estrangeiro. Estava sob vigilância, sem família, sem renda, desesperado em busca de um jeito de ganhar seu sustento.[39] Era um jovem sem emprego ou status legal em um país onde os muçulmanos eram uma classe de destituídos, onde enchiam a maior parte do espaço na maioria das prisões, e onde havia milhares de radicais islâmicos conhecidos.[40]

Aparentemente sem nenhum lugar para ir, ficou em Saint-Denis[41] por mais alguns meses. Em pouco tempo, parou de telefonar para seu pai.

Então, as autoridades perderam o rastro de Ayoub El-Khazzani.

Notas

1. "Em Madri, ele foi preso sob suspeita de vender haxixe em Lavapiés, bairro de imigrantes, e foi detido duas vezes em 2009." Raphael Minder, "Scrutiny Falls on a Spanish Mosque after Failed Train Attack," *New York Times,* 27 de agosto de 2015, http://www.nytimes.com/2015/08/28/world/europe/renewed-scrutiny-for-mosque-in-spain-after-foiled-train-attack.html?_r=0.
2. "O senhor [Ayoub] Khazzani encontrou alguns trabalhos em regime de tempo parcial, incluindo um em uma casa de chá marroquina, mas nunca um emprego fixo, como quase todas as pessoas entrevistadas em El Saladillo, seu antigo bairro. Em Algeciras, a taxa de desemprego é de 40%." Ibid.
3. Isabelle Piquer e Matthieu Suc, "Attaque dans le Thalys: Ayoub El-Khazzani, itinéraire d'un routard de l'islam radical", *Le Monde,* 24 de agosto de 2015, http://www.lemonde.fr/police-justice/article/2015/08/24/ayoub-el-khazzani-itineraire-d-un-routard-de-l-islam-radical_4734995_1653578.html#5AadkiT67tRVeRwl.99.
4. Pseudo-Turpin, *History of Charles the Great and Orlando*, Thomas Rodd, tradutor, James Compton, impressor (Londres, 1812), 6.
5. "Kamal Cheddad, líder da comunidade islâmica de El Saladillo, em Algeciras, disse que El-Khazzani 'se comportava como um rapaz normal de sua idade. Ele praticava esportes e ia à praia com outros rapazes. Ele também estava procurando emprego'". John Bittermann e Bryony Jones, "France Train Attack: What We Know about Suspect Ayoub El Khazzani?" *CNN,* 25 de agosto de 2015, http://www.cnn.com/2015/08/24/europe/france-train-attack-what-we-know-about-suspect/.
6. "A última prisão do senhor Khazzani relacionada a drogas ocorreu em Ceuta, enclave espanhol na África do Norte, em setembro de 2012. Uma foto dele da época mostra o senhor Khazzani com barba, e não de cara raspada, como em imagens policiais de suas prisões em Madri." Minder, "Scrutiny Falls".
7. "Ele é lembrado pelos amigos ali não só como devoto, mas também como alguém determinado a ficar longe do tráfico de haxixe de Algeciras, cidade de cerca de 117 mil habitantes, que é o principal porto de trânsito entre a Espanha e Marrocos... Contudo, o aparente esforço do senhor Khazzani de endireitar seu caminho o levou à sua crescente associação com a mesquita Taqwa, que François Molins, promotor público-chefe de Paris, descreveu, na terça-feira, em uma entrevista coletiva, como uma mesquita 'conhecida por sua pregação radical'." Ibid.
8. Ibid.
9. Piquer e Suc, "Attaque dans le Thalys".
10. "A mesquita Taqwa, no bairro de Moncayo, entre um grande supermercado e o centro de internação Piñera para estrangeiros, com muitos imigrantes ilegais." Ibid. (Nota ao leitor: esta e outras citações do artigo francês foram traduzidas para o inglês.)
11. "Report on immigration detention centers in Spain for Migreurop", http://www.apdha.org/media/Report_inmig_det_centr2011.pdf.
12. "A mesquita Taqwa ficou sob vigilância policial desde o primeiro dia de funcionamento, convertendo-se de uma oficina de carros em um local de culto religioso." Minder, "Scrutiny Falls".

13. "... rezava por toda parte; ele foi visto em seis mesquitas da cidade, mas isso parecia bastante normal. Na realidade, Ayoub frequentava a radical mesquita Taqwa, no bairro de Moncayo, situada entre um grande supermercado e o centro de detenção La Piñera, em que se amontoavam imigrantes ilegais. É também onde seu pai e seu irmão, Imran, rezavam. De acordo com a informação espanhola, este último era o tesoureiro e 'tinha forte influência sobre os fiéis'... Imran seria deportado para Marrocos porque seus documentos não estavam em ordem." Piquer e Suc, "Attaque dans le Thalys."
14. Minder, "Scrutiny Falls".
15. Google Maps, rota de Ar-Raqqah, na Síria, para Algeciras, em Cádis, na Espanha, https://www.google.be/maps/dir/Raqqa,+Ar-Raqqah+Governorate,+Syria/Algeciras,+C%C3%A1diz,+Spain/@39.4813242,-1.701085,4z/data=!3m1!4b1!4m13!4m12!1m5!1m1!1s0x153719cb01b7b5fb:0xc8bdaf18cf35cfe3!2m2!1d38.9981052!2d35.9594106!1m5!1m1!1s0xd0c9496ba5d5751:0xa626ca859cd81ce9!2m2!1d-5.456233!2d36.1407591?hl=en.
16. "Refutando boatos de que tinha sido ferido ou morto, o líder do grupo militante que se denomina Estado Islâmico divulgou uma nova convocação às armas na quinta-feira, em um discurso de 17 minutos, depreciando o plano do presidente Obama de enviar mais soldados ao Iraque e exortando os discípulos a 'fazer os vulcões da jihad entrarem em erupção em todos os lugares'." Um áudio do discurso do líder Abu Bakr al-Baghdadi foi divulgado pela internet, com transcrições em árabe, inglês e russo; http://www.nytimes.com/2014/11/14/world/middleeast/abu-bakr-baghdadi-islamic-state-leader-calls-for-new-fight-against-west.html.
17. Scott Atran e Nafees Hamid, "Paris: The War ISIS Wants," *New York Review of Books*, *NYR Daily*, 16 de novembro de 2015.
18. Ibid.
19. Ibid.
20. "Khazzani morou na mesma casa de seus pais em Algeciras até partir para a França, em 2014." *Reuters*, "Spanish Police Search House of Train Gunman's Family", 1º de setembro de 2015, http://af.reuters.com/article/commoditiesNews/idAFL5N11737K20150901.
21. "Ayoub El-Khazzani é empregado da Lycamobile, empresa de telefonia britânica 'especializada em comunidades de expatriados'... 'A Lyca é conhecida aqui. É um emprego sazonal para inúmeros jovens e que não exige muita qualificação. Eles recebem uma camisa polo e um carrinho com pequenos presentes para distribuição nas ruas', afirma um de seus antigos vizinhos de Algeciras, que prefere manter o anonimato." Piquer e Suc, "Attaque dans le Thalys".
22. Karina Pallagst, Thorsten Wiechmann, Cristina Martinez-Fernandez, *Shrinking Cities: International Perspectives and Policy Implications* (Nova York, Routledge, 2014), 86-87.
23. "O governo francês anunciou um plano para aumentar o policiamento nas 15 regiões da França mais dominadas pelo crime, em uma iniciativa de reafirmar o controle do Estado sobre as assim chamadas zonas 'proibidas' do país: bairros dominados por muçulmanos, que são, em grande medida, inacessíveis aos não muçulmanos." Soeren Kern, "France Seeks to Reclaim 'No Go' Zones", *Gatestone Institute*, 24 de agosto de 2012, http://www.gatestoneinstitute.org/3305/france-no-go-zones.
24. "Considere Seine-Saint-Denis, conhecido subúrbio ao norte de Paris, e lar de 500 mil muçulmanos, segundo as estimativas... Seine-Saint-Denis, que apresenta uma das maiores

taxas de crimes violentos da França, está, agora, entre as 15 primeiras zonas prioritárias de segurança por causa do disseminado tráfico de droga e do desenfreado mercado negro. Como, porém, o subúrbio possui uma das maiores taxas de desemprego da França — 40% dos jovens com menos de 25 anos estão sem trabalho —, é improvável que a medida enérgica adotada pelo governo tenha êxito em reduzir os índices de criminalidade de forma permanente." Ibid.

25. "'Ele foi para a França achando que tinha conseguido um emprego muito bom, mas o chutaram e o deixaram sem nada e sem dinheiro', o pai do senhor Khazzani afirmou. 'Não sei o que deu errado.'" Minder, "Scrutiny Falls".
26. "O contrato, que exigia que ele distribuísse panfletos para possíveis clientes nos subúrbios de Paris, foi uma oportunidade de recomeçar em novas bases após uma juventude sem amarras e sem trabalho, de acordo com seu pai e outros moradores de El Saladillo." Ibid.
27. "De certa forma, Ayoub El Khazanni deixou boas lembranças. Seus antigos colegas, entrevistados pela rádio Europe 1, descreveram-no como um rapaz 'tranquilo' e 'pobre', que mostrava orgulhosamente suas origens marroquinas. O funcionário se deslocava sozinho no transporte público." *Europe 1*, "Thalys: El Khazzani, un salarié 'discret et besogneux'", 25 de agosto de 2015, http://www.europe1.fr/faits-divers/thalys-el-khazzani-un-salarie--discret-et-besogneux-2505429.
28. "'Mas seu trabalho de distribuir folhetos e pregar cartazes foi interrompido depois de dois meses', afirmou seu ex-chefe, CEO da operadora de telefonia móvel Lycamobile." *Valeurs Actuelles*, "Attaque dans le Thalys: Ayoub El Khazanni a bien vécu en France," 25 de agosto de 2015, http://www.valeursactuelles.com/societe/attaque-dans-le-thalys-ayoub-el-khazanni--a-bien-vecu-en-france-55088.
29. "'Os documentos que ele apresentou não permitiam que trabalhasse na França'. No entanto, ainda assim, 'acho que posso lhe dizer que ia muito bem. Era promissor', afirmou seu ex--empregador." Ibid.
30. "O suspeito, que está sendo interrogado perto de Pais, foi denunciado para as autoridades francesas pelas autoridades espanholas, em fevereiro de 2014." BBC, "France Train Shooting: Gunman Known to Police". *BBC*, 22 de agosto de 2015, http://www.bbc.com/news/world-europe-34028261.
31. "No início de 2014, temendo que ele pudesse se encontrar em território francês, avisaram Paris, que estabeleceu um nível S3 (na escala de perigo de 1 a 16) no mês de fevereiro." *Valeurs Actuelles*, "Attaque dans le Thalys".
32. "... identificado pelas autoridades espanholas para os serviços de inteligência franceses em fevereiro de 2014." Chine Labbé e Sarah White, "France Train Gunman Identified as Islamist Militant", *Reuters*, 22 de agosto de 2015, http://www.reuters.com/article/us-france--train-shots-idUSKCN0QR09R20150822.
33. *Valeurs Actuelles*, "Attaque dans le Thalys".
34. "Em janeiro de 2014, a empresa oferece trabalho para El Khazzani na França... Um contrato de seis meses para trabalhar em Seine-Saint-Denis, confirmou uma fonte do Ministério do Interior espanhol. Ele ficaria no bairro com outros jovens para 'vender celulares para marroquinos' ou, mais exatamente, cartões pré-pagos. Um mês depois, Madri avisa a inteligência francesa a respeito da possível chegada de El Khazzani no território. Os serviços franceses estabelecem um formulário 'S' [de 'segurança do Estado']. Mas não envolve

vigilância ativa. Em um controle sem aviso prévio, a polícia pode extrair o máximo de informações da pessoa." Piquer e Suc, "Attaque dans le Thalys".
35. "Seu pai disse que ele partiu para a França para trabalhar na operadora de telefonia móvel Lycamobile. Uma afirmação confirmada pelo chefe da empresa, que disse que Khazzani permaneceu como funcionário por dois meses, no início de 2014, e saiu porque não tinha os documentos de trabalho certos. Simon Tomlinson e Tom Wyke, *Daily Mail*, "Blindfolded and Barefoot", 25 de agosto de 2015, http://www.dailymail.co.uk/news/article-3210351/Blindfolded-barefoot-French-terror-train-gunman-led-court-surrounded-bulletproof--jacket-wearing-officers-just-hours-questioning-deadline-expires.html#ixzz3ylIj3MX3.
36. "Alain Jochimek, diretor francês da Lycamobile, disse à rádio France Info que a empresa não renovou o contrato de curto prazo do senhor Khazzani porque ele não tinha os documentos de trabalho para ficar na França." Minder, "Scrutiny Falls".
37. "Em março de 2014, a Lycamobile desligou Ayoub El Khazzani de seu quadro de funcionários, um mês antes do término do contrato de curto prazo, devido a um problema com sua permissão de residência e um endereço evidentemente falso." *Europe 1*, "Thalys".
38. "... ainda se lembra de que seu filho e outros cinco jovens marroquinos, de Algeciras, na primavera de 2014, foram 'recrutados para trabalhar na França' em uma empresa de telecomunicações por meio de um contrato com seis meses de duração. 'Mas, depois de um mês, foram demitidos. As empresas desse setor são criminosas ao usar as pessoas desse jeito.'" "Videos. Thalys: El-Khazzani aurait travaillé un mois en Seine-Saint-Denis", *Le Parisien*, 25 de agosto de 2015, http://www.leparisien.fr/faits-divers/videos-el-khazzani-aurait-travaille--un-mois-en-seine-saint-denis-25-08-2015-5033553.php#xtref=https%3A%2F%2Fwww.google.com%2F.
39. "'O que ele devia fazer? O que ele devia comer? Nesse setor, são criminosos ao usar as pessoas desse jeito', seu pai lamenta." Piquer e Suc, "Attaque dans le Thalys".
40. Atran e Hamid, "Paris: The War ISIS Wants".
41. "Ele admitiu ter ficado de 'cinco a sete meses' em Aubervilliers, em 2014. Foi nesse período que ele trabalhou durante dois meses para a Lycamobile, operadora de telefonia móvel. Na segunda-feira, seu ex-empregador afirmou que o contrato foi rescindido 'quando os documentos que ele apresentou não lhe permitiam trabalhar na França'." Piquer e Suc, "Attaque dans le Thalys".

PARTE II

ESPECIALISTA DO EXÉRCITO ALEK SKARLATOS

11 DE AGOSTO, 14H27

Solon Skarlatos:
Papai quase furou um sinal vermelho.

Alek Skarlatos:
Kkkk. Não acabem com meu carro.

Solon Skarlatos:
Rsrsrs. Tive de avisar que o sinal estava vermelho. Rsrsrs. Salvei as nossas vidas e o seu carro.

Alek Skarlatos:
Uau... Você devia dirigir.

20.

SUL DO AFEGANISTÃO
Treze quilômetros ao norte da base

Alek fechou um olho e espiou o interior do cano da arma.

Ele estava em algum lugar no meio do Afeganistão, escondido em uma ravina seca, mirando um tanque inimigo.

Permaneceu em silêncio, manteve a respiração sob controle atrás do fuzil e se preparou para disparar um projétil explosivo capaz de penetrar uma blindagem de 4 polegadas, com uma velocidade de 900 metros por segundo, direto no condutor do tanque.

Não era uma arma de airsoft. Alek crescera desde os dias que brincava de guerra no quintal com Spencer. Agora tinha outros brinquedos. Aquele podia matar uma pessoa. Podia destruir um *veículo*. Sua cabeça estava inclinada para a direita, a face, encostada na arma, o olho esquerdo, fechado, e o olho direito focalizando o alvo. O observador jogou um véu sobre Alek para camuflá-lo e, em seguida, mediu a distância do tanque. "Tenho 550 metros... Tenho 600 metros de distância."

Alek moveu o botão, ajustando o minuto do ângulo e erguendo um pouco o cano da arma, para corresponder aos centímetros de queda do projétil para compensar aquela distância, impostos pela força da gravidade.

"Tenho 27", ele murmurou para o outro atirador. "Você conseguiu?"

Seiscentos metros estavam facilmente dentro do alcance, mas, para cada segundo que ele esperava, as chances de se manter escondido pioravam. Era hora de dar sequência ao ataque.

Alek ajustou o cano do fuzil. O tanque estava fora de centro, e ele tinha um ângulo melhor na frente. Assim, mirava a cabine do condutor, tentando meter o projétil através da fenda do condutor de uma distância de 600 metros. Se Alek errasse, por 1 milímetro, ainda mataria o condutor, mas se atingisse seu alvo, não correria nenhum risco, tornando supérfluo o projétil penetrante. O projétil passaria direito pela fenda, acertaria o condutor, atravessaria a cabine, chegaria ao outro flanco e, provavelmente, sairia pelo outro lado. O condutor não teria nenhuma chance. Se um revoltoso estivesse parado do outro lado do tanque, também não teria qualquer chance. Um projétil explosivo penetrante calibre 50 o cortaria ao meio.

O outro atirador mirava a parte traseira. O bloco do motor. Ele dispararia o projétil através do motor do tanque, enquanto Alek matava o condutor. Ao mesmo tempo, eliminavam-se as pernas e o cérebro. No entanto, se um atirasse antes do outro, revelariam sua posição sem neutralizar o tanque. Então, o inferno desabaria sobre eles.

Só funcionaria se os rapazes estivessem sincronizados.

Alek desativou a trava de segurança quando, do outro lado do tanque, e fora de sua linha de visão, três crianças correram para o tanque e começaram a brincar perto dele.

"Escorpião para a Base", Alek comunicou através do rádio. "Pronto para disparar. Solicitando permissão."

"Base para Escorpião. Permissão concedida. Dispare quando estiver pronto."

Alek tira o dedo da proteção do gatilho e o coloca no gatilho.

A BASE ERA CONSTITUÍDA de três Humvees estacionados em uma posição elevada situada a 800 metros de distância. Alek teve de percorrer essa distância, arrastando o fuzil de precisão antitanque de quase 14 quilos, com um cano de 1,50 metro de comprimento. Algo tão incômodo que quase não reparou no morteiro não detonado em seu caminho. Quem sabia há quanto tempo ele estava ali, esperando para matá-lo, terminar com as coisas imediatamente. Graças a Deus, ou ao acaso, ou ao que quer que fosse, por colocar aquela pequena pedra no único lugar onde tinha de estar para desviá-lo de seu caminho, de modo que seu pé pisou perto do morteiro, em vez de bem em cima dele.

Naquele momento, Alek estava deitado, com o dedo no gatilho, só esperando o outro atirador fazer seus últimos ajustes para que ambos pudessem disparar ao mesmo tempo. Mas o tempo era vital. Precisavam disparar rápido, antes de serem localizados.

Atrás do tanque e fora do campo de visão, as crianças continuavam brincando tranquilamente.

Alek estava impaciente. "Você conseguiu?" Eles precisavam disparar logo. Mesmo que ainda não tivessem sido vistos, um tanque não ficava parado em uma posição por muito tempo. Ele roçou o dedo no gatilho.

O outro atirador desativou a trava de segurança e o observador assumiu o controle. "Tenho o controle. Contagem regressiva: cinco, quatro..."

Em "um" os dois atiradores dispariam, mas o projétil de Alek não teria um bloco de motor para detê-lo. Atravessaria direto o tanque e mataria uma criança. Talvez três crianças.

"Três, dois..."

"Base para Escorpião! Base para Escorpião! Isso é um negativo, *negativo*, Escorpião! Cessar fogo! Estamos vendo crianças ali atrás!"

Alek recuperou o fôlego e tirou o dedo do gatilho. Ele chegou muito perto de disparar.

"As crianças estão brincando atrás do tanque. Cessar fogo. Repito: ambas as equipes, cessar fogo!" O rádio emudeceu e, logo em seguida, uma voz voltou a falar. "Rapazes, temos problemas. Equipe alfa, equipe bravo, estamos começando a chamar a atenção."

Outra pausa. Aquilo estava se transformando em uma confusão dos diabos.

"Base para as duas equipes. Estamos cercados aqui na retaguarda." Alek olhou para seu observador, que estava com a cara fechada. "Ambas as equipes, ambas as equipes, estado de prontidão para E e F."

Pelo rádio, Alek perguntou: "Escorpião para Base, o que está acontecendo aí?"

"Base para Escorpião! Base para as duas equipes! Lancem fumaça e *caiam fora!*"

"Evasão e Fuga" normal significava recuar lenta e discretamente para evitar ser visto, mas o que quer que estivesse acontecendo na retaguarda era bastante sério. Tanto que estavam dizendo para as equipes abrirem mão de suas posições, ficarem de pé e correrem. Alek puxou o pino e arremessou uma granada para fora da ravina. Uma nuvem de fumaça cresceu e ficou pairando por um momento, dando ao menos uma impressão de proteção. Alek pôs o rifle no ombro e começou a correr, o mais rápido possível, de volta para os Humvees.

No alto da colina, os aldeões tinham cercado os veículos. Eles continuavam chegando. A multidão crescia e os cercava. Os suboficiais não sabiam quem era amigo e quem talvez não fosse, mas o povo continuava chegando. Assim, os suboficiais começaram a gritar: "Vamos, rapazes, é hora de partir!"

O primeiro veículo se afastou, acompanhado pelo segundo. Alek cuidou da segurança do terceiro veículo. Assim, logo que os outros dois partiram, ele jogou o fuzil de precisão na traseira do veículo, embarcou e, então, o último se afastou, lançando uma nuvem de poeira, de modo que os aldeões desapareceram da visão da retaguarda. Então, tudo se aquietou. "Estranho, nenhum mendigo atrás da gente", um soldado segurando uma escopeta disse.

Sim, isso é estranho, Alek pensou.

Outra voz no rádio. Era o líder da equipe: "Tudo bem, senhores. Vamos sair daqui e fazer uma verificação dos itens sensíveis." Eles partiram tão rápido que não tiveram tempo de se certificar de que não haviam deixado nenhum equipamento para trás. Assim, estacionaram no acostamento da estrada e abriram as tampas traseiras para verificar tudo. Alek começou a examinar seu veículo.

Sentiu um calafrio percorrer seu corpo.

"Droga, onde está minha mochila? *Onde está a porra da minha mochila?*"

De repente, ficou óbvio o motivo pelo qual os aldeões, que pareciam tão decididos a confrontá-los, simplesmente os deixaram ir: tinham conseguido o que queriam. Abriram a tampa traseira e pegaram a mochila de Alek quando o Humvee arrancou.

Aquilo era ruim. Muito ruim. A mochila tinha munição de grosso calibre e também — droga! — um GPS com tecnologia militar sigilosa. Seu comandante seria rebaixado de posto por isso. Era tecnologia militar caindo potencialmente nas mãos do inimigo, e, de repente, o que fora um treinamento de atiradores de elite de fogo real, disparando contra a carcaça enferrujada de um tanque abandonado da era soviética, estava se tornando uma crise real.

"Tudo bem, ninguém partiu mais rápido do que nós", o líder da divisão disse. "Então, vamos nos concentrar nos veículos primeiro." Com os Humvees se deslocando o mais rápido possível, eles podiam impedir a saída da mochila roubada do vilarejo e tinham chance de recuperá-la antes que fosse parar em algum posto avançado do Talibã.

Embarcaram de novo nos Humvees e se dirigiram de volta para o vilarejo, costurando no trânsito ao longo do caminho, arrastando motoristas para fora dos carros, procurando corpos, vasculhando porta-malas. Alek ficou aflito por ser o motivo pelo qual os empregos das pessoas estavam em risco, e ficou revoltado com os nativos por roubarem sua mochila, mas, ao mesmo tempo, estava se divertindo. *Nunca tivemos permissão para fazer isso, sair revistando veículos.* Ele estava grato pela ação, pela emoção, que veio como um alívio.

A realidade era que, até aquele dia, sua missão no Afeganistão fora muito tranquila. Até entediante. Sua unidade garantia a segurança de uma base utilizada por forças especiais. Assim, outros rapazes saíam para participar de ações, enquanto Alek e seus amigos eram apenas babás glorificadas. Ele acompanhava de perto a equipe local para garantir que ninguém roubaria papel higiênico enquanto limpava o banheiro. Ficava sentado na torre de vigia nos melhores dias, desejando que algo excitante acontecesse. Acordava todos os dias e não ia para a guerra; ia para o trabalho. Registrava a hora de entrada, não fazia nada, registrava a hora de saída. Sua vida na guerra era tão rotineira quanto fora nos Estados Unidos. Mais ainda, e com menos opções de distração. Sua única diversão, antes do treinamento de dez dias para atiradores de elite, era lavar roupa ou levantar pesos, e, principalmente, conversar com Spencer pela internet a respeito da viagem que faria quando terminasse seu período de serviço no Afeganistão.

A MOCHILA DE ALEK não estava em nenhum dos veículos revistados. Será que alguém tinha conseguido escapar ou utilizado um caminho diferente?

Naquele momento, Alek estava nervoso, mas ainda animado. Ele fazia parte da solução de uma crise real. Simplesmente desejou não ter causado aquilo. Ziguezaguearam pela estrada até chegarem ao vilarejo que haviam deixado, e sabiam, por eliminação, que a mochila já tinha sido levada por alguma estrada que eles não conheciam, ou estava ali, naquele vilarejo. A equipe iniciou um KLE (*key leader engagement* — compromisso com o líder-chave), que significava, basicamente, "conversar com o cara importante", mas estava impaciente. Os aldeões tinham agido de modo estranho, não abertamente hostil, mas suspeito, e a equipe de Alek não tinha certeza de quem eles estavam abrigando, a quem eram leais, por trás daqueles olhares avaliadores.

"Skarlatos, você assume a torre de tiro. Eu vou pegar o intérprete e conversar com essa gente, para ver o que consigo descobrir." Alek tinha deixado seu fuzil normal na base porque era um treinamento para atiradores de elite. Então, instalou o fuzil de precisão na torre, sentindo-se um pouco ridículo com tanto poder de fogo quase à queima-roupa contra pessoas aparentemente desarmadas. Ele era um segurança de shopping com uma bazuca. Ainda estava um pouco envergonhado por ter colocado sua equipe naquela situação, mas estava desesperado por causa de toda a adrenalina reprimida. Olhou através de sua mira e, quando viu um homem vindo na direção do seu suboficial com a mochila, preparou-se para o caso de o sujeito sacar uma arma.

Os aldeões negociaram para devolver a mochila, pedindo que os soldados deixassem uma faca de acampamento e alguns cartuchos detonados. Eles estavam pedindo o lixo da equipe. O suboficial de Alek concordou. Enquanto ele trazia a mochila de volta para o Humvee, Alek fez uma pequena oração, pedindo para que nada estivesse faltando.

Ele abriu a mochila e a inspecionou.

"Tudo aí?", o líder da divisão perguntou, observando Alek de perto. A mochila fora esvaziada e refeita. Alek sabia disso porque nada estava no lugar. Assim, inicialmente, ele ficou em dúvida se algo tinha sido tirado. Ao inspecioná-la até o fundo, percebeu que, de fato, nem tudo estava lá. Os aldeões refizeram a mochila, mas, sem dúvida, aliviaram parte da carga. Outro espasmo de ansiedade se apossou dele. O que ele diria que havia acontecido? Teria de admitir que perdera um GPS de tecnologia sigilosa, deixando-o cair nas mãos de outra pessoa. Talvez ele fosse dispensado, ou, pior ainda, seus chefes fossem dispensados... Porém, acomodado no fundo da mochila, o GPS ainda estava ali.

Eles o devolveram?

Quem sabe o quanto poderiam ter conseguido se o vendessem? Alek ficou aliviado. Em seguida, quase perplexo. Um aldeão podia ganhar salários de um ano vendendo o GPS. Por que o devolveram?

Eles também devolveram sua munição. Eles não podiam usar isso?

Tudo o que tiraram, agora que ele podia ver o conteúdo claramente, foi uma chave inglesa, a água de sua mochila de hidratação — mas devolveram a própria mochila — e um boné com seu nome estampado.

Alguém daquele vilarejo estava correndo pelo deserto com Skarlatos escrito em sua cabeça.

Alguém tinha senso de humor.

Alek voltou à base se sentindo bem. Ele não teve chance de atirar nem sequer em um inimigo imaginário em um tanque, ou em um inimigo real no vilarejo, mas, por acaso, tivera algumas horas extras de ação, de liberdade, e seus piores temores tinham sido evitados. Ele ficou um pouco constrangido, mas todos da equipe concordaram em ficar calados a respeito de sua mochila perdida.

No final do dia seguinte, todos na base já sabiam. Os rapazes das forças especiais, que tinham permissão para sair e ver ação real, zombaram dele: em seu primeiro contato com o inimigo, Alek foi roubado por aldeões desarmados. Alek riu junto com eles, se divertiu, mas se sentiu como se fosse o irmão caçula. Forçado a ficar em casa enquanto os homens de verdade saíam para jogar bola.

Não que houvesse muita ação. A atenção do mundo não se concentrava mais no Afeganistão. Agora, o vilão de verdade era o ISIS, e não havia muitos membros da organização no Afeganistão. Os jihadistas iam lutar na Síria, ou eram treinados ali, com passagem pela Turquia.

O que era engraçado quando Alek pensava nisso. Seu avô era grego, mas nascera em uma região da Grécia que, na época, estava sob domínio otomano. Domínio turco, em outras palavras. Então, seu avô nascera na Turquia, e, naquele momento, a Turquia era a porta de entrada para a jihad. Não que seu avô fosse um extremista; seu nome era *Sokratis*, afinal. "Sócrates", exatamente como o filósofo.

Embora ele *fosse* um combatente da resistência. Um guerrilheiro. Ele era um insurgente, e, ali, Alek estava tentando combater uma insurgência.

Mas era apenas isso. Na realidade, Alek não estava lutando. Ele queria ser um soldado, mas, em vez disso, era um zelador. Antes de partir para a mobilização, sua mãe foi ao Oregon para se despedir, e fez uma tempestade em um copo d'água a respeito de seu medo de ele ir para a guerra. Sentiu-se mal com isso, ela disse, mas, então, Deus falou com ela: "Ele me disse que algo muito emocionante vai acontecer com você, Alek, e eu mal posso esperar para ver. Mal posso esperar para ver o que Ele reserva para você."

Deus estava errado. Ou Heidi O entendera mal, porque não havia nenhuma emoção. Nada acontecia. Nada além de um treino que deu errado. A guerra no Afeganistão estava perdendo o gás, e as únicas missões reais disponíveis eram monopolizadas pelos rapazes das forças especiais. Eram os únicos que chegavam a lutar no que restava da guerra. Eram os únicos que chegavam a matar os caras maus. Alek acompanhava os zeladores.

21.

Desde aquelas aulas de história na pequena escola cristã, Alek tinha certeza de que queria ser soldado. As aulas foram o único alívio em relação a todo o longo trauma que ele sofrera ali, e Alek ainda se sentia comovido pela história, pelas guerras. Ele queria fazer parte delas.

Talvez isso também tivesse vindo da família. As histórias que Alek ouvira a respeito dos dois avôs, que levaram vidas heroicas e interessantes: ele achou que talvez estivesse em seu sangue. As guerras eram o ponto culminante da história. As guerras eram onde você deixava sua marca.

Além disso, Alek era apaixonado por armas. As Forças Armadas seriam divertidas. Seriam legais. Ele logo soube que era o que queria fazer. Precisou apenas de algumas reviravoltas para saber exatamente como.

Um passo importante veio logo após sua saída da pequena escola cristã. Quando ele e Spencer a deixaram, Alek se viu imprensado entre dois mundos. Ele e Spencer estavam entrando no novo juntos, mas os outros amigos de Alek, toda a sua comunidade, ficaram na escola, que também era sua igreja. A maior parte de sua vida girou em torno de uma instituição da qual, naquele momento, ele se sentiu alienado.

Spencer pareceu motivado a sair e encontrar novos amigos, mas Alek não achava que podia, ao mesmo tempo, ser autêntico e ser superficial o suficiente para se socializar. Ele não conhecia nenhuma daquelas pessoas. Como podia fazer de conta que tinha algo em comum com elas? Spencer podia ao menos se ligar a pessoas em coisas como basquete. Alek preferia pintar. Começou a fazer paisagens com seu pai. Então, certo dia, alguém derrubou um vaso de uma mesa, e Alek olhou para ele, no chão, estilhaçado, e achou que tinha um tipo estranho de encanto. Montou um cavalete e usou tinta a óleo para recriar na tela o vaso quebrado. A pintura ficou boa; era estranha, mas também bonita e interessante. Alek gostou do resultado e, então, começou a pintar telas abstratas na maior parte de seu tempo livre. Era uma diversão interessante, mas solitária. Não era exatamente um caminho para a amizade.

Alek não conseguia se conformar com o fato de que *precisava* de uma nova comunidade. Ele tinha uma, a poucos quilômetros de distância. Parecia estranho fingir que seus velhos amigos não existiam. Certo dia,

Spencer acordou e saiu para tentar encontrar uma turma, mas Alek não se sentiu motivado. E achou que se tentasse só reprimiria Spencer.

"Está tudo bem", Alek disse naquele dia, sentado no banco da escola. "Vá em frente." E ele deixou Spencer ir.

Naquela época, aproximadamente, seu pai começou a falar em se mudar para o Oregon, porque tinha investimentos imobiliários lá, e era de onde vinha a madrasta de Alek. Seu pai perguntou se, mais à frente, talvez após a formatura no ensino médio, o filho não gostaria de se mudar com ele. Embora Alek não conseguisse explicar o motivo, a ideia o atraiu.

Mas... por que esperar até a formatura? Por que não ir naquele momento? Spencer estava fazendo novos amigos e Alek não tinha nenhum outro ali.

Ele gostou de Oregon no instante em que chegou. Era um ritmo de vida mais lento. Era mais solitário, havia mais espaço. Não sentiu falta do norte da Califórnia. Sentiu falta de sua mãe e de sua família; sentiu falta de Spencer e da família de Spencer; sentiu falta da área na Woodknoll Way; mas, realmente, não sentiu falta da Califórnia.

Além disso, Spencer parecia estar se virando bem sem ele. Quando Alek foi visitá-lo, após a formatura de ambos, sentiu o gosto de como Spencer estava tocando sua vida. Spencer tinha um emprego, que disse apreciar em uma casa de sucos e smoothies chamada Jamba Juice e, também, tinha novos amigos. Amigos que impressionaram Alek, que os considerou um pouco sem rumo, hippies realmente, mas que pareciam se preocupar com Spencer. Spencer não deu a impressão de estar preocupado com o fato de que passaria o resto da vida engordando e preparando smoothies. A única aventura de Spencer era ficar bêbado com amigos que usavam piercings exóticos.

Para Alek, aquilo parecia enfadonho. Ele queria mais.

Ao voltar para Oregon, Alek se matriculou na Faculdade Comunitária de Umpqua e arrumou um emprego de meio expediente na Costco. No entanto, decidiu que era hora de começar a pensar seriamente naquilo que sempre planejara. Hora de pensar a respeito do ramo das Forças Armadas em que ele queria ingressar.

Para um civil, Alek conhecia as Forças Armadas em detalhes. Conhecia todos os ramos, o que faziam, como falavam, como era a vida que levavam.

Porém, ele queria ser cauteloso, inteligente, e nem todos tinham coisas boas a dizer a respeito das Forças Armadas e de seus ramos.

Algumas pessoas voltavam das mobilizações falando a respeito do grande erro que tinham cometido. Algo no fundo de sua mente dizia: *Experimente antes de abrir mão de toda a sua vida.* Assim, ele precisava de um jeito de colocar o dedo na água antes de mergulhar. Decidiu por um ramo cheio de pessoas com outras carreiras. Pessoas que trabalhavam quando não estavam mobilizadas, como analistas, consultores, gerentes de nível médio em grandes empresas com sede em Oregon, como a Nike. A Guarda Nacional de Oregon seria sua porta de entrada cuidadosamente planejada nas Forças Armadas.

Exatamente quando Alek tomou sua decisão, recebeu uma mensagem de texto de Spencer. "Ei, cara, uma ótima notícia. Vou me inscrever nas forças especiais! Na Unidade de Busca e Salvamento da Força Aérea!"

Alek pensou antes de responder. Era uma piada? Spencer? Nas forças especiais? Alek estudou todos os serviços em detalhes e levou em consideração a Unidade de Busca e Salvamento. Spencer sabia quão difícil era? Ele achava que só precisaria dançar uma valsa e se qualificaria para um dos ramos de elite das Forças Armadas? Spencer estava com quase 25 quilos de excesso de peso da última vez que Alek o vira. Ele jamais conseguiria. Alek pensou em advertir seu amigo, poupar-lhe o desgosto. Mas e se Spencer se magoasse? Sem dúvida, antes de se magoar ou se constranger, Spencer precisava de conselhos de alguém que sabia do que estava falando. *Como eu digo isso sem ser um babaca?*

Alek ponderou, procurando descobrir o melhor jeito de ser um bom amigo, e finalmente decidiu que não lhe cabia ser crítico. Talvez Spencer desistisse daquilo por sua própria conta. Porém, Alek não queria encorajá-lo demais. Ele precisava ser cauteloso, não criando um inflado senso de esperança que devastaria Spencer quando estourasse. Assim, após uma longa pausa, finalmente se decidiu por algo neutro. "Isso é ótimo. Boa sorte."

E ele pensou que, mesmo que Spencer nunca conseguisse, ainda devia significar alguma coisa que os dois, de forma independente, decidissem ingressar nas Forças Armadas ao mesmo tempo. Talvez isso fosse o que acontecia em se tratando de melhores amigos.

Mesmo quando não têm um plano, os amigos fazem coisas juntos.

22.

Os dois amigos tinham um plano.

Na primavera de 1941, a ocupação nazista da Grécia completava um mês. Os fascistas italianos tentaram e não conseguiram ocupar o país. Então, seus parceiros do Eixo chegaram para socorrê-los com toda a força do 12º Exército alemão. Os alemães enviaram divisões Panzer e a Luftwaffe, devastando o país ao longo do caminho, e o avanço durou apenas algumas semanas. Quando chegaram a Atenas, foram direto para a Acrópole, a fim de hastear a bandeira nazista, de modo que a suástica pudesse ser vista em toda a cidade. Em todo o berço da civilização ocidental não restaria dúvida sobre quem estava no poder.

Durante a ocupação que se seguiu, milhares de gregos morreram, muitos de fome e muitos por conta de castigos severos, já que os nazistas tentaram impedir a resistência.

Porém, os nazistas não contavam com um plano absurdamente corajoso posto em prática por uma dupla de jovens.

O plano deles não devia ter funcionado. Todas as chances estavam contra eles. Dois adolescentes contra o 12º Exército. A Acrópole era bastante protegida e tinha um único acesso autorizado. Assim, eles teriam de passar por um corredor polonês de nazistas para chegar lá. Os garotos decidiram que precisavam se infiltrar a partir da lateral do monumento, mas isso representava outro problema: a Acrópole também era protegida pela natureza, com íngremes penhascos por toda a volta. Eles tinham de encontrar uma maneira de entrar. Assim, tomaram a iniciativa natural seguinte: foram a uma biblioteca. Folhearam enciclopédias em busca de ideias. Nas páginas a respeito dos locais históricos ao redor da cidade, os lugares em que bestas e deuses lutaram e formaram alianças na mitologia grega antiga, encontraram uma dica. Uma breve menção a uma caverna com uma fenda que levava até o topo da Acrópole. Eles estudaram a informação e decidiram que tinham uma boa chance de sucesso como qualquer outra coisa que tivessem proposto.

Secretamente, exploraram o perímetro da Acrópole em busca do local. Encontraram um antigo sítio arqueológico, na face noroeste do penhasco, com uma porta de madeira e uma velha fechadura enferrujada. Contornaram o arame farpado, quebraram a fechadura, forçaram a porta e entraram na caverna.

Localizaram a fenda do mito, e embora não fosse possível dizer com certeza, tiveram a impressão de que a caverna era bastante profunda e alta.

Conseguiram chegar ao alojamento pouco antes do toque de recolher. Ali, receberam uma notícia arrepiante. A pouco mais de 300 quilômetros ao sul, tropas aerotransportadas alemãs tinham iniciado a invasão de Creta. Creta não era só um símbolo do progressivo colapso grego ante os nazistas; também era a maior ilha do país e base para projeção de poder sobre o Mediterrâneo e o Oriente Médio. Assim, Creta não era importante apenas para a Grécia: quem tivesse o seu controle teria uma poderosa vantagem em toda a guerra.

Decidiram que precisavam agir mais rápido.

Algumas noites depois, logo após a divulgação da notícia de que Creta tinha caído sob domínio nazista, voltaram à caverna.

Estavam munidos apenas com lanternas e um canivete, mas conseguiram usar tábuas antigas da escavação arqueológica para escalar o túnel. Acabaram na base do Partenon, parcialmente iluminado pela lua crescente.

Esperaram até que os guardas se afastassem do belvedere, que servia de posto de observação na extremidade leste. Com o terreno limpo, aproximaram-se do mastro. Um deles tirou o canivete e cortou a corda. Pouco depois, a gigantesca bandeira nazista caiu.

Na manhã seguinte, quando Atenas acordou, um símbolo gigantesco do mal havia desaparecido. Era como se uma imensa nuvem negra tivesse se dissipado e fosse uma visão do que poderia ser arrebatado. Os espíritos se elevaram em toda a cidade, e um sentimento palpável de oportunidade brotou em todo o país. O dia em que a bandeira nazista caiu mudou o curso da história, porque revelou o que pessoas comuns podiam fazer. Inspirou multidões em toda a Grécia, provando que podiam ter impacto real e *visível* em suas próprias vidas, em seu mundo. Contra o mal em seu meio. Aquele mastro de bandeira vazio inspirou um movimento de resistência contra os nazistas e levou dezenas de milhares de pessoas de todo o país a ingressar nele, entre elas um sapateiro de 32 anos chamado Sokratis Skarlatos.

SKARLATOS INGRESSOU NA RESISTÊNCIA. Ele morava em Alexandrópolis — cidade de Alexandre — onde se tornou um guerrilheiro. Percorria as montanhas do Evros com um rifle antigo e aguardava oportunidades para sabotar seus opressores. Por fim, foi capturado e mantido em um campo de prisioneiros perto do rio Evros, mas era astuto e destemido. Escapou, esquivando-se das balas que os guardas dispararam contra ele, e mergulhou no rio. Fugiu pela cordilheira de Ródope, avançou para o Norte e, depois, voltou pelo rio e se escondeu nos contrafortes, esperando a hora certa para retornar à casa.

Assim que fez isso, foi recapturado.

Dessa vez, não teve chance de escapar. Os nazistas tiveram uma ideia mais criativa em relação a Skarlatos. Ele era sapateiro, afinal. Assim, podia pôr suas habilidades em uso. Os nazistas o recrutaram para o esforço de guerra. Ele foi enviado para a Alemanha e transferido para uma fábrica no Leste, onde ajudaria a produzir botas para soldados.

Skarlatos era um excelente sapateiro e se tornou supervisor da fábrica. Deixou de ser um combatente da liberdade e virou exatamente o oposto, fabricando um dos símbolos mais reconhecíveis da opressão: a bota de cano alto nazista. Mesmo assim encontrou um jeito de sobreviver. E conheceu uma garota: uma cortadora de couro adolescente sob sua responsabilidade e que capturou sua atenção.

Skarlatos passou a guerra na fábrica de botas. Quando a paz chegou, levou sua jovem noiva para Übersee, cidadezinha junto a um lago, ao pé dos Alpes Bávaros. Tiveram um filho, Emmanuel, e quando a Cortina de Ferro desceu, o velho combatente da liberdade levou sua família para a terra da oportunidade.

Colorado, depois Oakland, onde Emmanuel cresceu, conheceu sua primeira mulher, uma atendente da Greyhound chamada Heidi Neuberger, e em outubro de 1992 um menino com heroísmo no sangue nasceu. Recebeu o nome do maior grego de todos, Alexandre, com um ligeiro ajuste sugerido por uma fonoaudióloga em um curso do método Lamaze, para tornar o nome completo mais fácil de dizer: Alek.

Alek veio de um povo que combateu um dos maiores males do mundo, e que fez isso com quase nenhuma arma. Essa foi a história que ele sempre sentira necessidade de comungar. Por isso, simpatizara com o curso de história, mesmo quando poucas outras matérias da escola atraíam seu interesse. Por isso, tinha paixão por armas, talvez fosse até parte do que o levara a ingressar nas Forças Armadas. Cresceu desejando poder ver onde seu avô nascera, onde ele lutara, amara e encontrara um jeito de sobreviver entre os nazistas. Queria ver onde seu pai havia nascido. Após seu período de serviço no Afeganistão, finalmente teria o dinheiro para fazer isso.

23.

"Alemanha primeiro. Temos de ir para a Alemanha", Alek escreveu após o turno, e enviou a mensagem para Spencer. Depois de outro dia enfadonho. Ele não percebera quão chata seria a vida em uma base no Afeganistão, mas sabia que não teria muitas oportunidades para gastar dinheiro. Sabia que seu melhor amigo estava baseado em Portugal, e que os dois terminariam seus períodos de serviço com alguma poupança. Ele queria que Spencer visse essa parte dele; uma parte que ele mesmo estava só começando a entender.

"Alek, estou ficando bom nisso!" As mensagens de Spencer eram tão empolgadas que Alex estava quase sentindo inveja. Ele viu fotos da base de Spencer: era como um resort de praia ou algo assim. Spencer não sabia o que era estar em um destacamento *real*.

"Bom em quê? Procurar espinhas?"

"Não, babaca. Estou praticando jiu-jítsu. Estou começando a dar uma canseira no meu instrutor." Spencer e seu jiu-jítsu. "Seja como for, a aventura começa logo. Estou ficando excitado, cara", Spencer escreveu.

Spencer não tinha ideia, mas Alek estava desesperado para que a aventura começasse.

"E o seu amigo? Vai viajar com a gente?", Spencer perguntou.

"Strasser não vai poder", Alek respondeu. "Sinceramente, também duvido que o meu irmão possa. Eu sei que Solon quer, mas acho que ele não tem dinheiro."

"Droga."

O planejamento estava ficando complicado, em parte porque Alek estava dedicando muito tempo a ele. Na realidade, ele não precisava fazer aquilo naquele momento. Teria muito tempo para planejar depois, após seu período de serviço no Afeganistão, porque ainda tinha de voltar aos Estados Unidos para a desmobilização. Só depois poderia viajar para a Europa. No entanto, ele planejava, porque era uma diversão, uma das únicas que tinha. A única coisa divertida que podia fazer preso em seu período de serviço sem glória no Afeganistão. Então, ele planejava em excesso.

"Então, quando você quer voltar pela Alemanha?", Alek escreveu.

"É que tem muitas coisas que eu quero ver, sabe? Provavelmente, vai ser minha última chance de fazer alguma coisa assim. Há muito que fazer. Eu sei que você tem uma garota lá..."

Lea. Alek *sabia* que Spencer iria voltar a esse assunto. Ela tinha sido uma estudante alemã de intercâmbio em Oregon. Ele a conhecera no Snapchat de um amigo. Então, começaram a conversar, e quando Alek iniciou o planejamento de sua excursão à Alemanha, decidiu que queria se encontrar com ela. No entanto, o plano de vê-la quando ele estivesse na Alemanha evoluiu para algo mais. Lea o convidou para ficar na casa de sua família, e, naquele momento, ele achou que poderia passar alguns dias com ela.

"Não é só isso", Alek escreveu para Spencer. "Eu só não quero ficar em movimento todo dia. Sabe, eu quero ficar de molho um pouco."

"Tudo bem", Spencer respondeu. "Bem, não precisamos decidir agora. Me avise sobre a decisão de Solon. Nesse meio-tempo, o que aconteceu no treinamento para atirador de elite?"

"Conto para você depois." Era a última coisa que Alek tinha vontade de falar. "Mas, basicamente, continuo bastante entediado."

"Não se preocupe. Vou tomar algumas cervejas pensando em você."

"Seu merda. Tudo bem, agora é meia-noite aqui. Preciso ir dormir."

"Valeu, mano. Até mais."

Dois dias depois, quando seu turno terminou, Alek se dirigiu até a academia da base para levantar pesos, mas decidiu verificar suas mensagens antes. No Facebook havia uma mensagem de Spencer. "Boas notícias, acho que Anthony topou."

Alek teve de pensar durante um tempo. *Anthony?* "Anthony da escola cristã, você diz?"

"Sim, ele acha que vai conseguir tirar férias. Só está tentando arranjar um cartão de crédito." Aquilo não fazia sentido. Entre tantas pessoas para convidar. Alek não via Anthony há o quê, cinco, sete anos? Quem era Anthony naquele momento? Eles ainda se entenderiam?

No entanto, era bom, pois Spencer teria alguém com quem viajar em sua excursão relâmpago pela Europa. Alek se sentiu bem: Spencer e Anthony cuidariam de suas vidas, enquanto ele rastrearia suas raízes. Ele os acompanharia em uma ou duas cidades e depois voltaria para sua própria busca espiritual.

Quando sua mobilização acabasse, ele já tinha quase decidido o que fazer: Alemanha primeiro; depois, Paris, com Spencer e Anthony. Talvez Barcelona. Não estava tão entusiasmado em relação à Espanha quanto eles. Sobretudo, ele queria voltar para a Alemanha, onde poderia continuar rastreando sua própria história. Onde ele veria o lado Leste. Áustria, para ver onde seu pai havia nascido. Atravessar a fronteira e ver a Suíça. Em seguida, Praga, onde ele tinha um primo. Finalmente, voaria para Frankfurt. Ele queria que Spencer fosse com ele. Sentia que havia algo importante a seu respeito que queria que Spencer visse, mas não queria pressionar o amigo a fazer algo que ele não queria, e que talvez acabasse fazendo por obrigação.

Assim, Alek decidiu contar uma mentirinha: "Na realidade, também quero fazer alguma coisa de EuroRail", escreveu. Dessa maneira, ele conseguiria ver Spencer sem tirar o amigo do caminho dele. Alek voltaria à Alemanha depois, para terminar sua jornada sozinho.

O plano estava definido. Ele fechou o computador e foi levantar pesos. Apenas mais um mês de mobilização enfadonha, esperando e desejando alguma ação antes que sua aventura começasse.

FINALMENTE, DEPOIS DO QUE pareceu uma década, ele partiu do Afeganistão a bordo de um C-17 Globemaster, que decolou da Base Aérea de Bagram. Alguém disse algo a respeito de uma tempestade de areia no Kuwait, o que explicou o motivo pelo qual o avião tinha sido desviado para o Catar. Antes do longo voo do Oriente Médio para o Texas, para a desmobilização, o avião tinha de fazer escala na Alemanha para reabastecer. *Que caminho tortuoso*, Alek pensou. Ele iria ver suas raízes, e elas estavam ali, bem do lado de fora da janela, quase perto o suficiente para serem tocadas, mas a trajetória o levava, primeiro, de volta aos Estados Unidos, antes de ele ficar livre.

24.

Alek prendeu o receptor na morsa e, em seguida, inseriu no orifício a peça de travamento e ejeção do pente de munição da arma. Girou-a, deslizou uma mola nela e testou o movimento. Tinha de ser perfeito, porque era o mecanismo que ejetava o pente do fuzil, possibilitando a recarga. Alex o testou: introduziu um pente vazio no receptor e o travou no lugar. Excelente. Pressionou o botão e o pente foi ejetado sem problemas. *Excelente*.

Depois, prendeu a trava do parafuso no receptor, de modo que, após o disparo do último projétil, o parafuso ficaria para trás. Dessa maneira, ao descarregar todo o pente em diversos alvos, era possível inserir outro pente, e o parafuso já estaria de volta, pronto para disparar outro projétil.

Lubrificou o pino do cilindro e o instalou no orifício da trava do parafuso. Rosqueou o seletor de segurança, deslizou o suporte no receptor e o aparafusou, observando com atenção para se assegurar de que não tinha torcido a mola. O seletor também tinha de se mover com perfeição. Assim, quando o dono da arma estivesse pronto para atirar, o seletor se engataria de modo fácil e definitivo na posição de disparo. Por enquanto, tudo bem.

Ele secou o suor da testa e massageou a nuca.

Em seguida, encaixou a mola do gatilho no gatilho, e a mola do cão no cão. Pôs o seletor de segurança na posição de disparo, colocou o gatilho na abertura na parte inferior do receptor e o interruptor na parte superior, colocou o cão para baixo e atarraxou um pino no lugar para fixar todo o conjunto.

Naquele momento, a arma tinha um gatilho. Então, Alek prendeu a proteção do gatilho, o cano, o parafuso movido a gás, o abafador de chamas e a mira telescópica.

Após quatro horas de trabalho meticuloso, terminou.

Ficou de pé e fez uma inspeção. Ativou e desativou o seletor de segurança, puxou o gatilho algumas vezes, ejetou e recarregou pentes vazios. Tudo funcionou. Alek pôs a arma sobre uma mesa da sala de recreação, junto com as outras armas. Tinha montado um arsenal: armas de longo alcance, AR-10s equipadas com miras telescópicas e AR-15s com pontos vermelhos para alcance mais próximo, com os pontos vermelhos sendo mais iluminados e mais rápidos na obtenção de alvos, nas proximidades de um local: ambientes urbanos, veículos etc.

Alek estava fazendo aquilo para afastar o tédio. Além disso, queria ganhar algum dinheiro extra enquanto esperava o início de sua jornada. Perguntou aos colegas no Afeganistão se eles queriam armas. Em caso afirmativo, ofereceu-se para montá-las para eles, personalizando-as de acordo com a necessidade dos caras. Tudo o que eles tinham de fazer era verificar os antecedentes em relação ao receptor inferior — a parte que o governo considerava uma arma de fogo —, e do resto Alek cuidaria. Ele gostava de trabalhar com armas. Era uma operação meditativa e silenciosa, um tempo a sós com seus pensamentos, e era um trabalho positivo e construtivo, trazendo algo para sua existência. Era como pintar, que ele apreciava, e, de qualquer maneira, faltava um mês após sua mobilização antes que pudesse se encontrar com Lea na Alemanha. Quando Alek partiu, tinha montado uma dúzia de armas semiautomáticas para os amigos.

25.

Alek chegou a Frankfurt com os bolsos cheios. A desmobilização lhe rendeu um bom dinheiro, além do extra que conseguiu com as armas. Lea o pegou no aeroporto e, juntos, foram para a casa dela em Heidelberg, em um percurso de carro de aproximadamente uma hora. Alek ficou impressionado com o verde e os cenários deslumbrantes. Tudo parecia muito organizado. Ele conheceu a família de Lea e outras pessoas da cidade.

A família de Lea preparou um quarto para Alek. Ali, ele deixou sua bagagem, e imediatamente começou seu mergulho na história. Lea o levou ao castelo, em Heidelberg, rico em legados conflitantes, tendo mudado de mãos ao longo de quase um milênio, e que quase milagrosamente foi preservado, apesar de toda a destruição de diversas outras cidades alemãs durante a Segunda Guerra Mundial. A cidade foi sede das Forças americanas na Europa quando os Estados Unidos estavam ajudando a combater o nazismo. Foi o lugar onde houve grande parte da destruição pelos próprios alemães. Na *Kristallnacht*, a "Noite dos Cristais", duas sinagogas foram incendiadas, judeus foram mortos e outros foram deportados em massa, mas os americanos não causaram nenhum dano. De algum modo, a cidade nunca sofreu nenhum bombardeio dos Aliados.

Alek encontrou uma maneira própria de deixar sua marca. Pediu para Lea tirar uma foto dele segurando uma minúscula bandeira americana, exatamente no lugar certo, de modo que parecesse um dos arautos se lançando de uma torre do castelo de Heidelberg, reivindicando-o para os Estados Unidos. Um jeito perfeito de começar.

Lea o levou para Rothenberg, para ver edifícios mais velhos que o país de Alek. Outra cidade medieval perfeitamente preservada, que escapou dos bombardeios da Segunda Guerra Mundial. Ficava junto à Rota Romântica, e quase inalterada desde a Idade Média. Alek comprou um chapéu alemão de aparência estúpida, mas achou que era engraçado.

Naquela noite, Spencer escreveu para Alek:

> Em Munique, muita história.

Você não tem ideia, Alek pensou.

Foi um pensamento engraçado, agora que Alek estava ali: o pai de sua mãe migrara dos Estados Unidos para a Alemanha, da mesma forma que o pai de seu pai estava fazendo o contrário. No dia seguinte, ele pediu para Lea ajudá-lo a encontrar a cafeteria aonde o pai de Heidi tinha ido após obter sua promoção, em meados de 1953. Naquele lugar, Alek pagou uma cerveja para Lea, no lugar onde Nicholas Neuberger, o avô Nick, celebrou sua promoção para sargento, 62 anos antes.

A cafeteria ficava perto da antiga ponte de Heidelberg, sobre o rio Neckar. Naquele lugar, Alek entrou em estado reflexivo, pensando nas outras coisas que seu avô Nick havia contado. Alek revelou para Lea que o avô Nick fora criado na pobreza no norte do estado de Nova York durante a Segunda Guerra Mundial, e que as Forças Armadas foram a chance de satisfazer seu desejo de viajar. Ele foi para a Alemanha, e como mecânico do Exército permaneceu na Renânia durante a Guerra da Coreia. Em suas licenças, aproveitava para viajar. Ele relatou a Alek sua viagem preferida, a que fez para o Marrocos espanhol.

No verão de 1953, Nicholas Neuberger estava com tempo e dinheiro. Ele queria conhecer a África. Então, foi até Gibraltar, com outros soldados, e pegou um barco para o Marrocos. Foi ali que teve uma das experiências mais estranhas e inexplicáveis de sua vida, algo tão fora de contexto que ele registrou por escrito em um álbum de recortes, porque achou que ninguém acreditaria nele. Ele só contou a história duas gerações depois, quando seus netos foram ao seu rancho e perguntaram acerca de seu tempo no serviço militar.

Sentado onde seu avô comemorou sua promoção, Alek lembrou daquela estranha história. No verão de 1953, o avô, Nick, estava a bordo de um trem com outros soldados atravessando o Marrocos francês rumo a Casablanca. A maioria dos passageiros dormia, mas Nick estava acordado. Ele não conseguia dormir porque havia um grupo de franceses — ou pelo menos achou que eram franceses, porque usavam ternos e tinham a pele clara — rindo e se comportando mal. Assim, toda vez que conseguia adormecer, o barulho de uma risada o acordava. Estava sentado olhando pela janela, observando a paisagem rural. Às 2h da manhã — e ele sabia que eram 2h da manhã; nessa questão, tinha certeza —, viu um grupo de homens em cavalos a galope, usando túnicas e espadas com lâminas tão grandes quanto facas de açougueiro, cavalgando ao lado do trem. Os cavalos continuaram a acelerar e ultrapassaram seu vagão. Então, o trem reduziu a velocidade, parou, os cavaleiros embarcaram e entraram no vagão de Nick, agitando suas espadas. Tudo aconteceu no que pareceu um instante. Antes que Nick soubesse o que estava acontecendo, eles estavam em seu vagão, ao lado dele, agarrando um homem de terno que, naquele momento que Nick o examinou com atenção, pareceu ser, pela cor de sua pele, do Oriente Médio. Os bandidos, ou o que fosse, agarraram o homem pelos cabelos, e enquanto puxavam sua cabeça, ele olhou nos olhos de Nick com um olhar de súplica e terror.

Um olhar não só de surpresa. Era como se algo terrível, mas não totalmente inesperado, estivesse acontecendo com ele, algo que talvez o estivesse apavorando, algo do que talvez estivesse fugindo.

Os cavaleiros arrastaram o homem para fora do trem. Naquele momento, os farristas franceses, que tinham mantido Nick acordado, olharam diretamente para Nick e falaram com ele em inglês, de modo tão claro que o alarmou, como se seus corpos tivessem sido possuídos de repente. "Não se mexa. Não fale nada."

Pela janela, Nick viu o homem do Oriente Médio com roupas ocidentais curvado transversalmente em uma sela. Seu corpo estava prostrado. Nick não sabia se ele estava morto, amarrado ou inconsciente. Então, os cavalos se afastaram, a galope. O trem recomeçou a andar. Nick nunca soube o que aconteceu. Ele anotou a história com a data e a hora e a pôs naquele álbum de recortes. Jamais se esqueceu dela, mesmo na velhice, porque era uma história que ainda não tinha um fim.

"Uau!, é uma história bem louca", Lea disse, parecendo impressionada com a linhagem de Alek, que, por sua vez, começou a sentir orgulho de sua própria família. Ele achou que sua própria jornada ecoava do avô Nick; ou seja, o Exército estava fornecendo os meios para ele finalmente encontrar sua própria história. Além disso, ele estava caindo em um ritmo reconfortante naquele lugar: toda noite dormia na casa de Lea; todo dia ela o levava para outro lugar, no Sul da Alemanha.

Lea o levou para o Phantasialand, parque temático em Colônia, para um tipo familiar de diversão: passeio nas montanhas-russas e perambulação por grandes áreas do parque projetadas como bairros mundiais: Chinatown, México, e uma que Alek achou a mais interessante: África Profunda. Ali, passearam por aquilo que todos pareciam estar falando: aBlack Mamba; uma montanha-russa invertida, que passava por torres que imitavam as paredes de tijolos de barro e as vigas transversais das mesquitas do Norte da África. Todo o percurso foi projetado para fazer o visitante pensar que iria correr algum grande perigo, mas, então, no último minuto, o risco desaparecia.

Alek ficou muito empolgado com a maneira como tudo naquela parte do parque, no caminho para os banheiros, possuía arcos pontiagudos, que ele reconheceu das fotografias das mesquitas. Tudo foi ajustado de acordo com a história, o lugar e o tempo. Caminhar por aquele lugar era como atravessar os mercados árabes do Norte da África. A atenção aos detalhes o impressionou. Barracas com telhados de palha, caminhos de terra vermelha: Alek achou que podia estar caminhando em uma cidade da Tunísia ou de Marrocos. Alek quis comprar camisas de times de futebol. Então, Lea o levou a uma imensa loja de artigos esportivos em Mannheim, onde ele comprou duas para seu irmão Solon, o maior fã de futebol família. Solon queria muito participar da viagem e Alek achou que seria legal levar esse presente para ele. Para si mesmo, comprou uma camisa com listras vermelhas e azuis do Bayern de Munique, e Lea pediu para o vendedor bordar o nome do jogador favorito de Alek nas costas. Ele gostou tanto que decidiu usá-la todos os dias. Alek estaria com ela quatro dias depois, quando toda a imprensa europeia o assediou.

Alek devia ficar com Lea apenas por uma semana. Mas como era muito bom estar com a família dela, como eles eram superamáveis, e como ele estava economizando um bom dinheiro, não conseguiu pensar em um bom motivo para ir embora. No oitavo dia, Spencer informou que ele e Anthony também estavam na Alemanha, em Munique, mas Alek estava tão bem-instalado que não quis sair dali.

No décimo dia, depois de voltar de uma caminhada com Lea, Alek tinha recebido uma mensagem de Spencer no Facebook:

Rumo a Berlim!

Alek ainda não sentiu vontade de ir embora de Heidelberg.
No décimo primeiro dia:

Acabamos de conhecer um roqueiro estranho em um bar. Mudamos os planos. Vamos para Amsterdã. Manteremos você informado.

Naquele momento, Alek achou que já incomodara o suficiente a família de Lea e que talvez fosse bom se juntar aos amigos. Então, no 12º dia em

Heidelberg, Lea o levou para Mannheim. Ele pegou um ônibus para Amsterdã, mas saltou na parada errada e teve de pegar um táxi para completar os últimos 40 quilômetros.

A BORDO DO TREM das 15h17, Alek olha pela janela da sua poltrona na primeira classe, vendo as últimas paisagens da Holanda. Ele está entediado e um pouco inquieto. Disposto a aproveitar os últimos momentos de diversão de sua viagem, porque, no momento em que seu período de serviço no Afeganistão chegou ao fim, a parte mais interessante de sua vida também se completou, e acabou sem nem sequer corresponder às expectativas. Tudo o que ele tem são algumas semanas na Europa, e, então, em uma semana ou duas, vai voltar para Oregon, trabalhar na Costco, frequentar aulas noturnas na faculdade comunitária e ser uma espécie de sonâmbulo.

Spencer dorme à sua direita, fechado em seu próprio mundo por meio de fones de ouvido abafadores de ruídos. Do outro lado do corredor, Anthony também dorme. Por que ele se afastou de Anthony? Em retrospecto, Anthony é o tipo de pessoa que Alek gosta de ter por perto: descontraído, sem afetação, autêntico. E mesmo assim ele não falava com Anthony há sete anos. Desde a oitava série do ensino fundamental! Eles eram um trio na sétima e na oitava séries: corriam pelo bairro com máscaras de paintball, marcavam com tinta a pele uns dos outros, jogavam objetos contra portas e janelas, pulavam sobre árvores caídas atrás da antiga escola de ensino fundamental, como cargas imaginárias de infantaria, amontoavam-se na sala de estar do técnico de basquete para jogar Call of Duty até os olhos lacrimejarem e os polegares doerem, comportavam-se de modo inconveniente nas aulas, em sua própria desobediência civil contra a família que dirigia a escola. Foi Spencer quem atraiu Anthony para a amizade deles quando este último chegou à escola, com os olhos arregalados de espanto e sem amigos. Alek se lembra de ter gostado de Anthony desde o primeiro momento, quando o garoto parecia chocado com cada aspecto da vida no subúrbio. Era quase como ter um irmão caçula, um novato para doutrinar no estilo de vida deles, exceto pelo fato de Anthony, na realidade, estar um ano à frente.

Alek olha pela janela para os campos ondulantes, secos pelo calor do fim do verão. Ele olha seu celular no momento exato em que o ponto azul pulsante cruza a fronteira. *Estamos na Bélgica!*, ele pensa. A FN Herstal fica ali. A Fabrique National d'Herstal, um de seus fabricantes de armas preferidos. Todos aqueles fuzis para as Forças Armadas americanas são fabricados em algum lugar ali fora. A Steyr é dali? Não, a Steyr é austríaca. Em Oregon, ele conseguiu sua primeira arma real. Passava muito tempo sozinho, e começou a encontrar companhia nas armas. Não apenas as armas de paintball e airsoft que ele, Spencer e Anthony usavam uns contra os outros na escola; quando ele chegou a Oregon, seu pai lhe comprou uma calibre 12 de verdade, e Alek encontrou um propósito de vida. Ele tinha algo a compartilhar com seu irmão mais novo. Como atirar, como limpar, como desmontar e remontar. Cada arma era uma máquina sofisticada, mas também simples, elegante, sexy e muito bacana. As armas tinham histórias. As fábricas mudavam de dono, armaram os Aliados, armaram os nazistas; que tipo de armas os vietcongues e os sandinistas usaram? Era um passatempo que se desdobrou no único assunto com o qual ele sempre se sentia mais à vontade, já que ele e os dois amigos ao seu lado tinham criado laços, em parte, por causa das aulas de história na escola cristã.

26.

Eles cambalearam pelas ruas de Amsterdã, embriagados e tontos, depois de saírem de uma balada, onde beberam e dançaram muito. Alek acordou no chão do quarto do albergue, com a cabeça doendo, mas contente. Ele teria seu próprio quarto no dia seguinte à noite. Estava desesperado por uma cama. Na sexta-feira, eles deveriam pegar o trem da 15h17 para Paris, mas ele já estava achando que deveriam pegar um mais tarde. Amsterdã tinha superado as expectativas, e todos eles queriam ficar mais tempo ali.

"Ah, caras, que loucura!", Alek disse quando os encontrou no albergue. "É a primeira vez que estamos todos juntos depois de, o quê, *sete anos*? E na Europa!"

Naturalmente, ele achou estranho no início, sem sentido, que Spencer convidasse Anthony para a viagem pela Europa. Sua ligação com seu melhor amigo, seu último *hurra* antes de uma vida trivial e enfadonha, pareceu alterada inicialmente. Naquele momento, porém, com eles estavam todos juntos de novo, pareceu apropriada. Velhos amigos, um novo lugar. Uma cidade que nenhum deles conhecia, abrindo-se diante deles. O lugar em si era antigo, recebendo estruturas da era espacial novas e reluzentes que se erguiam das ruas de paralelepípedos com séculos de história.

Eles saíam à noite. Chegaram a assistir a um jogo de futebol de dia. Bebiam cerveja enquanto o sol ainda brilhava e faziam amigos com facilidade. Havia uma química naquele lugar onde os três, finalmente, se reuniram depois de tantos anos. Era só impressão dele ou o lugar vibrava com energia própria? Alek não queria ir embora.

Aquele era o estilo de Alek. Ele estava começando a entender isso a seu respeito, e não estava envergonhado. Ficar em um lugar, conhecê-lo, conhecer as pessoas, talvez encontrar uma garota. Spencer e Anthony ainda pareciam querer ver o máximo possível de lugares, percorrendo a Europa como se todo o continente estivesse em oferta por tempo limitado. Alek queria ir com calma, absorver o ambiente. Em Amsterdã, pela primeira vez, Spencer e Anthony concordaram.

"Spencer, quem sabe precisemos ficar aqui e passar o fim de semana", Alek ouviu Anthony dizendo por acaso.

Para Anthony, Amsterdã lembrava sua casa. O clima era semelhante, ensolarado, mas com vento; a topografia favorecia Sacramento. Além disso, a única razão pela qual eles deviam partir era a ida para Paris, e Spencer disse que as pessoas que eles encontraram pelo caminho tentaram dissuadi-los disso. "Conhecemos uma garota em nosso albergue em Berlim", Spencer afirmou. "Ela nos disse que Paris é muito cara. Também, que é bem chata e que as pessoas são realmente grosseiras."

"E Lisa, em Veneza, disse a mesma coisa", Anthony revelou. Também conheceram uma garota no trem para Amsterdã, uma australiana que já tinha viajado por toda a Europa, que tentou convencê-los a não ir para a França. Então, por que simplesmente não ignorar o trem das 15h17 e pegar um mais tarde? Havia pelo menos uma dúzia de trens por dia.

Foram de bicicleta até uma fazenda, a Rembrandt Hoeve, às margens do rio Amstel, pertencente a um holandês excêntrico que produzia tamancos e queijo gouda. Passaram por casas ao longo do canal, que Alek jurou que eram tortas. Então, o guia explicou que eram mesmo; elas se debruçavam sobre a água, de modo que as coisas içadas do canal não oscilassem na fachada. Tinha o efeito de fazer parecer que o mundo estava prestes a cair em cima deles enquanto passavam.

Passearam pelo Amsterdamse Bos, um parque gigantesco, maior que o Central Park de Nova York, onde militantes tinham marchado contra a Guerra do Vietnã e os ricos de outrora caçavam raposas.

Tudo era fácil, o tempo estava perfeito, as pessoas eram ótimas. Alek tinha tantas coisas para fazer!

Então, por que ir embora de Amsterdã? Ninguém tinha um bom motivo. Por que não ficar por mais algum tempo? Alek queria cortar o cabelo ali. Anthony e Spencer tinham ido sem ele, enquanto ele estava no ônibus que vinha de Mannheim. Eles toparam com um barbeiro jamaicano pedalando até a lavanderia automática, e Anthony ficou tão empolgado por encontrar alguém na Holanda que cortasse cabelo afro que insistiu para Spencer fazer o mesmo corte. Os dois ficaram elegantes. Alek também queria ficar.

Havia a casa noturna de que eles tinham ouvido falar e aonde Anthony queria ir, mas que só abria nos fins de semana. Assim, se eles mantivessem as reservas do trem, perderiam a oportunidade de conhecê-la.

Além disso, as garotas holandesas eram simpáticas, e todos concordaram que eram atraentes. "Todas têm pernas bonitas. Acho que é porque andam de bicicleta", Spencer disse.

"É a sua opinião de médico?", Alek perguntou, rindo.

E eles ainda não tinham conseguido ver a casa de Anne Frank. Poderiam fazer isso se ficassem. Afinal de contas, a história reuniu os três na escola cristã, e esse fato era parte do que os levara à Europa. Não podiam ir embora sem vê-la. Seria como fazer uma peregrinação e não visitar o templo.

"Então, acho que está decidido", Alek afirmou. Sentaram-se do lado de fora de um bar após um passeio pelo Red Light District e se conectaram ao wi-fi para escolher um novo horário do trem. "Simplesmente, vamos ignorar Paris."

"Sim, ou pelo menos adiar a viagem", Anthony afirmou. Paris ainda estaria no mesmo lugar na semana seguinte. Anthony queria ficar em Amsterdã, Alek, também, e Spencer não ia ser um obstáculo para eles. Assim, o plano era cancelar a reserva no trem das 15h17 para Paris.

Eles partiriam no dia seguinte, ou até mesmo no domingo, ou talvez esperassem até a segunda-feira. Alek cortaria o cabelo e eles iriam à boate. Assim, teriam bastante tempo para visitar a casa de Anne Frank. Estava decidido.

Então, Alek sentiu algo incomodar seu pensamento, como uma voz calma e suave em um quarto distante, exortando-o a deixar aquele lugar.

Ele não sabia explicar aos outros; ele mesmo não entendeu muito bem aquilo, mas se deu conta que havia mudado de ideia.

Alek perguntou para Anthony, que também havia mudado de ideia e também não tinha nenhum bom motivo. "Talvez devêssemos nos manter fiéis ao primeiro plano", foi tudo que ele conseguiu dizer como explicação para sua própria reconsideração.

Havia uma dúzia de boas razões para ficar. Não havia nenhuma boa razão para qualquer um deles pensar em partir. E mesmo assim todos concordaram em partir. Nenhum deles sabia exatamente o motivo, mas todos sentiram isso.

27.

Na estação de trem de Amsterdã, Anthony pediu a Alek para tirar fotos espontâneas dele exibindo um olhar distante. "Não são espontâneas se você pede para eu tirá-las."

"Só me pegue de perfil." Anthony estava num astral reflexivo, ou, pelo menos, tentando parecer que estava num astral assim. Estendeu os braços ao longo do encosto do banco e revelou um olhar distante. Quando Anthony levantou os braços, seu suéter se ergueu, e Alek conseguiu ver o roxo da camiseta que ele estava usando por baixo.

"Anthony, você não está usando uma camiseta do Lakers, está? Estamos na Europa. Use uma camisa de time de futebol. Pegue uma das minhas. Ou pegue uma do Solon. Eu tenho algumas a mais."

"Estou bem. Não tenho vergonha nenhuma. Tenho orgulho de apoiar o Kobe", Anthony afirmou, olhando para a plataforma e dizendo a si mesmo: "O Black Mamba."

"Como?"

"O Black Mamba."

Alek ainda estava confuso.

"É o apelido do Kobe. Você não sabia?"

"Que estranho. Em Colônia, fui a uma montanha-russa chamada Black Mamba. Toda com temática africana."

"Sério?"

Finalmente, o trem entrou na estação, e Alek pegou sua bagagem.

No entanto, quando ele se dirigiu para o trem, uma mulher se aproximou. "Desculpe, vocês poderiam ajudar o meu pai a embarcar?", ela disse, com sotaque britânico.

Atrás dela, um velho de aparência frágil, com fios de cabelos brancos, exibiu um sorriso constrangido.

"Claro, senhora", Alek respondeu. Ele segurou o homem por um cotovelo e Spencer pelo outro. Com a mão livre, Anthony pegou a mala do homem. Quando as portas do trem se abriram, Alek ajudou o velho a subir os degraus e, depois, ajudou-o a se sentar. Enquanto isso, Anthony acomodou a mala dele.

"Deus abençoe vocês, rapazes", o homem agradeceu. "Obrigado pela ajuda."

"De nada", Alek respondeu. Ele se virou para Spencer: "Você sabe onde ficam as nossas poltronas?"

"Na primeira classe. Acho que é para lá, mas aqui parece bom para mim."

"Sim, para mim também."

Eles se sentaram e se acomodaram.

Passaram-se 15 minutos.

Passaram-se 30 minutos.

Spencer se levantou. "Tudo bem, estou cansado disso", ele disse. "Estou entediado. Vou ver se tem wi-fi nos outros vagões."

Spencer desapareceu nos vagões dianteiros. Mais tempo se passou. Então, Spencer irrompeu pela porta com os punhos no ar.

"Achei! A primeira classe fica alguns vagões à frente. E lá tem wi-fi."

Eles acenaram para o velho e para a mulher que os desviara de seus assentos reservados e foram para a frente, passando pelos vagões 15, 14 e 13 e chegando ao vagão 12.

Na primeira classe, uma comissária do trem trouxe lanches e minilatas de Coca-Cola. "Ah, meu Deus! Que legal!", Alek exclamou. Ele estava entediado e achou aquela embalagem muito curiosa. "Spencer, olha esse minirrefrigerante!"

"Alek, cale a boca", Spencer reclamou.

"Spencer está zangado!"

"Tudo bem. Estou colocando meus fones", Spencer afirmou, com os abafadores de ruídos firmemente presos na cabeça. Em seguida, reclinou a poltrona e fechou os olhos.

O trem desacelera. Os passageiros ficam de pé e estendem as mãos para pegar suas bagagens. Uma onda de braços, couros e lonas. Spencer e Anthony não despertam.

Alek observa distraidamente enquanto passageiros embarcam e desembarcam. Bruxelas. Ele tira uma foto da estação. Conclui que é desinteressante.

Então, com o canto do olho, uma pessoa na plataforma chama sua atenção.

Uma mecha de cabelo loiro, um andar confiante: a linda comissária do trem, que ele "cantou" mais cedo, desembarcando. Não!

Alek olha ao redor e vê mais pessoas uniformizadas desembarcando.

Troca da equipe, ele pensa. *Droga, ela foi embora. Provavelmente, ela acha que nós somos um bando de idiotas. Nós somos um bando de idiotas.*

Ele observa, decepcionado, o desembarque da jovem. Não percebe que, enquanto ela se afasta, um homem do Norte da África passa, indo na direção oposta e se aproximando do trem.

O homem atravessa a plataforma, segue uma linha oblíqua e fica fora do alcance de visão de Alek. Ele embarca no vagão atrás do de Alek.

Ele tem poder de fogo suficiente para matar quase todos os passageiros a bordo.

A<small>LEK TIRA FOTOS</small> quando o trem parte da estação. Pensa em acordar Spencer. Deseja que algo aconteça. Rastreia no celular a que distância estão de Paris. Segue o Google Maps para ver que rota estão seguindo e se reconhece os nomes dos lugares por onde passam. Olha pela janela e observa novas paisagens rurais. Envia mensagens de texto para a garota na Alemanha, para um amigo de sua mobilização e para uma garota em Oregon. Olha pela janela novamente. Volta a olhar para o celular e joga um joguinho consigo mesmo, tentando prever exatamente que horas serão quando o trem cruzar a próxima fronteira. Envia novas mensagens de texto para as garotas. Diz onde está para elas. Observa no celular a rota que o trem está seguindo.

Às 17h55, aproximadamente, pouco depois de o pontinho azul se mover na tela para a França, todos param de receber mensagens de Alek.

A<small>LEK OUVE BAGAGENS</small> caindo de uma prateleira atrás dele. Algo com uma base sobrecarregada, porque o som é bastante alto. Ele também ouve uma grande cascata de vidro quebrado. Antes que consiga se virar, um homem uniformizado passa a toda velocidade, e, sem pensar, Alek se agacha e vira em um pequeno espaço, olhando para trás através do espaço entre as poltronas. Ele pode ver, oscilando para dentro e para fora de seu estreito campo de visão, algum tipo de espectro se movendo através de um pesadelo: um homem sem camisa, empunhando uma metralhadora e caminhando lentamente em sua direção.

Alek sente a descarga de adrenalina. Sua visão se estreita. O trem evapora ao seu redor, e tudo que existe no mundo inteiro é um homem com uma arma à distância de 10 metros. A visão de Alek é uma esfera única, como se estivesse espiando com um binóculo. Ele está assistindo a um videogame através da mira de uma arma. Ele pensa: *Vai, vai!* Mas quer dizer isso só parcialmente, debilmente. Uma mensagem para seus amigos, que Alek agora consegue sentir que estão acordados. Ele só sabe que disse isso em voz alta porque sente isso vibrando nos pulmões. Ouve as palavras retornando como um eco. Então, Spencer atravessa rapidamente sua visão, e Alek se dá conta de que enviou seu melhor amigo para atacar o homem armado.

Outro pensamento claro: Spencer está desarmado, exposto e sozinho.

28.

Enquanto isso, 240 quilômetros ao Sul, Alex Daniels, adido de imprensa da Embaixada americana em Paris, estava acabando de jantar. Uma das vantagens do trabalho era que você podia receber amigos em pausas de viagem, e esses amigos eram alguns cidadãos palestinos que moravam em Israel, em uma permanência de 14 horas com seus filhos. Daniels estava havia apenas cinco semanas no trabalho na Embaixada, e tentou encontros com contatos da imprensa, e, depois, desistiu deles. Ninguém estava disponível. A imprensa, como quase todo mundo na França, estava de férias no mês de agosto. Após uma semana de tentativas, ele decidiu que esperaria pela *rentrée*, a grande tradição francesa de retorno ao trabalho no outono.

Daniels descobriu que não precisaria esperar tanto tempo.

Primeiro, seu telefone de trabalho tocou.

Era sexta-feira à noite, então, ele deixou tocar. Despediu-se de seus convidados, cujo táxi tinha acabado de chegar.

Seu telefone de trabalho voltou a tocar.

Quando tocou pela terceira vez, ele achou que poderia ser algo importante. Então, atendeu.

"Aqui é da Agência France-Presse. Acabamos de tomar conhecimento de que três fuzileiros navais americanos impediram um ataque terrorista em um trem de Amsterdã para Paris. Você estaria disposto a comentar?"

Daniels pigarreou: "Não tenho nenhuma informação neste momento. Vou ter de retornar para você mais tarde."

Ele anotou o nome e o telefone do jornalista. Em seguida, fez o que todos os bons adidos de imprensa fazem quando são pegos de surpresa por uma história: ligou a TV.

O telefone tocou novamente. Outro jornalista. Depois, outro, e o dilúvio começou. Daniels tentou entrar em contato com seu assistente, que estava atolado de serviço porque era o oficial de plantão naquele fim de semana. Ele não estava recebendo telefonemas só da imprensa, mas também de todos os americanos preocupados na França.

"Estou enviando todo o pessoal da imprensa para você", ele disse a Daniels. "Vou receber todas as outras chamadas." Porém, àquela altura, Daniels já estava irremediavelmente perdido. Já não se lembrava do nome do jornalista que havia ligado e a qual veículo da mídia ele pertencia. Precisava fazer uma triagem e não tinha mais um assistente para ajudá-lo. Então, começou a fazer uma lista de todos que telefonavam e em que ordem. Contudo, estava combatendo uma hidra, com a lista crescendo tanto que não conseguia acompanhar. Nunca tinha visto nada semelhante. Enquanto em Arras, tarde da noite, em um quarto de hotel, Alek e Anthony estavam sentados tentando entender o que acabara de acontecer, Alex Daniels estava fazendo o mesmo em Paris.

Na manhã de sábado, não muito longe da Embaixada, Rebecca Robinson acordou com um telefonema urgente de seu colega Rick Holtzapple. Robinson era assistente da embaixadora, e Holtzapple, especialista em assuntos políticos, mas, como agosto era um mês quase parado, a Embaixada tinha menos pessoal disponível do que o habitual. A subchefe da missão diplomática — que era a segunda no comando em relação à embaixadora — estava nos Estados Unidos, em suas férias anuais, e Holtzapple a substituía. No entanto, a embaixadora também tinha viajado, para passar o fim de semana fora, com o marido. Assim, de maneira efetiva, Holtzapple estava no comando de toda a Embaixada. Robinson estava recebendo um telefonema da pessoa mais graduada da equipe de funcionários. Em um fim de semana.

"Alguma coisa aconteceu", Holtzapple afirmou. "Precisamos falar com o ministro do Interior."

Robinson tomou banho, colocou um vestido de verão e sandálias — era um sábado de agosto, afinal de contas — e foi para a Embaixada. Os telefonemas começaram antes que ela conseguisse se sentar. Robinson ficou sabendo que, por coincidência, um funcionário da Embaixada viajava no trem de que todos estavam falando, e tinha telefonado para o oficial de segurança da Embaixada. O pessoal da embaixada soube quase no momento em que aconteceu, mas ninguém, nem sequer o funcionário no trem, sabia *o que* havia acontecido. Tudo o que ele foi capaz de relatar era que o trem tinha parado, sofrido uma mudança de rota, e um homem ensanguentado havia sido retirado de um vagão. Os meios de comunicação estavam todos repetindo a mesma coisa: três fuzileiros navais haviam impedido um ataque terrorista.

Daniels chegou algumas horas depois de Robinson. Durante a maior parte da manhã, ele havia tentado fazer uma triagem em sua casa. Antes que chegasse à sua mesa de trabalho, ela o deteve. "Alex, esse é o seu momento *Charlie Hebdo*. Bem-vindo a Paris", ela disse.

Robinson tratou de ligar para autoridades do governo francês, a pedido de Holtzapple, começando pelo ministro do Interior, responsável pela polícia nacional e por outros órgãos de manutenção da ordem pública. Então, ela, o pessoal executivo e a equipe do consulado desviaram a atenção para aquilo que se tornou a tarefa mais urgente: garantir a segurança de americanos que estivessem em perigo, e, por tudo que Robinson sabia, ainda estavam. Nesse caso, a equipe consular era fundamental, já que eram as pessoas especialmente treinadas na prestação de serviços de emergência para cidadãos americanos no exterior. Se um americano estava gravemente ferido, precisavam saber para que hospital ele fora levado e se estava recebendo cuidados médicos de boa qualidade. Os Estados Unidos precisavam tomar cuidados à parte.

No entanto, havia um problema. Robinson e o restante da equipe se sentiam responsáveis pelo bem-estar dos três jovens americanos, mas não sabiam onde eles estavam. Tudo o que sabiam era que um deles, o de nome Spencer Stone, estava hospitalizado, mas não sabiam onde, e não tinham ideia do paradeiro dos outros dois. Àquela altura, Robinson tomara conhecimento do nome deles: Anthony e Alek. Eles estavam bem? Tinham sido atingidos? Embarcariam de novo em um trem e partiriam antes que o FBI pudesse interrogá-los?

E havia um segundo problema. Robinson e a equipe precisavam se certificar de que Spencer estava recebendo cuidados médicos adequados. No entanto, mesmo que ela conseguisse encontrá-lo, não tinha autoridade, e a equipe consular também não. Os rapazes eram fuzileiros navais, e os serviços da Embaixada não se estendiam a militares em serviço. Tinha de ser de militar para militar.

Robinson ligou para o adido de Defesa, o tenente Jim Shaw, que já havia iniciado viagem para Arras com o equivalente a uma embaixada-satélite: dois veículos, dois assistentes e uma equipe do escritório jurídico do FBI. Nesse caso, um elemento-chave de informação incorreta se revelou afortunado. O fato de todos ainda acharem que os rapazes eram fuzileiros navais obrigou Shaw a levar pessoal e veículos suficientes para acomodá-los. Naquele momento, seu foco era descobrir a gravidade do estado de saúde de Spencer, o hospital em que ele estava, o tipo de cuidado que recebia *e* onde estavam os outros dois.

Primeiro, Shaw descobriu que Spencer fora transferido para um hospital em Lille. Ele quase tinha perdido o polegar, mas estava bem. E aquele foi outro extraordinário golpe de sorte, um ato divino, ou apenas uma estranha coincidência: quando o terrorista atacou, por acaso a estação ferroviária mais próxima ficava a 50 quilômetros de um importante centro médico que tinha um renomado programa ortopédico. No momento em que o polegar de Spencer foi cortado, a estação de trem mais próxima era Arras; assim, quando o trem foi desviado, deixou-o diretamente em um dos melhores lugares do mundo para tratar precisamente a lesão que ele sofrera.

Spencer estava consciente e estável, mas não sabia onde Alek e Anthony se encontravam. Cercado por pessoas que falavam francês, não tinha certeza do que estava acontecendo. Porém, por meio das autoridades francesas zumbindo ao seu redor, Shaw foi capaz de reconstituir as últimas horas e localizar os outros dois rapazes em um hotel em Arras.

Então, mais um problema: alguém havia informado a localização dos rapazes, ou, então, um jornalista astuto tinha seguido os veículos do adido militar. Porém, em ambos os casos, havia centenas de jornalistas na portaria do hotel e na porta do hospital. Os rapazes se tornaram celebridades instantâneas.

Em Paris, Rebecca Robinson passou a maior parte da manhã e da tarde tentando freneticamente ajudar Shaw a encontrar os rapazes e a atender ligações telefônicas de um país já imensamente agradecido. O presidente da associação ferroviária, o presidente da empresa de trens, ministros e outras autoridades do governo telefonaram; tudo isso em um sábado de agosto, quando sequer deviam estar na cidade. Todos ligaram para agradecer aos Estados Unidos e à Embaixada. Ela nunca experimentou nada semelhante. Não só aqueles rapazes realizaram um grande ato de heroísmo como, naquele momento, *ela* estava recebendo cumprimentos de todos os cantos do país. Era como se os rapazes tivessem lhe dado um imenso presente, sem sequer precisar mostrar seus rostos e reivindicar o crédito para si mesmos.

EM ARRAS, ALEK ESTAVA sentado observando a atividade frenética. Ele já não aguentava mais aquelas dezenas de funcionários diferentes, usando todos os tipos de uniformes, todos revelando sua autoridade. Ninguém falava inglês, exceto Chris — graças a Deus por Chris —, que traduzia tudo para ele e para Anthony, até deixando que os dois usassem o telefone dele para ligar para suas famílias.

Pelo menos, naquele momento, outros americanos estavam presentes. Um adido de Defesa da Embaixada em Paris havia chegado, tendo localizado Spencer no hospital e perguntado ao grupo de policiais ali reunidos para onde os outros dois americanos tinham sido levados.

Mas aquela era a outra coisa. Spencer. Por que não deixavam Alek ver Spencer?

Um dos agentes do FBI entrou no escritório onde Alek e Anthony estavam. "Rapazes, vocês vão receber uma ligação."

"Tudo bem."

"Vai ser do presidente."

Eles foram conduzidos a um escritório com uma mesa de reunião, sentaram-se junto a duas garrafas vazias de Coca-Cola e a uma gigantesca pilha de garrafas de água mineral. Um dos agentes pôs um iPhone no viva-voz no centro da mesa, e Alek tentou conter uma risada. *Isso é uma piada?* Ele olhou para Anthony, que estava mais nervoso ainda, pressionando o botão de uma caneta. Os dois sussurraram brincadeiras um para o outro, esperaram, sussurraram outras brincadeiras, e, então, Alek teve um pensamento assustador: *E se o presidente estiver ouvindo o tempo todo? Provavelmente, ele está pensando: quem são esses caras, porra?* Então, uma voz emergiu do alto-falante: "Apresento a vocês o presidente Obama."

"Olá, pessoal!"

Puta merda! Como você responde ao presidente? Anthony deve falar primeiro? Ou eu? Após uma pausa, Alek afirmou: "Olá, senhor", mas ele disse no exato momento em que Anthony afirmou: "Olá, senhor presidente." Então, o que emergiu foi algo inaudível.

Droga. Trabalho malfeito.

Obama esperou um minuto. "Escutem, acabei de falar com Spencer e falei que, quando eu me reúno com o pessoal da escola depois de muito tempo, nós só tomamos algumas cervejas. Não gostamos de atacar terroristas ou algo assim."

Anthony riu. Naquele momento, Alek deixou Anthony tomar a palavra. Anthony e o presidente começaram a conversar, atrapalhados pelo ligeiro atraso do som da transmissão. Ambos esperaram e ambos começaram a falar ao mesmo tempo. Em seguida, ambos esperaram e começaram a falar ao mesmo tempo de novo.

"Sim, foi uma reunião interessante", Anthony afirmou, no exato instante em que Obama disse: "Os encontros de vocês são mais emocionantes..." Então, Anthony tentou responder: "Eu digo que sim."

Trabalho malfeito também. Estava ficando embaraçoso. Naquele momento, Anthony e o presidente pararam de falar, cada um em respeito pelo outro, nenhum dos dois querendo falar por cima do outro pela terceira vez. Então, Alek sentiu necessidade de quebrar o silêncio. Mas o que se diz ao presidente dos Estados Unidos?

"Bem, sim, nós não planejamos nada. Mas, ah, talvez da próxima vez, vamos pensar em alguma coisa." *O que foi que eu acabei de dizer? Afinal, o que isso quer dizer?* Outro silêncio incômodo. Dessa vez, Anthony tentou. "Vai ser difícil superar..."

O presidente estava tentando falar novamente, mas parou.

"Vai ser difícil superar isso."

"Acho que sim. Mas escute. Quero que vocês saibam que nós estamos orgulhosos de vocês. Eu sei que vocês vão ter oportunidade de encontrar o presidente Hollande. Acabei de falar com ele, e ele, em nome do povo francês, expressou muita gratidão pelo que vocês fizeram. E eu só quero que vocês saibam... Aleksander, você está representando o Exército como..." Obama deu a impressão de não saber exatamente como queria se expressar. "Muito bem."

E Alek riu. Riu da falta de palavras do presidente, riu do lugar de honra, riu do fato de que eles tinham acabado de impedir um ataque terrorista e, talvez principalmente, riu do absurdo da história toda, de ter uma conversa pomposa no modo viva-voz com o presidente dos Estados Unidos da América por meio de um iPhone.

29.

Em Paris, às 4:30 da tarde, aproximadamente, Robinson e a equipe executiva receberam novas informações do adido de Defesa.

"Vocês precisam ver o que está acontecendo. A imprensa está por toda parte." Rapidamente, a situação estava se tornando insustentável.

Robinson, Daniels e o restante da equipe se reuniram, com outras pessoas da Embaixada, para descobrir o que fazer. Em Arras, ninguém estava preparado para lidar com a imprensa, e, muito menos, com o que, de uma hora para outra, começava a se tornar o caso mais importante do verão, ou até mesmo do ano. De repente, os rapazes viraram a principal notícia do continente. Era uma tempestade perfeita; o evento ocorreu em um mês com nenhuma outra notícia para competir, menos de um ano depois do ataque à redação do *Charlie Hebdo*, e em um trem que tinha atravessado dois outros países. Parecia que quase todos os jornalistas dos três países estavam tentando lucrar com a história dos norte-americanos.

Então, a foto começou a circular: Spencer saindo do hospital, semicerrando os olhos por causa do sol, com o braço em uma tipoia, acenando. Robinson era uma mulher madura vendo jovens enfrentarem uma situação para a qual possivelmente não estavam preparados.

Ela queria tê-los na frente dela e sob seus próprios cuidados. Queria colocá-los atrás de Daniels, que poderia filtrar a investida da mídia e ajudar a manter a situação sob controle.

"Vamos trazê-los para Paris", Daniels disse.

"Vamos trazê-los para a residência", Robinson assentiu.

A residência não era apenas a casa da embaixadora. Era uma mansão enorme e luxuosa. Robinson não faria uma oferta mais radical se estivesse sugerindo o quarto do presidente na Casa Branca. No entanto, a residência oferecia duas vantagens táticas. Os jornalistas já estavam começando a prever que os rapazes acabariam em Paris, e os furgões da imprensa tinham começado a encostar do lado de fora da Embaixada. Ainda não havia imprensa junto à residência, porque, ainda que ficasse a poucos minutos de distância, por que os jornalistas se instalariam em frente à residência? Para ver uma embaixadora que sequer estava na cidade?

Na pior das hipóteses, a alternativa era um hotel. Paris era uma cidade obcecada por celebridades. Os hotéis locais eram conhecidos pelos vazamentos de notícias. Na residência, os rapazes ficariam seguros e longe dos jornalistas. Daniels seria capaz de controlar o acesso da imprensa.

"Vou tratar de notificar a embaixadora e conseguir a residência", Robinson afirmou.

"Tudo bem. Vamos fazer isso", Holtzapple disse, assentindo.

Robinson só estava preocupada com mais uma coisa. Quando viu a foto de Spencer Stone, a imagem que passou por sua mente foi a dos destroços de um Mercedes-Benz na Pont de l'Alma, onde a princesa Diana morreu, perseguida pelos *paparazzi*.

"Eles precisam de escolta policial."

Em Arras, do terceiro andar da delegacia de polícia, Alek olhou para baixo e viu pelo menos 30 jornalistas do lado de fora. "Anthony, venha ver isso."

"Ah, droga. Isso é importante!"

Shaw entrou na sala. "Ok, rapazes, é hora de partirmos. Temos um carro esperando por vocês. Spencer já está aqui."

Com o canto do olho, Alek viu uma figura familiar entrar na sala. Como esperado, era Spencer, com o olho ainda inchado e escuro, o braço em um molde ortopédico, mas limpo e radiante. Alek ergueu as mãos. Ao lado dele, Anthony gritou e também ergueu as suas. Spencer ergueu a mão boa, e todos riram, comemorando como se tivessem convertido uma cesta nos segundos finais de uma partida na quadra de basquete da escola cristã, ou como se estivessem em um encontro emotivo após ficarem separados por um dia que pareceu um mês. "Spence, como você se levantou tão rápido? Como você sabia?", Anthony perguntou impulsivamente, sem sequer esperar para saudá-lo. Antes que Spencer pudesse responder, Shaw entrou e os levou para o carro, que acabou sendo não apenas um carro, mas um comboio, que partiu enfileirado em uma rodovia de quatro pistas, onde — Alek precisou de um momento para notar — apenas uma das pistas estava aberta. Uma pista só para eles. Por um instante o comboio parou e uma escolta policial se juntou a ele. Em seguida, partiram de novo, com a estrada quase totalmente vazia. Sempre que aparecia um veículo à frente, um dos motociclistas da escolta se afastava do comboio, emparelhava com o veículo e, quando atingia uma velocidade superior a 130 quilômetros por hora, batia na janela do motorista, gesticulava para que fosse abaixada, punha a mão na cara dele e gesticulava energicamente, mostrando que ele precisava sair da frente.

Alek nunca tinha visto nada semelhante. Era como andar na corda bamba em alta velocidade.

"Meu Deus!", Anthony disse para os homens na frente do carro. "Onde eles aprenderam a fazer isso?"

"Foram treinados nos Estados Unidos."

Atrás do carro deles vinha um SUV, cheio de homens portando armas automáticas. Quando um velho sedã azul-marinho começou a se aproximar deles e ignorar os sinais de mão para retroceder, o SUV emparelhou com o sedã, o vidro abaixou e um dos homens apontou uma submetralhadora para o rosto do motorista.

"Puta merda, é uma MP-5", Alek exclamou. A arma podia disparar 800 projéteis por minuto e o homem estava apontando para um veículo civil, gritando palavras para o motorista que Alek não precisava saber francês para entender que eram para maiores de 18 anos. Tudo isso apenas para garantir um trânsito seguro para ele. Era o passeio mais bacana que ele já havia feito; melhor do que disparar contra tanques no Afeganistão, melhor do que uma montanha-russa na Alemanha. Era como os dois combinados. Anthony uivou e riu quando eles quase bateram em um ônibus rodoviário, mas isso lembrou a Alek de uma das curvas bruscas na Black Mamba; tudo nos trilhos, tudo controlado, mesmo que não parecesse estar.

Atravessaram a zona rural francesa, rumo ao Sul, observando o melhor desempenho francês no setor da alta velocidade pela autoestrada A1, que passava direto por Saint-Denis, o subúrbio pobre onde Ayoub vivia (e que, em alguns meses, seria o alvo de uma série de ataques terroristas coordenados ao redor de Paris). Então, desviaram para a capital, por outros subúrbios do norte de Paris, rumo à residência da embaixadora americana.

De roupão, Alek correu pelo corredor, segurando uma garrafa grande de champanhe como um microfone.

"Nós temos roupões!" Era como no filme *Esqueceram de Mim*. Um palácio imenso, com uma requintada sala de jantar, e dez caixas da Pizza Hut empilhadas e esperando. Quem come dez pizzas? As geladeiras cheias de champanhe; os armários cheios de roupões luxuriantes. Era hora de enlouquecer. Alek sentiu um irresistível impulso de pular em cima de cada cama.

"Esse é o quarto de Benjamin Franklin?"
"É aqui que o presidente dorme!"
"Porra, tenho que pular nela!"
"Disseram que Charles Lindbergh dormiu nesta."
"Porra, também tenho de pular nela!"

Spencer estava deitado em uma cama, enquanto Alek e Anthony pulavam sobre todas as outras, como crianças de 4 anos. "Spence!", Alek gritou. "Vamos, cara, você está perdendo... Com quem você está falando?"

"Estou no FaceTime com minha irmã."

"Kelly!", Alek exclamou. Ele se sentia um pouco maníaco, um pouco embriagado de toda a energia e excitação de falar com o presidente, de subjugar um terrorista, de atravessar a França em alta velocidade em um comboio cercado de metralhadoras; principalmente, de estar em uma mansão usando um roupão e de ter à disposição um monte de bebidas grátis. Ele se sentou sobre a cama de Spencer com a garrafa de champanhe na mão. "Kelly! E aí?"

"Uau!, parece que você está numa boa", ela disse.

Alek está de pé, observando Spencer, no corredor lutando contra o terrorista. Alek não consegue se lembrar de como chegou ali; não se lembra de ter atravessado o corredor a toda velocidade. Tinha a sensação de que havia perdido a conexão com seu próprio corpo e só agora a recuperara, despertando a tempo de ver seu melhor amigo lutando contra o terrorista. Alek se tornou uma máquina, com a frequência cardíaca no limite e os vasos sanguíneos contraídos, descarregando substâncias químicas no corpo, açúcar e oxigênio, que o deixam inquieto e ligado, hiperalerta para algumas coisas e desatento a outras. Está chutando o homem armado, tentando reduzir a resistência dele para Spencer. Sente Anthony nas proximidades, mas só pensa em encontrar algum lugar frágil naquele homem para bater. Spencer está se mexendo loucamente, tentando contornar as costas do homem com a palma da mão no pescoço dele. Então, Spencer usa os pés, e os dois corpos voam na direção da janela. Alek pode ouvir a dor disso: a cabeça de seu melhor amigo batendo no vidro e o sangue manchando a janela do trem. Seus sentidos estão atormentados e confusos; sons e visões se matizando mutuamente, mas, através do atordoamento, Alek está plenamente consciente de que Spencer não está conseguindo estrangular o terrorista.

Então, o homem tira uma pistola de algum lugar, uma Luger, ergue-a atrás dele, de modo que o cano fica sob o queixo de Spencer. Num espasmo de energia, Alek agarra as mãos do homem, puxa a arma com força e a inverte, segurando-a contra a testa do homem. Um sinal claro nos olhos de Spencer: atire.

Alek desliza o dedo sobre a proteção do gatilho e se prepara para fazer o impensável, *mas se esse homem não for imobilizado, ele vai matar meu melhor amigo*. Alek aponta a pistola para a cabeça do homem e puxa o gatilho.

A arma produz um som seco. Não é alto.

O homem ainda está vivo.

"Droga." Alek engatilha de novo, mas, quando puxa o ferrolho de volta, percebe que não há nenhum projétil na arma. Está descarregada. Ele se livra dela e pega a AK-47, sentindo seu peso reconfortante nas mãos. Alek sabe que esta arma está carregada.

Quando Alek aponta a arma contra o terrorista, este está começando a golpear Spencer com a lâmina de um estilete, mas Spencer não parece ver, não parece saber, ou acabou de perder os sentidos, porque Alek observa seu amigo sangrar e seu amigo não reage. Então, Spencer vê o que está acontecendo.

"Atire nele", Spencer pede.

"Estou tentando."

Alek aponta o cano da metralhadora contra a cabeça do terrorista, diretamente em sua pele. E sabe que não tem escolha. Deve matar aquele homem, para que ele não mate Spencer, e, talvez, dezenas de outras pessoas. Alek puxa o gatilho.

Nada acontece.

Alek agora está com raiva. Para canalizá-la, começa a golpear a cabeça do homem com o cano da metralhadora, tentando atingir a têmpora. Mas se frustra, pois o homem não para quieto, e Alek não consegue atingir seu alvo. Ele só quer golpear a têmpora e desacordar o homem, mas a boca do cano da arma desliza e a têmpora escapa, indo na direção do olho de Spencer antes que ele consiga recuar. Porém, Alek não consegue parar. Redireciona a arma, põe todo o seu peso nela e a golpeia contra a cabeça do terrorista. Então, percebe que os olhos do homem estão arregalados e fixados nele. Como se reconhecesse Alek.

Alek está tentando destruí-lo.

Eles estão se entreolhando.

30.

Alek estava sentado em uma sala luxuosa no segundo andar da mansão da embaixadora. Uma grande sala, toda de mogno, até as paredes, com uma enorme mesa no meio cheia de papel de impressora. As pessoas entravam e saíam com tanta pressa que parecia que o ataque terrorista estava em andamento, e não que tinha acabado de ser evitado. Tudo se movia a 1 milhão de quilômetros por hora. Alek acabara de entrar nesse mundo de comboios, escoltas policiais e até mesmo espiões. Eles se encontraram com o pessoal da CIA na Embaixada. Alek podia jurar que a CIA valorizava a aparência no recrutamento, porque parecia que a divisão só tinha membros jovens e atraentes.

"Isso é papo furado de espião! Nós temos que tirar uma foto", Anthony afirmou.

"Você pode postar, mas é melhor não dizer que somos da CIA."

Alek viu Anthony assumir uma expressão confusa, como se não tivesse certeza se o pessoal da CIA estava brincando ou não.

E, naquele momento, Alek estava acomodado na sala de mogno, diante do chefe Randy Griffith, vendo o governo americano manobrar para fazer coisas que ele não sabia que eram possíveis. Ou legais.

Era domingo à tarde. Independentemente do que tivesse acontecido no trem —Alek ainda não estava totalmente seguro —, fora apenas dois dias atrás. No dia seguinte, eles iriam receber a Legião de Honra, a maior condecoração concedida pela França.

Os franceses trabalham rápido.

Do jeito que as pessoas sussurravam na Embaixada a respeito do prêmio, Alek podia dizer quão significativo eles achavam que era. "Vocês merecem", as pessoas diziam, em tom sério, acrescentando certo ar de solenidade à ocasião.

No entanto, enquanto Alek e os outros dois rapazes iam receber a maior honraria do país das mãos de seu homem mais poderoso, suas famílias estavam a cerca de 10 mil quilômetros de distância e nove fusos horários para trás.

O pai de Anthony estava em casa, em Sacramento, prestes a atravessar o país, de um avião, rumo a Nova York, para dar uma entrevista.

A mãe de Alek também estava em Sacramento.

A mãe de Spencer era vizinha da mãe de Alek.

Não só eles estavam a um oceano e a um continente de distância como nenhuma das famílias conseguia entender o que estava acontecendo. O próprio Alek ainda precisava ver uma reportagem mais clara. Por enquanto, só podia imaginar o que estavam dizendo fora daquela sala, fora daquela Embaixada, fora daquele *país*.

Na França, o noticiário ainda relatava que três fuzileiros navais tinham impedido um ataque terrorista no país. Alek conseguira falar com seu irmão brevemente, e os outros também conversaram com pelo menos uma pessoa de suas famílias, e todos estavam começando a ter uma noção do que acabara de acontecer, mas as coisas estavam se desenrolando tão rapidamente que era difícil acompanhar.

Qual é a diferença de fuso?

Que dia você volta para casa?

Aliás, que dia é hoje? Eles se deslocaram tanto e dedicaram tantas horas a isso que parecia que não tinham estado em nenhum lugar tempo suficiente para adotarem um horário.

O chefe Griffith estava trabalhando freneticamente. Era o início do que seria quase um ano de experiências surreais, talvez uma vida inteira delas. Naquele momento, ele conversava com Anthony. "Anthony, foco", o chefe disse. "Não temos muito tempo. Onde está o seu pai?"

"Ele está em casa."

"Em Sacramento?"

"Sim. Ah, não! Não, desculpe, Nova York. Ele está voando para Nova York para dar uma entrevista."

"Então ele está em Nova York agora?"

"Espere. Hoje é sábado? Ou domingo? Não, ele está *indo* hoje para Nova York."

"Não mais. Ligue para ele."

Anthony ligou para o pai, que atendeu depois do quarto toque, grogue, sonolento.

"Pai, vá para o aeroporto. Você vai embarcar no próximo voo para Paris."

"Filho? Que horas são?"

Anthony consultou o relógio. "É 1h da tarde. Ou... onde você está? Onde você está, não sei. Mas você precisa ir para o aeroporto."

"Eu tenho que ir para Nova York hoje."

"Não mais. Cancele. Você vem para Paris."

"Paris?", o pai de Anthony disse, e emudeceu.

Alek conseguiu ouvir o pai de Anthony do outro lado da linha tentando elaborar as coisas na mente.

"Eu não tenho passagem para Paris", o pai de Anthony disse, finalmente.

"Diga para o seu pai não se preocupar com isso", o chefe Griffith interveio.

"Pai, simplesmente vá para o aeroporto. Eles já providenciaram tudo", Anthony afirmou.

Alek sorriu. Deve ser maneiro dizer isso.

"Pai, o voo parte às 8h09. Não se atrase. Se você não embarcar nesse voo, não vai conseguir chegar aqui a tempo."

"Tudo bem, eu vou estar aí", o pastor Sadler disse, caindo em si. "Vou ligar para o chefe de polícia, ver se ele consegue uma escolta policial para eu chegar ao aeroporto mais rápido."

Enquanto o pastor Sadler partia bem cedo de Sacramento, o chefe Griffith e a equipe da Embaixada em Paris tinham de conseguir remover os obstáculos para o pai de Anthony embarcar, o que significava lidar com dois problemas imediatos.

Primeiro, o voo devia decolar em menos de uma hora. Se o pastor Sadler mantivesse um ritmo constante de 130 quilômetros por hora até o aeroporto, chegaria ali apenas 30 minutos antes da decolagem. A companhia aérea não permitiria que ele fizesse o *check-in* e a segurança, provavelmente, não o deixaria embarcar. Griffith entrou em contato com Robinson. Ela teve uma ideia: eles tinham um pessoal da Administração para a Segurança dos Transportes (TSA, na sigla em inglês) na Embaixada. Robinson ligou para o representante da TSA e pediu para ele entrar em contato com o escritório da TSA em Sacramento.

O outro problema era que, mesmo que Griffith conseguisse lidar com a questão da TSA, o voo estava lotado. Assim, o pai de Anthony, provavelmente, não teria um lugar quando chegasse ao portão de embarque.

De fato, Anthony recebeu um telefonema ao redor das 16h15; 7h15 no horário de Sacramento.

"Não estão me deixando passar. Está muito perto do horário do voo."

Um dos funcionários da Embaixada pediu para o pastor Sadler colocar o agente da TSA na linha. "Esses rapazes acabaram de falar com o presidente Obama. Você *não* vai querer ser a pessoa que vai estragar isso."

Sadler superou o obstáculo.

Em seguida, Griffith ligou para um executivo da companhia aérea. Anthony ficou de queixo caído. A Embaixada parecia capaz de entrar em contato com quem quisesse pelo telefone.

Naquele momento, o pastor Sadler estava no portão de embarque. Alek ouvia tudo acontecendo em tempo real; era como ouvir em um programa de rádio uma perseguição em alta velocidade. Próximo passo, a controladora de embarque. "Tudo bem, escute, sr. Sadler. Eis o que o senhor tem de dizer para ela." Griffith expôs o roteiro.

"Você quer que eu diga *o quê*?"

"E diga que, se ela não fizer esse anúncio — e isso é muito importante —, se não fizerem o anúncio, você vai dizer para ela que o avião não vai partir. Não vamos deixá-lo decolar."

Eles conseguiam ouvir o pai de Anthony no viva-voz conversando com a controladora de embarque e, depois, ela falando no sistema de alto-falantes. Alek não podia acreditar que estava funcionando, mas Griffith começava a ficar frustrado, porque a controladora de embarque não estava transmitindo toda a mensagem.

"Pastor Sadler", Griffith interrompeu. "Avise que deve dizer *quem é o senhor*."

"Eu disse, mas ela não quer dizer."

"Isso não vai funcionar", Griffith afirmou. "Nenhum passageiro vai desistir do voo se não souber o motivo."

A controladora de embarque voltou a transmitir a mensagem. Novamente, ela não comunicou a parte fundamental. Ou seja, a controladora estava informando que dois passageiros precisavam desembarcar, mas não explicava o motivo.

"Ok, isso não está funcionando. Vou desligar o telefone. Vou tentar outra coisa."

"Já voltamos a ligar para você, pai."

Griffith estalou os dedos para alguém que passava fora da sala. "Me ponha em contato com alguém da United."

"Você está ligando para a companhia aérea? Como você vai..." No entanto, Griffith já estava conversando com o executivo da United no telefone.

"Escute, o seu voo de Sacramento para Paris, com escala em Dallas, está para sair. Preciso que você embarque duas pessoas nesse voo. São os pais de um dos heróis do trem. Nós tentamos, mas estamos encontrando alguma resistência... Ok, ok, ótimo. Obrigado."

"Ele garantiu que esse avião não vai decolar sem os seus pais", Griffith disse para Anthony.

Finalmente, toda a mensagem chegou ao avião e foi transmitida pelo sistema de alto-falantes. Então, um casal — de veteranos da Força Aérea — ofereceu seus lugares. Eram quase 8h da manhã quando os pais de Anthony embarcaram, alguns minutos antes do horário programado para a decolagem. Atrasaram um voo transatlântico, com centenas de passageiros, apenas por causa dos pais de Anthony.

Tendo testemunhado as alavancas do poder operando para embarcar os pais de Anthony, Alek tentou imaginar sua mãe e Joyce. O que Joyce fez? Gritou? Deu risada? Ela sabia que Spencer estava bem?

Sua mãe ficou aflita, preocupada que algum detalhe terrível tivesse sido omitido do noticiário?

Na realidade, as duas mulheres ficaram obcecados, tentando descobrir (a) o que tinha acontecido exatamente, (b) se aquele prêmio seria realmente dado aos seus meninos, e, em caso afirmativo, (c) como elas chegariam a Paris em 24 horas.

As duas mães, ao receberem de início somente informações esparsas — "ataque terrorista", "seu filho", "França" —, pregaram o olho na TV e, ao assumirem essa postura, acharam que conseguiriam obter alguma informação que os noticiários estavam ocultando. Não conseguiram.

Joyce fiou meio agitada, meio apavorada. *Parecia* que Spencer havia feito alguma coisa boa, e *parecia* que estava bem, mas ela não sabia com certeza e não tinha outros detalhes. Sentia necessidade de fazer algo. Não podia simplesmente permanecer sentada ali e deixar sua imaginação enlouquecê-la. Então, fez o que sempre fazia em momentos de crise: saiu para comprar leite.

"Eu nem preciso de leite", Joyce disse em voz alta quando já estava no meio do caminho para o supermercado. E então concluiu: "No fim das contas, vou bebê-lo." Foi uma regressão a um hábito que ela desenvolveu quando os filhos eram pequenos, quando Spencer ainda estava sob seus cuidados, e ela comprava meia dúzia de caixas de leite e as deixava no congelador, depois tirava uma, quando necessário, e a deixava descongelar à noite. Era uma forma de economizar idas ao supermercado, dando a ela um pouco mais de tempo para cuidar de seus três filhos rebeldes; um dos pequenos truques que desenvolveu como mãe solo, mas se tornou uma memória muscular, algo que ela fazia sem esforço. Spencer estava longe de seu alcance, sem camisa e ensanguentado, e ela fez a única coisa que a deixou se sentir da maneira que sentia quando era capaz de protegê-lo com seus próprios braços: passar um pouco mais de tempo com ele explorando o corredor de laticínios do supermercado.

Heidi fez quase igual. Ela ainda tinha uma filha pequena que precisava pegar na escola. Não podia ficar sentada na frente da TV o dia todo. Além disso, tinha hora marcada na manicure. Devia cancelar? Porém, não estava obtendo nenhuma informação. Ficar sentada em casa a estava enlouquecendo. *Bem, acho que nosso dia deve continuar.* No meio de uma brincadeira à toa com a manicure, Heidi disse: "Você não vai acreditar, mas acho que o meu filho deu um jeito naquele terrorista em Paris."

"Uau!, isso é interessante."

"Interessante?" Ela ouvira direito?

Então, Heidi foi pegar a filha. Tirou o dia para tentar lidar com acontecimentos graves e imensos concentrando-se nas coisas mais triviais; as pequenas coisas que ela podia controlar. Nas mesas de piquenique onde os pais se reuniam para esperar pelos filhos, Heidi não conseguiu se conter. Precisava contar para alguém. Pegando a mulher mais próxima pelo cotovelo, disse: "Ei, eu nem posso acreditar, mas acho que o meu Alek deu um jeito naquele terrorista na França."

"Sério? Você vai à reunião de arrecadação de recursos neste fim de semana?"

O que está acontecendo com essas pessoas? Enquanto ela estava tentando descobrir por que a cidade estava tão irritantemente indiferente à sua importante notícia, a mídia claramente não estava. Joyce ligou e disse: "O Canal 10 quer nos entrevistar."

"Na realidade, não quero dar entrevista", Heidi afirmou, mas sem saber precisar o motivo.

"Eu também não", Joyce afirmou. "Não lavei o cabelo."

"Talvez nós devêssemos dar a entrevista. Parece importante."

Então, Joyce e Heidi se sentaram, uma ao lado da outra, com a sala de estar iluminada pelas luzes da câmera, e responderam às perguntas do repórter. "Falei com Spencer", Joyce declarou, com a voz começando a vacilar, "e ele disse: 'Eu estaria morto se não fosse pelo Alek'".

"E eu falei com Alek, e ele disse a mesma coisa: 'Mãe, se não fosse pelo Spencer, eu estaria morto.'"

"Realmente, parece que eles foram alvo da intervenção divina e foram salvos, porque a arma estava apontada para sua cabeça e... Ele tentou atirar duas vezes..."

* * *

Quando Joyce tomou conhecimento de que os rapazes iriam receber a Legião de Honra, soube que não poderia deixar isso passar. Ela não precisou ser informada duas vezes de que a medalha era muito importante. Todos, das três famílias, precisavam estar presentes. Como era de esperar, Heidi estava sintonizada no mesmo canal.

No entanto, descobrir como chegar a Paris a tempo para a cerimônia era um enigma. Passagens de última hora, no auge da alta temporada, custavam milhares de dólares. Joyce não tinha esse dinheiro em caixa. *Pense, Joyce!* Ela era boa em solucionar problemas. Sempre tinha sido. Além disso, seu trabalho como perita de seguro de acidentes de trabalho para o Estado a preparou para lidar com pessoas no momento de maior desespero delas ou quando eram mais manipuladoras. Naquele momento, Joyce tentou canalizar as duas mentalidades. Ela precisava de alguém que tivesse os meios para levá-la a Paris, alguém que quisesse usar aquilo para satisfazer sua própria vaidade, talvez alguém com um jatinho para emprestar, ou para quem o dinheiro não fosse problema, e para quem um pouco de boa publicidade valesse qualquer preço. Então, um nome lhe ocorreu: Donald Trump!

"Ah, por favor, cai na real. Nós precisamos de uma solução de verdade", Heidi disse.

No entanto, Joyce achou que estava a um passo de alguma coisa. Ajustou os óculos no nariz, ligou o computador, acessou a internet e começou a disparar pedidos em todos os sites relacionados a Donald Trump que conseguiu encontrar, incluindo a página do Facebook e o da empresa do ramo imobiliário. "Por favor, você pode dizer ao Donald Trump que nós, os familiares dos rapazes que impediram o ataque do terrorista, gostaríamos de pedir o avião dele emprestado?"

A mãe de Alek decidiu tentar sua própria abordagem. Dividir e conquistar. "Tudo bem, Joyce, trabalhe nisso. O coronel Prendergast, comandante de Alek, disse que se eu precisasse de alguma coisa poderia ligar. Vou ver se ele pode ajudar."

"Ok", Joyce respondeu. "Vou ficar aqui, esperando alguma resposta do Donald Trump."

Heidi obteve o primeiro sinal de êxito. Ligou para Prendergast e perguntou se ele poderia ajudá-los a chegar a Paris em menos de 24 horas. Houve um silêncio do outro lado da linha.

"Na verdade eu tenho uma ideia. Você vai ter que ter paciência. Eu darei retorno."

Trinta minutos depois, Prendergast ligou de volta. "Talvez eu tenha alguma coisa. Um amigo meu é piloto no jato particular de um CEO importante. Acho que o homem nunca emprestou o seu avião, mas vamos perguntar." O piloto recebeu o pedido por e-mail em um campo de golfe, e decidiu encaminhá-lo ao seu patrão.

A atualização seguinte do comandante de Alek chegou pouco antes da meia-noite.

"Ok, prepare-se. Nós conseguimos o avião para você, mas você tem de partir às 6h da manhã para desembarcar em Paris a tempo. Então, vá para o aeroporto."

"O aeroporto de Sacramento?"

"O aeroporto de Oregon. Vá até Oregon. O avião vai decolar de lá."

"Muito obrigado, você é um anjo!", Heidi gritou. Então, se recompôs. "Ah, bem... E a minha vizinha, Joyce? Ela é a mãe de Spencer. Ela também pode viajar?" Heidi esperou um momento e, em seguida, acrescentou: "Também, se não for demais, os irmãos dos rapazes?"

Houve uma pausa. "Hum, eu... Eu vou verificar a capacidade do avião, ok?"

"Ótimo! E mais uma coisa."

"Sim?"

"Como nós vamos chegar a Oregon?"

Prendergast teve outra ideia. Além da Guarda Nacional, ele trabalhava como analista da Nike. Então, tinha muitas milhas de viagens aéreas acumuladas, e decidiu doá-las para que Joyce e Heidi pudessem conseguir passagens de última hora de Sacramento para Portland.

Quando chegaram a Portland, pouco antes do amanhecer, Joyce ainda não conseguia aceitar a ideia de que o avião pessoal de alguém, a menos que fosse o de Donald Trump, conseguisse acomodar tanta gente, e muito menos transportá-las por milhares de quilômetros através do Atlântico. De qualquer forma, depois do pouso em Portland, um furgão as pegou e levou até o aeroporto dos jatos particulares. Ali, elas não acreditaram no que viram. Não era um jatinho: era um Falcon 2000, com capacidade para 11 passageiros, fabricado, coincidentemente, por uma empresa francesa. A tripulação estava perfilada, esperando para oferecer a elas uma viagem incrível no avião mais luxuoso em que elas já haviam viajado. Para todos os lugares que olhavam, havia algum painel de madeira que, mediante o aperto de um botão, revelava uma bandeja de guloseimas ou algum outro produto especial. O comandante deu as boas-vindas aos passageiros e, em seguida, Joyce se dirigiu até uma imensa poltrona totalmente reclinável e sentou-se nela. Então, de repente, seus pés se ergueram e o encosto reclinou, de modo que ela passou da posição sentada para a horizontal em um milésimo de segundo.

Por um momento, Joyce ficou ali deitada, aturdida.

"Tudo bem", ela disse. "Tenho que admitir: é muito chique."

Heidi sorriu e, nesse momento, o comandante acionou os motores.

31.

Alek ficou espantado: de algum modo, tudo tinha dado certo.

Não foi de algum modo. Ele viu exatamente como. A Embaixada dos Estados Unidos superou todo e qualquer obstáculo. A lição era que nada é impossível se você tem força de vontade e uma lista de contatos bastante longa. Alek viu Griffith, Robinson e dezenas de outras pessoas estalando dedos para conseguir fazer CEOs atendê-los ao telefone, como se fizessem um pedido em uma pizzaria. Ele os viu fazer pessoas transmitirem mensagens a bordo de um jato comercial parado no aeroporto de Sacramento. Algumas centenas de passageiros ouviram uma mensagem transmitida de um desordenado escritório situado a quase 10 mil quilômetros de distância. Aquilo era permitido? Você pode simplesmente... impedir um avião de decolar?

Naquele momento, o pai e a madrasta de Anthony estavam voando, e a mãe de Alek havia convencido o comandante da Guarda Nacional a doar suas milhas para levar Joyce e ela até Oregon, e também tinha conseguido pegar emprestado o jato particular do CEO da Columbia Sportswear. Todos estavam voando. Todas as famílias estavam a caminho.

Kelly, a irmã de Spencer, estava em Los Angeles quando os rapazes embarcaram no trem das 15h17 para Paris. Ela havia arranjado um emprego como babá de filhos de pessoas importantes e, por pura coincidência, estava se preparando para fazer sua primeira viagem à Europa. Ela iria ajudar a tomar conta dos filhos de seu patrão. Havia acabado de tirar o passaporte e estava com todas as passagens em ordem. Porém, quando começou a receber telefonemas sobre os acontecimentos do trem, estava em Los Angeles, perseguindo crianças pela casa, tentando detê-las e arrumá-las para o voo transatlântico.

Joyce foi a primeira a ligar, às 12h26.

Kelly não atendeu. Ela deixara o celular na bancada, trocando-o por um minúsculo sapato com velcro. Naquele momento, estava correndo atrás de uma criança, que estava usando o outro pé.

O celular voltou a tocar. Kelly parou e tomou fôlego, vendo que já havia perdido duas ligações de sua mãe. Então, o celular apitou, com uma mensagem. Era uma foto. Quando a viu, ficou paralisada: seu irmão, em uma cadeira de rodas, sem camisa, coberto de sangue, com o rosto machucado e o olho inchado.

Que brincadeira é essa?

"Ligue para Solon", sua mãe disse quando Kelly retornou a chamada. "Ele está sabendo." Àquela altura, Solon era o único que havia conversado com algum dos rapazes diretamente.

"Tudo bem", Kelly respondeu. Em seguida, ligou para Solon.

"Ei, Kelly, e aí?"

"Solon! Graças a Deus! Spencer está bem? Os meninos estão bem?"

"Sim, Kelly, seu irmão ainda tem as duas bolas."

"O quê? Solon, você não está ajudando!" Talvez fosse a maneira dele de lidar com a gravidade da situação. Ou ele realmente sabia que tudo estava bem? Ele estava tentando ocultar o fato de que as coisas realmente não estavam bem? Kelly não tinha certeza, mas, antes que pudesse começar a entrar em pânico, seu patrão ligou. Ele estava na Europa e tinha mais informações do que as famílias. "É a coisa mais louca que eu já ouvi. Não consigo acreditar que ele seja seu irmão."

"Também não consigo. Como estão as coisas por aí? O que está acontecendo?"

"Você precisa ir ver seu irmão. Venha com a família e nós vamos te levar até Paris."

"E as crianças?"

"Não se preocupe com elas. Eu dou um jeito. Você tem que ficar com seu irmão."

"Certo, certo." Kelly ainda não sabia o que havia acontecido, só que Spencer tinha se ferido e, aparentemente, com alguma gravidade.

De algum modo, Kelly conseguiu segurar as crianças e enfiá-las no carro. Chegaram ao aeroporto, passaram pela segurança e embarcaram. A bordo, pôs as bagagens de mão das crianças no bagageiro e afivelou os cintos de segurança nos corpos delas. Depois de se assegurar que estavam bem, virou um copo inteiro de vinho branco.

Depois que o avião de Kelly pousou em Copenhague, ela ligou para Spencer pelo FaceTime, esperando obter algum tipo de informação conclusiva a respeito do estado de seu irmão, e também descobrir o que tinha acontecido. A tela emitiu um chiado e o que surgiu aparentava ser um tecido felpudo. Então, a imagem sumiu e, pouco depois, reapareceu, com boa qualidade. Ela viu Spencer, depois Alek e, depois, Anthony; todos os três usando confortáveis roupões e todos segurando garrafas de champanhe.

"E aí, Kelly?" Alek atirou-se na cama, de modo que seu rosto quase foi de encontro à tela, e foi isso: Kelly não conseguiu se controlar. Ela começou a rir sem parar. Finalmente, ao saber que eles estavam bem, conseguiu respirar de verdade pela primeira vez desde que tomara conhecimento de que algo havia acontecido em um trem. "Ok, meninos", ela disse, quando finalmente recuperou o controle. "Comportem-se. Vou estar aí em breve."

Enquanto Kelly se deslocava da Dinamarca para Paris, e os três rapazes festejavam na residência da embaixadora, alguns milhares de quilômetros a Oeste, o jato particular do CEO da Columbia Sportswear tinha atingido altitude de cruzeiro e o comandante surgia. "Tudo bem, senhoras. Se me entregarem seus passaportes agora, eu vou levá-los para..."

Joyce arregalou os olhos. *Passaportes!* Nem lhe passara pela cabeça. Ela estava a 12 mil metros de altura, voando rumo à França a mil quilômetros por hora, sem passaporte.

DANIELS ESTAVA COM MAIS um problema. O interesse da imprensa não tinha dado trégua; era ainda maior. Ele tentou manter os jornalistas afastados da melhor maneira possível, mas não queria mentir. Recusou algumas solicitações invocando preocupações de segurança, que eram legítimas, mas não um grande anteparo contra a enorme onda de solicitações. Tornava-se cada vez mais evidente que ele teria de convocar uma entrevista coletiva.

Robinson e Daniels conseguiram para os rapazes alfinetes com as bandeiras americana e francesa entrecruzadas, e verificaram se estavam prontos: sem manchas nas camisas ou nos rostos. Então, Robinson teve uma ideia: "Rapazes, vocês querem alguns minutos antes de descer para a entrevista? Talvez possamos dedicar alguns minutos para rezar."

Eles formaram um círculo. Robinson comandou a oração. Enquanto ela falava, todos eles começaram a chorar. Quando terminaram, estavam com o rosto molhado.

Após a entrevista coletiva, Alek estava começando a ficar maluco. Ele ficara confinado por muito tempo, com muitas pessoas cuidando dele, e a cerimônia da Legião de Honra era no dia seguinte. Ele precisava sair e ficar sozinho, ou, pelo menos, apenas com as pessoas de quem gostava:

Spencer, Kelly, agora Anthony, Rebecca Robinson, que se tornara uma tia íntima e protetora. "Ei, Rebecca, podemos sair daqui?", ele perguntou.

"Sabe, tenho uma ideia", ela respondeu. "Por que não damos uma caminhada até minha casa?" Depois de receberem autorização do pessoal da segurança, eles saíram.

"E sabe de uma coisa? Vamos pegar o caminho mais longo. Vamos visitar algumas das atrações que vocês vieram ver em Paris."

Caminharam até o Arco do Triunfo. Sentaram ali e esperaram a Torre Eiffel se iluminar. Em seguida, apenas caminharam. Passearam pelas avenidas, passaram pelos cafés. Estava escurecendo; passagem para aquele horário anônimo da noite, em que só é possível ver as formas das outras pessoas, e não expressões, nem rostos. Nesse momento, eles eram apenas um grupo de amigos de férias em Paris. Caminharam pela Avenue George V e alcançaram o Crazy Horse Saloon. Robinson cutucou Alek de brincadeira. "Sabe o que é isso?" Ela assumiu um olhar malicioso. "Esse lugar é famoso pelos shows burlescos."

Anthony riu. "É muito bom que alguém nos conte essas coisas, porque nunca descobriríamos isso sozinhos. É engraçado, nós meio que esbarramos em nossos guias turísticos durante toda a viagem."

Robinson olhou para Anthony, parado em frente ao Crazy Horse, como se soubesse o que ele estava pensando.

"Ok, Anthony, vá até ali. Temos que tirar algumas fotos." Enquanto os rapazes faziam poses, um casal correu na direção deles. "Você são os caras? São? Podem tirar uma foto conosco? Vocês se importam?"

Alek olhou para Spencer, tão surpreso quanto ele.

"Não, de jeito nenhum", Alek respondeu.

O casal se juntou a eles.

"Caramba, isso cega", Anthony afirmou, semicerrando os olhos por causa do flash. O casal se afastou rapidamente, rindo um para o outro. O silêncio caiu sobre o grupo. Alek respirou fundo, e por um momento, tentou simplesmente gostar de estar ali, com aquelas pessoas. Sentados ali, com suas famílias voando para a França, todos simplesmente se deleitaram com o silêncio.

"Sabe, acho que é isso", Robinson disse finalmente, observando o casal se afastar. "De agora em diante, quero dizer... De agora em diante, vocês estão expostos ao mundo."

Depois de Alek golpeá-lo cinco, seis, sete vezes, os braços do homem começam a afrouxar, seu ímpeto diminui, a lâmina do estilete cai de sua mão. O melhor amigo de Alek está coberto de sangue, mas o homem está começando a perder a consciência. Assim, Alek só observa seus olhos começarem a fechar. Alek fala para Spencer: "Você ainda não chegou lá, você não conseguiu o estrangulamento, ainda não chegou lá." Spencer se ajeita. Os golpes de Alek enfraqueceram o atirador o suficiente para que Spencer possa se mover e conseguir um bom estrangulamento. Alek não quer que Spencer solte o pescoço do homem. Só para ter certeza. Spencer o segura. Um funcionário do trem chega correndo, entra na frente de Alek e começa a esbofetear o atirador.

"Tudo bem, ele está inconsciente. Pode parar de estrangulá-lo."

Alek sente raiva. *Onde estava esse cara antes? Onde você estava quando esse sujeito tentava atirar em nós?*

Uma nova irrupção de movimento: um executivo britânico, de sessenta e poucos anos, está ali, usando camisa de tecido oxford, óculos, cabelo à escovinha. Ele se apresenta como Chris, e demonstra ser uma presença sóbria e tranquilizadora; naquele momento, é importante, porque fala as duas línguas.

Enquanto Spencer arrasta o terrorista pelo piso, Alek vê o homem de cabelo comprido no chão, jorrando sangue. *Como não o vi antes?* Alek acha que o homem pode morrer se não tiver ajuda, mas há outras tarefas que precisam ser realizadas. Rapidamente, Alek estabelece uma divisão de trabalho. "Spencer, vá cuidar desse sujeito", Alek diz, apontando para o homem que está sangrando. Então, Spencer põe as mãos no pescoço do homem como se Alek pudesse direcioná-las apenas por meio do olhar.

A hemorragia é estancada.

O britânico tem uma gravata e está amarrando as pernas e as mãos do terrorista. Ele também conseguiu algum tipo de cabo, e está segurando as pontas soltas nos dentes.

Alek pode se concentrar em sua próxima tarefa.

Ele volta a pegar a metralhadora, engatilha, põe um novo projétil no tambor, estende a coronha para ter melhor controle da arma e recua para ver se alguém mais está ferido e se não há outros terroristas no trem. Ele se dirige para o vagão seguinte, mas algo chama sua atenção. No movimento fluido com o qual manipulou a arma, ele ejetou um projétil antigo, que escapou do cano e caiu sobre a poltrona, onde está agora, como se estivesse esperando que ele o encontrasse.

Alek observa com atenção, e, de repente, entende por que seu amigo não está morto. O terrorista mirou em Spencer, puxou o gatilho e a arma fez exatamente o que deveria fazer. Uma mola empurrou o projétil para o tambor, o gatilho moveu o pino de disparo e o pino de disparo atingiu o projétil. Em seguida, a mais improvável das avarias ocorreu, quase a única avaria possível em um AK-47. O projétil, que Alek agora segura entre dois dedos e examina com atenção, possui um entalhe perfeito e profundo na parte posterior. Exatamente como deveria ser. Exatamente como se vê em uma cápsula usada após o disparo do projétil.

Mas, dessa vez, o projétil não disparou. O detonador era de má qualidade. O pino de disparo atingiu o projétil, mas a reação química que deveria ser desencadeada, simplesmente não começou. O projétil não entrou em ignição. A pequena peça de latão se recusou a fazer seu único trabalho e salvou a vida de Spencer. O que significava que, provavelmente, também salvou a vida de todo mundo.

Alek começa a se mover para a parte de trás do trem. As únicas ideias que lhe ocorrem agora são as tarefas que precisam ser concluídas, avançando para o próximo nível. Ele se sente racional, tão claro quanto sempre foi, um computador funcionando sem ruído, executando silenciosamente um programa único. Ele não está pensando — não parece pensamento —, mas ajustando uma lista de verificação. Dirige-se ao vagão seguinte, seguindo o caminho do terrorista na direção oposta, passando pelo banheiro onde o ataque começou. Atravessa o vagão 13: vazio. O vagão-restaurante: vazio. Alek registra os despojos dos passageiros em fuga: laptops abertos, celulares, iPads, livros. Parece um lugar em que as pessoas se desmaterializaram no meio do que estavam fazendo. Um copo de plástico abandonado, apoiado sobre uma mesa depois de cair de uma mão que desapareceu.

Outro vagão vazio, depois outro.

Então, nos últimos dois vagões, um lugar que quase o impressiona: todas as pessoas amontoadas, centenas delas.

Pela primeira vez a gravidade da situação o atinge. Todas aquelas pessoas. *Se aquele homem não tivesse sido dominado na frente — se não o tivéssemos dominado — e tivesse conseguido voltar para cá com toda aquela munição, para todas essas pessoas, confinadas em um pequeno espaço, sem nenhuma maneira de escapar...* A enormidade disso muda sua disposição de ânimo.

"Alguém está ferido?"

Alek volta para o segundo vagão a partir da parte da frente do trem. Ele começa a limpar o AK-47 quando um funcionário do trem se aproxima com lenços de papel umedecidos para ajudar a limpar o sangue. O funcionário está tentando ser útil. Alek fica irritado com isso. Ele mudou para um tipo de percepção militar, dividindo o trabalho, distribuindo tarefas. Seu nível de adrenalina ainda está alto, só que, agora, misturado com a onda emocional que começou a se avolumar quando viu os passageiros amontoados na parte de trás do trem. Não está disposto a se desviar das tarefas que precisam ser feitas. Esse homem está bagunçando uma lista de ações e Alek está muito agitado para se adaptar à desorganização. Cada coisa em seu tempo. Não é hora de fazer limpeza. Esse é um passo cuja hora ainda não chegou. O funcionário está querendo fazer as coisas fora da ordem.

Alek tenta ignorá-lo. Pede para Chris traduzir seu desejo de que o homem dê algum espaço. Chris tem uma capacidade inata de dialogar com as pessoas. Chris murmura algo para o homem e ele se retira. Alek termina de esvaziar a arma, coloca-a sobre uma poltrona e se move para o lado de Spencer. Alek pergunta a Spencer se ele pode ajudar. Spencer está tentando não se mexer, tentando impedir que o homem que perde sangue se mexa, mas Mark está gemendo, e sua mulher insiste que Mark levou um tiro no peito. Alek sabe que Mark não levou um tiro no peito, mas não sabe explicar como tem certeza disso. Spencer parece concordar, mas diz: "De qualquer forma, verifique."

Alek pega a lâmina do estilete do terrorista e corta a camisa de Mark. Passa as mãos pelo tronco de Mark, para ver se o sangue aflora, o que significaria que havia outro ferimento. Não encontra nenhum. Fica de pé.

Alek olha para Anthony, que está com a expressão de alguém que acabou de testemunhar um incidente ridículo de comédia pastelão. Um homem e uma casca de banana. Alek não sabe qual é a graça. Ele fez alguma coisa? Disse alguma coisa? Há alguma mancha em seu rosto?

E então ele entende. Tudo. Há um terrorista amarrado no chão, Spencer está sangrando em um milhão de lugares e, enquanto isso, o trem está se deslocando em silêncio, uma máquina grande e fluente, inconsciente da coleção de animais vivos dentro dela. Alek está em sintonia agora. Ele fica ao lado de Anthony, amigo que ele não via desde a escola cristã, alguém que nunca imaginou viajando consigo, uma pessoa que ele não entendia totalmente, e os dois, sem precisar dizer nada, sabem que estão pensando exatamente a mesma coisa. É tudo absurdo e ridículo, e juntos eles ficam ali parados e riem.

O trem para na estação, e Alek continua pensando no absurdo de tudo. Ele precisa de espaço. Quer estar ao lado de Anthony, mas Anthony saiu com um policial e está tentando relatar o que aconteceu. Alek quer ficar com Spencer, mas Spencer tem um enxame de paramédicos ao redor dele. Alek não quer ficar com ninguém mais. Há muitas pessoas à volta. Ele está cansado de ficar confinado em um espaço tão pequeno, com tantas pessoas tentando assumir o controle.

Ele se senta em um banco, sozinho, um pouco como um velho em um parque, deixado pelos amigos, e começa a pensar.

É um processo que vai durar meses, anos, mas ele está começando a perceber uma série de estranhas coincidências.

Eles partiram de Amsterdã naquele exato momento, ainda que nenhum deles realmente quisesse. O que foi que os atraiu para Paris? Por que eles decidiram ignorar todas as pessoas que lhes disseram para evitar a França? Duas garotas diferentes, viajando sozinhas, sussurrando nos ouvidos de Anthony e de Spencer, como se o diabo preferisse enviar suas mensagens por belas jovens asiáticas.

O que os fez vir para a França? Um sentido. Alek pensa em todas as coincidências:

Eles estavam nesse trem. Teria sido tão fácil ficarem em Amsterdã e pegarem um outro.

Eles estavam em Amsterdã, quando nenhum deles planejou estar.

Não conseguiram se encontrar na Alemanha como haviam planejado.

Estavam no vagão certo, depois que o velho e sua filha os levaram três vagões para trás. O wi-fi não funcionava. Se tivesse funcionado, eles teriam ficado lá atrás, estariam lá atrás quando o homem começou a atirar.

Ou era alguma força tentando mantê-los fora de perigo?

Spencer tinha sido pão-duro e não quis entrar em qualquer tipo de academia para se exercitar, exceto em jiu-jítsu; então, ele conhecia uma forma de luta que funcionava contra qualquer um.

O caminho tortuoso de Spencer, que fracassou na Unidade de Busca e Salvamento e depois fracassou de novo no programa SERE, o levou ao treinamento de EMT, dando-lhe habilidades suficientes para salvar aquele homem.

A própria obsessão de Alek por armas de fogo: ele sabia exatamente o que fazer, como lidar com as armas que o terrorista possuía no trem. E se tivesse sido alguma outra pessoa?

Anthony estava viciado em filmar tudo com sua câmera; assim, ele tinha filmes e fotos de tudo, tudo que um investigador poderia desejar.

Pensando em um tempo ainda mais remoto, sua mãe havia se mudado para a casa vizinha, a menos de 6 metros da casa de Spencer. As duas mães eram muito parecidas. As duas tinham sido comissárias de bordo, as duas tinham acabado de se divorciar, as duas tinham filhos quase da mesma idade; as famílias eram tão semelhantes que tinham se cristalizado em uma única. Seus nomes vinham um depois do outro na ordem alfabética, e quando Anthony entrou na escola cristã, o dele também se encaixou nessa sequência. Anthony continuou recebendo sinais de que deveria fazer uma viagem que não podia bancar. Seus colegas de trabalho lhe diziam que ele precisava viajar na juventude, assim como os outros amigos de Alek estavam caindo fora; o primeiro cartão de crédito para o qual ele se qualificou era internacional.

Quando o homem começou a atirar, a estação de trem mais próxima era aqui, a menos de 30 minutos de distância de um hospital em Lille, que por acaso tem um renomado programa de ortopedia. Como se o trem estivesse sendo desviado exatamente para onde Spencer precisava estar para qualquer esperança de recuperação do uso de seu polegar.

Um incontável número de coisas precisou acontecer para eles estarem aqui, para interromper o ataque. Depois, para mantê-los seguros.

As coincidências se acumularam em sua mente, em uma quantidade quase difícil de suportar. Era como se os três tivessem sido pegos no centro de um cabo de guerra cósmico, uma força invisível os afastando do ataque, e outra os atraindo para ele.

Como se as orações de Joyce e Heidi, em suas salas de estar em Sacramento, ao alcance da audição uma da outra, estivessem competindo. Algumas os puxando para a segurança; outras, os puxando para a missão. De alguma forma, eles puxaram apenas o suficiente, apenas o volume perfeito, de modo que conseguiram ambas.

AYOUB

Em janeiro de 2015, dois irmãos fortemente armados invadiram os escritórios do jornal satírico semanal Charlie Hebdo *e abriram fogo. Com disciplina militar, mataram 11 pessoas, feriram outras 11, depois, atiraram e mataram um policial, fora do prédio. A França mobilizou o Exército, e os irmãos fizeram reféns, mas foram mortos antes do fim do dia.*

O atentado chocou a França e o mundo todo. Quase 4 milhões de franceses se manifestaram nas ruas. A frase "Je suis Charlie" ("Eu sou Charlie"), em solidariedade ao jornal, viralizou na internet, e, embora o jornal vendesse normalmente menos de 100 mil exemplares, a edição seguinte vendeu quase 8 milhões de exemplares, em meia dúzia de línguas. O mundo ficou de luto pelo Charlie Hebdo.

Ayoub El-Khazzani, não.

Ayoub se ofendeu com essa reação.

Nas redes sociais, ele postou fotos antigas da violência que a França colonial infligiu à África. Disse que a França era um Estado terrorista pelo que havia feito. Postou vídeos expondo teorias segundo as quais aqueles ataques praticados por muçulmanos tinham sido falsificados, apenas farsas destinadas a marginalizar os muçulmanos ainda mais. Ayoub proclamou: "Eu não sou Charlie Hebdo. *Ele não alimentava nenhuma simpatia por um jornal que insultava sua religião sem dó nem piedade. Isso era apenas atormentar os mais fracos. Ayoub começou a postar vídeos de xeiques sauditas do rigoroso movimento salafista pregando em sites dedicados à religião.*

E, ainda de modo mais solitário, passava o resto de seu tempo lendo a respeito do amor, como cuidar do cabelo, como perder peso.

Mais de um ano depois de sair do radar na França, em 10 de maio de 2015, Ayoub El-Khazzani reapareceu de repente. Ele estava em Berlim.

Ayoub estava embarcando em um voo da Germanwings para Istambul,[1] *o portão de entrada para a jihad na Síria.*

Como estava sob o formulário S de segurança do Estado, seu deslocamento foi pego e a informação repassada para a inteligência espanhola no dia seguinte.

Os serviços de segurança perderam seu rastro após ele desembarcar na Turquia,[2] *mas havia pouca dúvida sobre o lugar para onde ele estava indo. Era na Síria que os combatentes recebiam treinamento para ingressar na jihad ali ou, com cada vez mais frequência, recebiam treinamento e depois eram enviados de volta para casa, para realizar ataques em solo europeu.*

Em 4 de junho, Ayoub voltou para a Europa, em um voo com origem em Antáquia, cidade turca na fronteira com a Síria.[3]

Ele foi para a Bélgica.[4] A Bélgica era o país com a maior concentração de voluntários jihadistas da Europa.[5]

Ayoub se hospedou na casa de uma irmã, embaixo de um minimercado Carousel em Molenbeek, distrito de Bruxelas,[6] onde ficou cercado de pessoas parecidas com ele; sua população era predominantemente muçulmana, e também, em grande medida, de origem marroquina.

O distrito também tinha um próspero comércio de armas ilegais. Tinha a maior taxa de desemprego da cidade. Era densamente povoado e todo grafitado.[7] Proporcionava grande insatisfação para aqueles que estavam no caminho da violência, ou que tinham viajado a todos os lugares em busca de oportunidades, mas não haviam encontrado nenhuma.

E fornecia armas. Foram armas desse bairro pobre que tinham sido utilizadas em Paris, no ataque contra um supermercado kasher, e no atentado contra o Museu Judaico na Bélgica.[8]

Naquele verão, enquanto Spencer, Anthony e Alek se preparavam animadamente para sua aventura ferroviária pela Europa, Ayoub fez uma viagem de mochila,[9] passando pela Bélgica, Alemanha, Áustria, França e Andorra. Todas as vezes, ele viajou de trem.[10]

Então, exatamente quando Spencer estava deixando Portugal, e Anthony e Alek estavam se despedindo de seus pais, Ayoub finalmente telefonou para os seus. Ele não falava com o pai havia um ano e meio.[11]

Em 21 de agosto, o dia está quente e úmido, com pouco alívio. Um dia quase sem vento.[12] Ayoub compra um celular pré-pago[13] e o ativa.

Ayoub deixa a casa da irmã. Ele caminha até a rotatória com um pequeno parque no meio, mas sem grama, apenas com pombos. Dirige-se até a Rue Piers, onde entra na estação de metrô Ossenheim, descendo para o interior da terra pouco antes de a rua encontrar um campo com jovens jogando futebol. Ele passa por lavadoras de carros, um pequeno matagal cheio de lixo, depósitos de autopeças abandonados e esburacados, que se enchem lentamente de garrafas, bonecas antigas e pneus usados.

Também passa por um imenso matadouro, recentemente convertido em um parque infantil coberto. Uma excursão completa pela decadência urbana em menos de cinco minutos.

Ele desembarca na estação Clemenceau, ao lado da escola com a parede pichada. Vivre ensemble, diz. "Viver juntos." E Paix. "Paz." Enquanto atravessa um parque com equipamentos de ginástica aparafusados ao chão, a Torre Sul se ergue quase 40 andares bem à sua frente; um gigantesco farol reluzente emergindo da estação de trem. Seguindo na direção dela, passa por outra área cheia de armas de fogo;

a região ao redor da estação é um centro bastante conhecido de comércio ilegal de armas.[14] Na realidade, toda a Bélgica é. Uma história célebre de fabricantes de armas de fogo, como a FN Herstal,[15] em combinação com restrições frouxas e o status do país central para pessoas que fugiam de outras guerras, permitiu que a Bélgica se tornasse saturada de armamentos. Então, após uma onda de crimes violentos, novas leis de controle foram promulgadas, mas as armas já estavam lá. As vendas simplesmente continuaram acontecendo no subterrâneo, onde se combinaram com a lavagem de armas do mercado negro que circulavam desde as Guerras dos Bálcãs. Conforme as pessoas fugiam da União Soviética em colapso para a Bélgica, uma comunidade de expatriados dos Bálcãs crescia, muitos deles com acesso a antigas reservas de munições soviéticas em seus lugares de origem. O que acabou se revelando uma verdadeira mina de ouro.[16] Então, quando o governo finalmente tentou fechar o cerco, foi tarde demais. Já havia milhões de armas sem registro em circulação. Elas simplesmente acabaram no mercado negro.[17] Não podia haver melhor lugar para montar um arsenal sem o conhecimento das autoridades.

Ayoub entra na estação ferroviária, com o letreiro incluindo o nome da estação em francês e holandês.[18] Ele está a seis estações e a menos de 3 quilômetros da estação de metrô Maelbeek, onde 20 pessoas vão morrer, vítimas de uma explosão durante um ataque coordenado do ISIS oito meses depois.

Grandes cartazes amarelos informam os horários e os destinos. Ele pede uma passagem para Paris. O funcionário oferece um lugar no próximo trem, que saiu de Amsterdã às 11h17, ou no seguinte, o das 13h17[19] para Paris.

Ayoub decide que vai esperar um trem que sai mais tarde, o nº 9364. Ele não diz o motivo. Não parece ter um motivo, embora os funcionários da Thalys saibam que o nº 9364 da sexta-feira é um dos trens mais cheios da rota. É fim de semana, bem no horário de encerramento, e agosto é alta temporada. Geralmente, esse trem viaja lotado. E como no verão o trem atrai jovens que querem gastar dinheiro ou que buscam uma oportunidade, o pessoal da companhia ferroviária, naquele dia, era mais jovem e menos experiente que o habitual.

Ayoub paga 149 euros em dinheiro e o funcionário lhe entrega uma passagem de primeira classe para o Thalys nº 9364. O trem das 15h17 para Paris, com origem em Amsterdã.

Ele segue para a plataforma; um ponto de conexão entre o velho e o novo. Reluzentes trens vermelhos partem da estação parecendo longas naves espaciais, passando por relógios com algarismos romanos de estilo antigo; um aceno aos velhos tempos do transporte ferroviário. Outdoors retroiluminados mostram sorridentes turistas brancos aproveitando suas férias em todo o continente europeu. Acima de Ayoub, os telhados são do mesmo antigo metal ondulado que cobria as favelas nas cidades em que viveu, retendo a chuva, mas fazendo com que ela soasse furiosa, golpeando como se o próprio céu quisesse entrar. Folhas de metal iguais às que seu pai catava e negociava como sucata. A luz do sol filtrada entra pelo meio das telhas transparentes do telhado quando o trem nº 9364 entra na estação.

Ayoub se aproxima.

Ele passa por uma jovem elegante, alta, magra e loira, usando um traje cor de vinho tinto que combina com o trem e que combina com seus sapatos de salto alto. Uma comissária do trem, em uma mudança da equipe.

Ayoub não está concentrado nela. Ayoub está prestes a conquistar a glória, e transporta poder em sua mochila. Ele tem uma pistola semiautomática Luger de 9 milímetros. Também tem a lâmina de um estilete, uma garrafa de gasolina, um martelo, uma bolsa com oito pentes totalmente carregados, quase 300 projéteis de munição e um fuzil de assalto semiautomático Draco AK-47, com um freio de boca e uma coronha dobrável.

Ele embarca na primeira classe.

Os degraus sob as portas do trem se retraem. Os supervisores se comunicam pelo rádio. O trem começa a se mover. Isso acontece sem qualquer ruído. Como se o mundo tivesse se inclinado um pouco e o trem começasse a rolar morro abaixo. O zumbido do motor começa a se manifestar, mas é fraco e parece muito distante. É incrivelmente silencioso. Mesmo as pessoas, conversam em tons sussurrados, como se estivessem discutindo algo sério ou particular. O som mais alto é o silvo pneumático das portas entre os vagões abrindo e fechando enquanto os passageiros perdidos finalmente encontram seus assentos marcados.

O trem atravessa os afluentes de trilhos que se multiplicam em frente à estação. Ganha velocidade, passa os pátios de sucata, move-se para um trilho mais liso, ganha mais velocidade. Poucos minutos depois de deixar a estação, está desenvolvendo uma velocidade superior a 240 quilômetros por hora.

Ayoub se levanta de sua poltrona e entra no banheiro do vagão 12.

No celular que ele acabou de ativar, reproduz um vídeo do YouTube. Na tela em sua mão, um orador incita os fiéis a pegar em armas em nome do Profeta.

Ayoub tira a camisa.

Ele prende a mochila e a metralhadora Draco em seu tronco nu.

Quando finalmente está pronto, abre a porta e sai.

Ele vê algo que não antecipou: um homem de cabelo encaracolado parece estar esperando para usar o banheiro.

Ayoub sente uma mudança de peso nos ombros: um segundo homem o agarrou por trás, e, agora, o homem de cabelos encaracolados está agarrando, girando e torcendo a metralhadora.[20] Ayoub sente que ela escapa de seu domínio e, agora, o homem de cabelo encaracolado segura a metralhadora. Então, Ayoub estende a mão, pega sua pistola e põe o dedo no gatilho.

Um som de estalo ecoa por todo o vagão. Estilhaços de vidro. Os homens saltam para trás. A metralhadora cai no carpete e o homem de cabelo encaracolado desaba. Em um instante, uma bala atravessou sua omoplata, perfurou seu pulmão e atingiu sua clavícula.

"Fui atingido", ele diz. Ele olha nos olhos de sua mulher, encarando-a através das poltronas.[21] *"Fui atingido."*[22]

Ele não está mais segurando a metralhadora.

Ayoub pega a arma e percebe que tem espaço ao seu redor. "Acabou", o homem caído diz. Ayoub avança, usando a pistola como arma de largada, e vê pernas e braços em movimento, corpos correndo em diferentes direções. Um homem saiu em disparada para a parte de trás do trem, enquanto um comissário está correndo para a parte da frente, além do letreiro sobre o painel da porta — Thalys: bem-vindo ao nosso mundo —, e Ayoub posiciona melhor a Draco e decide seguir o comissário. Ayoub está no controle. Está funcionando novamente. Ele possui uma mochila cheia de armas e um vagão cheio de alvos desarmados. Possui munição suficiente para todos ou pelo menos para muitos deles. Está no poder, está fazendo justiça pelos fracos e oprimidos. Fará a França sangrar. Há mais vozes agora, e um lampejo de céu azul[23] *crescendo em seu campo visual. Uma visão ridícula: um corpo correndo em sua direção. Isso é surpreendente. Mas o homem é um alvo fácil, e está correndo por uma perfeita galeria de tiro ao alvo: o vagão o confina, o homem não tem cobertura, parece não ter nenhuma arma, não é ameaçador. Ayoub quase não precisa mirar. Ele aponta a arma na direção do homem e puxa o gatilho.*

A arma não dispara.

Ele volta a puxar o gatilho.

O homem está perto e a arma não está disparando. A única coisa que todos sabem a respeito desse tipo de arma é que elas nunca negam fogo. Ayoub tenta ejetar o projétil não disparado, mas se atrapalha agora, porque a arma que não nega fogo nunca, parece estar travada. Então, ele agarra a alavanca errada e ativa acidentalmente a trava de segurança. Agora, o gatilho não se move, e ele não tem mais tempo. O homem está quase em cima dele. Então, Ayoub golpeia a arma contra o rosto do homem exatamente quando ele chega, mas o homem chega com tanto ímpeto que Ayoub é jogado para trás. Exatamente quando Ayoub está conseguindo se reequilibrar, há um hiato, e ele consegue ver dois outros corpos: um homem mais baixo, usando uma camisa com listras vermelhas e azuis do Bayern de Munique, e um homem alto com a cor da pele semelhante à sua. Então, Ayoub está no chão, e a arma desapareceu de suas mãos, e ele começa a lutar.

Notas

1. "No entanto, o ISB rastreou Ayoub em 10 de maio de 2015, de acordo com o jornal *Liberation*. Ele foi reconhecido por causa do formulário S, no aeroporto de Berlim, embarcando em

um voo da GermanWings para Istambul. Em 11 de maio, essa informação é transmitida para os serviços de inteligência espanhóis, que levam dez dias para informar seus pares de que o jovem marroquino está agora na Bélgica." *Valeurs Actuelles*, "Attaque dans le Thalys".
2. "Cazeneuve não deu um nome, mas... disse que ele, acredita-se, voou de Berlim para Istambul em 10 de maio desse ano." Labbé e White, "France Train Gunman". "A polícia alemã também considerou o pistoleiro um risco para os serviços de segurança franceses depois que ele despertou suspeita enquanto aguardava para embarcar em um voo de Berlim para a Turquia, a caminho da Síria. 'Os serviços de segurança perderam o rastro dele após sua chegada a Istambul', fontes revelaram ao jornal *Le Parisien*." Robert Mendick, David Chazan e Gregory Walton, "Paris train gunman's links to Syria", 22 de agosto de 2015, http://www.telegraph.co.uk/news/worldnews/islamic-state/11818772/Paris-train-gunmans-links-to-Syria.html.
3. "De acordo com François Molins, voltaria ao solo europeu em 4 de junho em um voo que partiu de Antáquia, cidade próxima da fronteira síria." Piquer e Suc, "Attaque dans le Thalys".
4. *Valeurs Actuelles*, "Attaque dans le Thalys".
5. "Molenbeek é a fonte da maior concentração europeia de combatentes estrangeiros jihadistas que irão lutar na Síria e no Iraque e retornarão calejados pelas batalhas e determinados a levar sua luta às capitais da Europa." Ian Traynor, "Molenbeek: The Brussels Borough Becoming Known as Europe's Jihadi Central", *Guardian*, 15 de novembro de 2015, http://www.theguardian.com/world/2015/nov/15/molenbeek-the-brussels-borough-in-the-spotlight-after-paris-attacks.
6. "Na segunda-feira, batidas policiais realizadas em Molenbeek-Saint-Jean, perto de Bruxelas, confirmaram que ele ficou com sua irmã 'muito recentemente', afirmou François Molins. O promotor público belga confirmou ao mundo que a jovem procurou espontaneamente a polícia." "Thalys: El-Khazzani mis en examen et écroué pour une attaque 'ciblée et préméditée'", *Le Monde*, 25 de agosto de 2015, http://www.lemonde.fr/police-justice/article/2015/08/25/attaque-du-thalys-suivez-en-direct-la-conference-de-presse-du-procureur_4736412_1653578.html.
7. "Molenbeek-Saint-Jean é um distrito densamente povoado, onde o desemprego é alto e a desmotivação é comum. As crianças brincam em espaços abertos verdes emoldurados por muros grafitados, e por trás das fachadas coloridas das lojas existem bolsões de pobreza." Alex Forsyth, "Paris Attacks: Is Molenbeek a Haven for Belgian Jihadis?", BBC, 17 de novembro de 2015, http://www.bbc.com/news/world-europe-34839403.
8. Atran e Hamid, "Paris: The War ISIS Wants".
9. "Em sua detenção, El-Khazzani, segundo consta, admitiu ter viajado nos últimos seis meses para a Bélgica, Alemanha, Áustria, França e Andorra. Todas as viagens foram feitas de trem." Piquer e Suc, "Attaque dans le Thalys".
10. "Segundo consta, El-Khazzani, que possui um cartão de residência espanhol, teria confessado, em custódia, ter viajado nos últimos seis meses para a Bélgica, Alemanha, Áustria, França e Andorra. As viagens foram feitas, todas as vezes, de trem." *Le Monde*, 25 de agosto de 2015.
11. "Ele disse que não falava com o filho desde que este foi embora de Algeciras, em 2014, embora sua mulher, nomeada no artigo como Zahara, tenha falado com ele por telefone cerca de um mês antes, afirma-se." Reuters, "Spanish Police Search House".

12. Histórico de condições meteorológicas para Melsbroek, na Bélgica, em agosto de 2015, https://www.wunderground.com/history/airport/EBBR/2015/8/21/DailyHistory.html?req_city=Brussels&req_state=&req_statename=Belgium&reqdb.zip=00000&reqdb.magic=1&reqdb.wmo=06451.
13. "Ayoub al-Khazzani também possuía um celular 'evidentemente destinado ao cometimento de delitos'. A linha telefônica foi ativada no mesmo dia e o suspeito assistiu a um vídeo dessa chamada de unidade a favor da jihad." Miguel Medina, "Ce qu'a révélé le procureur de Paris sur l'attaque d'Ayoub el-Khazzani", França, 24, 25 de agosto de 2015, http://www.france24.com/fr/20152508-thalys-attaque-ayoub-el-khazzani-terrorisme-procureur-francois-molins.
14. "Segundo consta, Coulibaly comprou as armas perto da estação ferroviária Gare du Midi, em Bruxelas, por menos de 5 mil euros, informou o *Telegraph*. A área ao redor da estação, que serve como terminal belga do Eurostar, é conhecida como centro de comércio ilegal de armas." Lora Moftah, "Belgian Arms Dealer Supplied Paris Gunmen with Weapons", *International Business Times*, 14 de janeiro de 2015, http://www.ibtimes.com/belgian-arms--dealer-supplied-paris-gunmen-weapons-assault-rifles-used-charlie-hebdo-1783432.
15. "De acordo com os analistas, aquilo que a Bélgica adiciona à mistura é uma longa e problemática história de leis frouxas de porte de arma e uma grande tradição de manufatura de armas, liderada pela empresa FN Herstal, situada na região da Valônia. O país possui um número excepcionalmente elevado de pessoas com expertise técnica e comercial em armas." Christian Oliver e Duncan Robinson, "Paris Attacks: Belgium's Arms Bazaar", *Big Read*, 19 de novembro de 2015, http://www.ft.com/cms/s/0/33a2d592-8dde-11e5-a549--b89a1dfede9b.html#axzz40jF7DzO1.
16. "Na década de 1990, o fluxo de armas ilegais para a Bélgica começou para valer, em decorrência das guerras dos Bálcãs e do fim da União Soviética. Segundo Moniquet, durante aqueles anos, formou-se uma grande comunidade balcânica, quando as armas circulavam livremente pela Iugoslávia em fragmentação e as ex-autoridades comunistas começavam a traficar as enormes e muitas vezes desativadas reservas de munições de seus países... Moniquet estima que, provavelmente, 90% das armas que circulam na Bélgica se originaram dos Bálcãs. 'Você tinha montanhas de Kalashnikovs na Bósnia, Sérvia e Croácia', ele afirma. Quando você recebe pessoas, você recebe suas bagagens. O contrabando é uma tradição viva para esses caras." Ibid.
17. "Nils Duquet, especialista em armas do Flemish Peace Institute, observa que, até 2006, os compradores podiam comprar armas apenas mostrando uma carteira de identidade. O governo só endureceu as regras depois que o *skinhead* Hans Van Themsche, de 18 anos, foi a uma manifestação de cunho racial em Antuérpia naquele ano, matando duas pessoas e ferindo uma. Naquela época, porém, uma grande quantidade de armas tinha se acumulado na Bélgica. 'Já tínhamos uma reputação. As pessoas sabiam que a Bélgica era um lugar para a compra de armas.'" Ibid.
18. Terminal Thalys, https://foursquare.com/v/thalys-terminal/4bfb9014d2b720a13d22336a.
19. Tabela de horários do terminal Thalys, https://www.thalys.com/be/en/timetables--correpondances?gare_dep=Amsterdam&gare_arr=Paris&date_aller=2016-06-10&plage_horaire_aller=00-24&plage_horaire_retour=00-24&as=y.
20. "Pergunta: Ele era suspeito. Então, foi ver o que estava acontecendo? Resposta: Exatamente.

Pergunta: O que aconteceu depois?
Resposta: Bem, quando a pessoa saiu do banheiro, meu marido percebeu que ela carregava uma arma. Um rapaz, que quis permanecer anônimo até agora, agarrou o sujeito pelas costas. Então, meu marido conseguir pegar o fuzil do atirador. Porém, infelizmente, meu marido não sabia que ele tinha outra arma, uma pistola, e levou um tiro nas costas.
Pergunta: Pelo que entendi, você estava a poucos passos de distância.
Resposta: Sim, sim. Cerca de 30 centímetros, ou talvez 45. Meu marido me disse: 'Fui atingido.' Disse duas vezes: 'Fui atingido, fui atingido, acabou.'"
Isabelle Risacher-Moogalian em *Today*, http://www.today.com/video/wife-of-french--american-train-hero-he-said-im-hit-514941507836.

21. "No trem de alta velocidade, o senhor Moogalian, de 51 anos, e a esposa estavam sentados um de frente para o outro quando ela viu apenas a expressão dele, dizendo: 'Saia, isso é sério.' Então, segundo Isabelle Risacher Moogalian, ela se pôs atrás de algumas poltronas, enquanto ele se lançou para agarrar o fuzil de assalto das mãos do atirador." "French--American Mark Moogalian Is New High-Speed Train Attack Hero", News.com.au, 26 de agosto de 2015, http://www.news.com.au/world/frenchamerican-mark-moogalian-is-new--highspeed-train-attack-hero/news-story/146d22a604bb3ba0ae37f600d3ada203.

22. "A bala atravessou a omoplata e a clavícula e perfurou o pulmão esquerdo. 'Vi meu marido através das poltronas… e ele me disse: 'Fui atingido, fui atingido, acabou.'" Savannah Guthrie, Kelly Cobiella e Nancy Ing, "Mark Moogalian Thanks Airman Spencer Stone for Saving Life on Train", 28 de agosto de 2015, http://www.nbcnews.com/storyline/french-train-attack/mark-moogalian-thanks-airman-spencer-stone-saving-life-train-n417591.

23. Link para fotos de Spencer Stone, https://www.google.com/search?q=spencer+stone&source=lnms&tbm=isch&sa=X&ved=0ahUKEwiB_-SD7onLAhVDWh4KHZKBD8QQ_AUICCgC&biw=1149&bih=626#imgrc=MGtydTZYg9j2nM%3A.

PARTE III

ANTHONY SADLER, CAVALEIRO DA ORDEM NACIONAL DA LEGIÃO DE HONRA

QUARTA-FEIRA, 19 DE AGOSTO, 23H34

Anthony Sadler:
Ainda vivo, pai. Adorando Amsterdã. Profundamente apaixonado. Rsrsrs.

Pastor Sadler:
Rsrsrs. Isso é ótimo, filho. As pessoas são legais?

Anthony Sadler:
Muito legais! Falam holandês, mas quase todos também falam inglês. São pessoas realmente legais. Há muitas pessoas negras por aqui. Fiquei surpreso. Fomos ao bairro negro, na zona sudeste de Amsterdã. Foi bacana.

Pastor Sadler:
Uau!

Anthony Sadler:
Acabamos de andar de bicicleta por toda a cidade. Literalmente. Leva cerca de uma hora. Não é uma cidade muito grande. Então, é agradável e bonito! Vou te mostrar toneladas de fotos.

32.

Nos meses seguintes, eles sentiram que tinham interrompido algo muito grande, que haviam esgotado toda a sorte deles naqueles poucos momentos e que não deixaram nenhuma sobrando.

Uma sensação de que as orações de seus pais os levaram para o lugar certo, na hora certa, e, então, ali, aquelas orações os protegeram, de modo que um homem atento visse o terrorista primeiro e levasse o único tiro; orações que "envenenaram" o detonador do projétil seguinte, de modo que a arma não disparasse e seu recarregamento não ajudasse. De modo que nenhum dos rapazes fosse morto, mas que nenhum deles tivesse de matar.

As chances de tudo aquilo acontecer eram tão incrivelmente baixas, tão esmagadoramente contra eles, que devem ter consumido toda a força das orações, de Deus, de todo e qualquer motivo que permitiu confrontar um universo em oposição e vencer. Portanto, a sensação que Anthony tinha era a de que a sorte deles e as orações de seus pais talvez tivessem se esgotado.

Além disso, em um nível mais tangível, uma ideia preocupante perdurou. Uma pergunta de um jornalista ao seu pai em uma entrevista coletiva, logo depois que ele voltou aos Estados Unidos. Será que o pastor Sadler estava preocupado que, ao impedir um ataque terrorista, os rapazes tivessem atraído represálias contra eles?

Tudo isso misturado e cozido em fogo baixo produziu em Anthony uma inquietante sensação, que zumbia em sua mente, sempre em segundo plano, mas sempre presente, de que o pior ainda estava por vir. Era só questão de tempo. No fim das contas, o universo se corrigiria.

Em 1º de outubro, começou.

Era outro rapaz perdido de 26 anos. Embora, daquela vez, em vez de um terrorista em um trem para Paris, era um aluno da Faculdade Comunitária de Umpqua, em Oregon, e daquela vez não havia ninguém para impedi-lo. Nove pessoas morreram, e o atirador se matou.

Anthony desligou a TV antes que o jornalista pudesse envenenar sua mente com mais detalhes, que ele sabia que, naquele momento, provavelmente, não eram exatos. Ele entendia melhor a imprensa depois que o transformaram em um fuzileiro naval. De qualquer forma, Anthony estava ficando cansado das notícias relacionadas a morte e violência. Ele não tinha mais estômago para aquilo.

No dia seguinte, ele viu Spencer antes de partir para Nova York, e Spencer lhe contou que a Faculdade Comunitária de Umpqua era onde Alek estudara antes da mobilização para o Afeganistão.

De fato, era onde Alek estaria naquele momento se não tivesse aceitado o convite para participar do programa *Dancing with the Stars*.

Quando Anthony viu, em seguida, a menção ao tiroteio no noticiário, tudo girava em torno de Alek: ele deixando o programa e indo para casa para ficar com seu povo. Essa parte não pareceu justa. Havia o significado implícito de mostrar Alek, e Anthony se perguntou: será que sempre vai haver uma pergunta na mente das pessoas a respeito dos três amigos? *Você poderia ter impedido? Onde você estava dessa vez?*

Agora, Anthony devia ser um herói onde quer que estivesse?

Era uma pressão muito grande, e, toda vez que ele ligava no noticiário, outra coisa sombria e violenta tinha acontecido. Cada acontecimento se encaixava em uma história em sua mente; uma crescente narrativa de violência, e cada uma significava pressão sobre ele e seus amigos.

Alek ajudou a salvar muita gente uma vez. Alek estaria no *campus* se não estivesse dançando em um programa de TV. Estavam tentando dizer que Alek era parcialmente responsável pela morte das pessoas? Aquilo ficaria com eles para sempre.

33.

Anthony achava que, quando o barato passasse, encontraria algum nível de normalidade. Mas a energia ainda tomava conta dele, aquela pressão estranha, uma coisa que ele tinha sentido; eles desviaram o rumo dos acontecimentos mundiais. Eles alteraram a história de uma forma pequena, mas, talvez, significativa; quem sabe tenham mudado o que os livros de história diriam no futuro.

Era a pressão, era o barato mais poderoso, eram muitas coisas ao mesmo tempo. Eram neurotransmissores disparando em centenas de direções diferentes por uma centena de motivos diversos.

Ninguém conseguia entender o que eles estavam passando, porque *eles* não entendiam o que estavam passando, e já haviam sido arrastados para tantas direções diferentes, para tantos pedidos midiáticos conflitantes, que não tinham tido a oportunidade de se sentar juntos em uma sala tranquila, apenas os três, e descobrir.

Não desde a delegacia em Arras. E, mesmo então, Spencer não estava junto.

A Embaixada em Paris, mas, lá eles ficaram abrindo garrafas de champanhe na residência da embaixadora, ou cercados por multidões quase eufóricas em sinal de gratidão.

Realmente, eles não refletiram, e a pressão disso ainda estava ali. Latente, mas borbulhando, borbulhando.

Anthony ainda estava cheio de energia, ainda estava excitado, ainda tinha flashbacks dos acontecimentos, não tantos sons e imagens passando por sua memória, mas a sensação disso: a adrenalina, o poder, a umidade nas palmas das mãos e a ideia de que podia atravessar paredes. Pequenas coisas que ele sequer registrava, que sequer percebia, podiam fazê-lo se sentir da maneira que ele se sentiu no trem. Ele nem precisava estar pensando no trem. Algo acontecia, um som, uma visão, uma cor, algo que evocava um momento a bordo, e, então, era automático. Uma parte de seu cérebro mudaria um pouco, e a adrenalina voltaria a correr nas veias. Seu corpo se preparava para a guerra, mas a guerra não estava ali.

Aconteceu, primeiro, em uma casa noturna em Manhattan. Spencer estava segurando uma bebida, um encrenqueiro esbarrou nele, a bebida entornou, o sujeito apenas encarou Spencer, não se desculpou, não expressou nenhuma indicação de emoção. Anthony se mexeu para se pôr entre Spencer e o estranho, já que Spencer ainda estava com uma tala no braço. "Para trás", Anthony disse para Spencer. Então, o sujeito tentou dar um soco.

A raiva se apossou de Anthony. Seu sangue ferveu. Os seguranças apareceram rapidamente, mas Anthony estava elétrico, enraivecido e cheio de energia. O rapaz tinha apertado um botão e ativado Anthony. Os seguranças retiraram o agressor pela porta da frente e conduziram Anthony para fora, pela porta dos fundos. Porém, depois que empurraram Anthony para fora, ele deu a volta no quarteirão, correndo, e encontrou o sujeito na frente da casa noturna, perto de uma fila de táxis.

"E aí, hein? Os seguranças não vão ajudar agora!" Anthony correu na direção dele. Eles caíram juntos. O rapaz estava no chão. Anthony começou a dar socos, com o corpo em vaivém, lutando contra um estranho exatamente como ele, Spencer e Alek tinham lutado contra um estranho antes. Os amigos do sujeito formaram um círculo e Anthony se virou para encará-los. "Qual é? Vocês também querem levar porrada?" Então, Anthony voltou sua atenção para o rapaz no chão. Seus punhos encontrando carne, deixando tudo sair, até que ele sentiu todo o seu corpo puxado para trás, no ar, como se estivesse em um sonho sombrio em que perdera o controle. Era a mão boa de Spencer pegando a parte de trás de seu cinto, trazendo-o de volta à vida real.

No próximo pensamento claro que Anthony teve, Spencer e ele estavam dentro de um táxi, indo embora. *Aquilo tinha acontecido?*

No dia seguinte, o primeiro-ministro da Bélgica concedeu aos três amigos a maior condecoração do país.

Era uma recepção de gala. O estômago de Anthony estava embrulhado e sua cabeça latejava. Mas era uma festa. A Assembleia Geral das Nações Unidas estava em sessão, de modo que diplomatas importantes de todo o mundo foram para Nova York. Parecia que todos estavam ali com seus trajes mais especiais, abordando e congratulando Spencer e Anthony. O que era maravilhoso, mas Spencer e Anthony só tinham tido apenas duas horas de sono, entre eles e as respectivas ressacas. Os garçons ofereciam champanhe e garrafas de cerveja belga, o que parecia uma forma lenta de tortura. Anthony arrotou. Ele olhou para Spencer, que estava se sentindo pior que Anthony, mas, então, Spencer assentiu com um meneio de cabeça, tirou uma garrafa de cerveja de uma bandeja e a pôs nos lábios. Então, recuou.

Ih!, Anthony pensou. Spencer vai vomitar aqui mesmo.

Spencer enfiou a mão na boca e arrotou de novo. Olhou para Anthony. Tentou dar outro gole. Spencer era corajoso. Anthony, influenciado pelo amigo, sorriu para o garçom e pegou uma taça de champanhe. A ideia do álcool era nauseante, mas a ideia de rejeitar champanhe grátis também era. Era uma questão de princípio. Quando o champanhe é grátis, você bebe.

34.

O vídeo que Spencer enviou era escuro e tremido, como a imagem granulosa de uma câmera de segurança em uma cena de crime. Como os próprios vídeos de Anthony do trem, ou um daqueles filmes de terror meio amadores. Spencer estava bêbado? Ou eram apenas muitos corpos se movendo e dançando? Anthony tentou descobrir onde Spencer estava; àquela altura, Anthony conseguia reconhecer a maioria dos bares de Sacramento pela decoração interna, já que podia entrar em qualquer um deles sem pagar, e frequentemente fazia isso. No entanto, muita coisa estava acontecendo com Anthony para ele ver claramente.

"Spencer, onde você está?"

Spencer não respondeu. Anthony esperava que ele estivesse bem. Pôs o celular no criado-mudo e adormeceu.

De manhã, acordou com o celular cheio de mensagens e chamadas perdidas. Seu pai tentou falar com ele seis vezes. Então, Anthony retornou, primeiro, aquelas ligações.

"Filho, Spencer foi esfaqueado ontem à noite."

"O quê?"

"Estou tentando saber os detalhes. Mas ele está no hospital. Eu te aviso quando souber. Joyce está na outra linha agora."

"Ele está bem?"

Uma pausa. "Ele está no hospital."

Isso não é uma resposta,

Levou a maior parte do dia para Anthony saber o que havia acontecido, se convencer de que não era um terrorista rastreando os amigos no norte da Califórnia. Foi uma briga na frente de um bar.

No entanto, a situação era pior do que Anthony havia entendido inicialmente. Spencer estava em estado grave e, assim, Anthony sequer podia vê-lo. Não por dois dias, enquanto Spencer entrava e saía de cirurgias.

Ainda assim, Anthony só entendeu a gravidade da situação quando foi ao hospital e entrou no quarto de Spencer. Spencer puxou para baixo a camisola hospitalar e Anthony pôde ver os pontos em seu peito.

"O que aconteceu?"

"Cirurgia cardíaca de peito aberto. Pegaram tudo. Cortaram o meu coração."

Spencer pareceu estar avaliando Anthony, vendo quão completamente ele estava entendendo aquilo. "Anthony, chamaram a Unidade de Homicídios."

Anthony levou um instante para registrar a informação. *Homicídios?* Você não chama a Unidade de Homicídios quando alguém está ferido. Você chama quando alguém foi morto.

"Acharam que eu estivesse morto", Spencer disse, ficando em silêncio por um momento. "Mas a outra coisa é...", prosseguiu, e fez nova pausa. "Que eu também achei que estivesse. Achei que estivesse morrendo. Eu me sentei na calçada depois de ser esfaqueado e fechei os olhos. Achei que estivesse fechando os olhos pela última vez."

Anthony não conseguia pensar no que dizer. "Então, o que aconteceu?"

"Acordei na calçada. Um paramédico estava massageando meu peito, dizendo: 'Acorde, acorde!' Eu disse: 'Acho que ainda estou vivo.' Então, só me lembro de estar em uma maca aqui no hospital, todos em cima de mim trabalhando, sabe? Mas aquele detetive da Unidade de Homicídios continuava tentando me fazer perguntas, tentando arrancar informações como se achasse que eu jamais fosse capaz de fazer isso de novo."

Anthony ficou de queixo caído. Seu melhor amigo, com quem ele já passara uma situação potencialmente letal e que, em sua opinião, salvou sua vida, tendo sobrevivido a duras penas, estava ali deitado, cortado, lacerado e costurado.

Anthony não estava muito preocupado com a condição física de Spencer. Àquela altura, era evidente que, por mais perto de morrer que Spencer tivesse estado — de novo —, ele iria escapar. Anthony estava mais preocupado com o que Spencer sentia. Estava preocupado com a mente de seu amigo. Spencer sentia a mesma pressão que Anthony? As pessoas chamavam Spencer de "Capitão América", e tinham a intenção de homenageá-lo, mas pressionavam. Significava que, se você se feriu, você fracassou. Se outras pessoas o feriram, você fracassou. Anthony lamentava por Spencer. Ele simplesmente não conseguia pensar no que dizer, o que era um problema novo que ele começou a ter desde o trem. Finalmente, Anthony só suspirou e disse: "Seu filho da puta. Você não vai morrer, né? Você não vai morrer e pronto."

Spencer fechou os olhos. Anthony sentiu a emoção tomando conta dele, mas ainda não conseguia encontrar algo para dizer, ou para seu amigo mais próximo, que correspondesse à gravidade da situação. "Vou te visitar quando você sair, cara. Você vai ficar bem, ok? Você vai ficar bem." E saiu do quarto.

35.

Aquele não foi o fim. O atirador da faculdade de Alek, o ataque de represália terrorista contra Spencer, que acabou não sendo um ataque terrorista, mas apenas uma briga de rua, mas que acabou sendo quase fatal... Estava acontecendo; os rapazes estavam pagando pela sorte que tiveram.

No início de uma tarde de sexta-feira, Anthony estava na aula de biomecânica quando seu celular começou a vibrar com mensagens de números não identificados. ELES PODERIAM TE APROVEITAR EM PARIS.

No caminho de volta para seu apartamento, outras mensagens chegaram: VOCÊ NÃO ESTÁ SALVANDO PARIS NESTE MOMENTO?

As mensagens não paravam de chegar. Ele parou o carro na entrada da garagem e consultou as notícias no celular. Sentiu um aperto no coração. Entrou no apartamento, se sentou no sofá e ligou a TV. As mesmas imagens apareceram repetidas vezes: noite em Paris, horário local em destaque, âncoras excitados falando uns com os outros, e o letreiro na parte inferior da tela dizia tudo: 18 MORTOS EM PARIS.

Isso tem a ver conosco.

O letreiro mudou: PELO MENOS 30 MORTOS EM ATAQUES EM PARIS.

Então, voltou a mudar: PRESIDENTE FRANCÊS DECLARA ESTADO DE EMERGÊNCIA. FRONTEIRAS FECHADAS. E de novo: AO MENOS 60 MORTOS EM ATAQUES TERRORISTAS EM PARIS.

Anthony se sentiu cansado. Em um instante, ficou exausto da violência, e não conseguia mais ver TV. Ele ainda tinha dificuldade para confiar no noticiário. Então, desligou a televisão, esperando que o noticiário estivesse metendo os pés pelas mãos, confundindo os detalhes e superestimando drasticamente o número de mortos. Ou talvez até tivesse entendido tudo errado, talvez fosse um trote, mas algo já havia pesado em seu estômago, e Anthony pensou: *Fizemos aquilo contra Paris.*

Anthony voltou a olhar para o celular. A manchete no site da CNN ainda informava que 60 pessoas tinham sido mortas em tiroteios e explosões; que havia reféns. Ele queria que não fosse verdade, queria que fosse um erro; pelo menos que a contagem começasse a ir para a direção oposta.

A manchete mudou para um grande letreiro preto com grandes letras brancas: MAIS DE 100 MORTOS.[1]

Anthony não conseguiu se livrar da ideia de que ele era o culpado. Que *aquilo é por nossa causa. Impedimos um ataque, e eles voltaram dez vezes pior, para advertir os franceses de que eles não haviam impedido nada.*

Ele não sentia o mesmo que todas as pessoas que lhe enviavam mensagens. Ele não queria ter estado lá. Sentia que tivera muita sorte quando estava lá, e sentiu culpa. Ele, Spencer e Alek se intrometeram no caminho do destino, e o destino havia voltado, para se vingar. Os terroristas estavam respondendo aos três, e usando centenas de pessoas inocentes na França para dar o recado de que não podemos impedir o curso da história. Só podemos, talvez, mudar o quando e quão ruim era.

Fizemos aquilo contra eles.

Seriam necessários meses até Anthony aceitar plenamente que sua reação estava errada, que ele não tinha incentivado um ataque em represália, e que, em vez disso, o cabeça da organização tinha planejado pelo menos de quatro a seis outros atentados, descobertos antes de acontecerem. Seu nome era Abdelhamid Abaoud, e embora estivesse envolvido na trama de Ayoub El-Khazzani contra o trem,[2] e talvez tivesse sentido pressão por causa dos fracassos passados, tinha muitas alternativas além do ocorrido a bordo do trem das 15h17 para Paris. Se Anthony, Alek, Spencer e os outros ali, naquele dia — "Damian A.", que retardou El-Khazzani, Mark Moogalian, que tentou agarrar a metralhadora e levou um tiro, tudo antes de Anthony acordar, e Chris Norman, que ajudou a amarrar El-Khazzani e depois passou cerca de dois dias consecutivos traduzindo —, se algum deles por acaso estivesse em outro lugar, não estivessem ali para impedir o ataque, não havia motivos para acreditar que isso impediria o cabeça da organização de planejar outros ataques. Significaria que, em vez de 130 pessoas morrerem em um único ataque, 400 ou 500 teriam morrido em dois.

No entanto, naquele momento, não importava. Nenhum raciocínio teria ajudado Anthony a espantar o pensamento terrível de que ele era responsável.

E havia outro motivo pelo qual Anthony se sentia ligado à matança em Paris. Não era só o fato de que ele se convencera de que a inspirara. Era porque ele, agora, se sentia íntimo da cidade. De certo modo, era engraçado que aquela cidade, da qual tinham ouvido coisas desagradáveis durante a viagem deles, e que quase deixaram de visitar, tivesse dado a ele suas melhores lembranças.

Parcialmente, é claro, porque o apreço foi incrível, espetacular e autêntico. Não foi uma questão de celebridade; foi uma questão de humanidade.

Anthony não achou que as pessoas em Paris queriam estar perto deles porque eles eram famosos; ele ainda nem se sentia famoso. Os parisienses fizeram Anthony sentir que ele e seus amigos tinham lhes dado um presente extraordinário. As pessoas não queriam uma parte deles, queriam, sim, ter certeza de que os rapazes fossem devidamente agradecidos. Assim, depois que Anthony desligou a TV, foi que ele começou a pensar. Paris, logo depois do trem. Os parisienses; o início de sua fama. Ele se sentou diante da tela sem imagem do aparelho de TV, pensando naqueles quatro dias que haviam passado em Paris, e em tudo que aconteceu depois.

Notas

1. "More Than 100 Killed", CNN, http://www.pastpages.org/screenshot/2609665/.
2. Soren Seelow, "Abdelhamid Abaaoud, l'instigateur présumé des attentats tué à Saint-Denis", *Le Monde*, 16 de novembro de 2015, http://www.lemonde.fr/attaques-a-paris/article/2015/11/16/qui-est-abdelhamid-abaaoud-le-commanditaire-presume-des-attaques-de-paris_4811009_4809495.html.

36.

Em agosto, quando Anthony e seus dois amigos receberam a mais importante condecoração da França, seu maior problema era o que vestir. Outro contraste engraçado: eles estavam cercados pelo esplendor da mansão da embaixadora em Paris, mas suas roupas estavam sujas e, de qualquer forma, nenhum deles pensou em trajes sociais em uma viagem de mochila pela Europa. O melhor que eles tinham eram camisas de times de futebol cobertas de sangue. Não havia tempo para fazer compras nem, com certeza, para conseguir alguma coisa sob medida. Assim, eles estavam prestes a receber a Legião de Honra do presidente da França usando agasalhos esportivos.

O chefe Griffith teve uma ideia. Ele sumiu e depois voltou com um saco cheio de roupas. "Ok, experimentem", ele disse. Eram calças cáqui, sapatos, cintos. "Mas quero tudo de volta."

"Droga, chefe", Anthony disse, segurando uma calça para examinar o tamanho. "Onde você conseguiu essas coisas?"

"Peguei emprestado. Dos fuzileiros navais. Dos fuzileiros navais *de verdade*. Assim, se vocês não quiserem que os caras mais fodões dos Estados Unidos venham atrás de vocês, é melhor devolverem tudo em boas condições." Griffith foi até o destacamento dos fuzileiros navais da Embaixada e atacou seus armários, mas ninguém tinha ternos ou blazers. Aparentemente, os fuzileiros navais não tinham nenhum motivo a mais para ter ternos do que os mochileiros. O melhor que eles tinham eram camisas polo. Assim, os rapazes foram receber a maior condecoração francesa parecendo universitários a caminho de um churrasco. Posteriormente, quando os noticiários veicularam as imagens da cerimônia, os âncoras tentaram explicar o visual deles, dizendo coisas como "Os três vestidos... *casualmente* receberam a maior condecoração francesa...".

Anthony não se importou muito com a roupa que estava usando. Quando ele entrou no saguão da Embaixada com os outros, todo o público ali reunido irrompeu em aplausos. E o entusiasmo não diminuiu. Simplesmente continuou. Alguém se inclinou na direção dele e disse em seu ouvido: "Você impediu o nosso 11 de Setembro." O público continuou urrando, com a excitação se alimentando de si mesma; ou seja, o fato de vibrarem por tanto tempo se tornando algo para rir e aplaudir. Finalmente, Anthony decidiu que poderia durar mais alguns segundos e, então, tirou sua câmera e começou a filmar. Ainda assim, o público não se calou. Foi o aplauso mais estrondoso que ele já havia escutado. Ele começou a ter uma ideia do que aquilo havia significado para as pessoas.

Eles embarcaram em um SUV preto para o curto deslocamento até o palácio. Uma fila de jornalistas e uma guarda de honra os aguardavam. Joyce, Heidi e Everett chegaram com eles após viajarem a noite toda. Pousaram no Aeroporto Charles de Gaulle menos de uma hora antes da cerimônia, desembarcaram do avião e entraram no carro de um comboio, que percorreu o caminho até o palácio a toda velocidade. Anthony ficou feliz por ver rostos mais familiares, feliz por ver Heidi se aproximar de Alek, segurar seu rosto entre as mãos e dizer: "Lembra do que eu te disse antes da sua mobilização? É *isso*!" O que pareceu legal, seja lá o que fosse, e Alek sorriu, mas os pais de Anthony ainda não haviam chegado.

"Tudo bem, senhor?" Um francês magricela pegou Anthony pelo braço e o levou a um palco, apontando para um X onde Anthony devia ficar. "Ele vai se aproximar de você", o homem disse, como se "ele" fosse um garçom ou algo assim, e não o presidente da França. "Ele vai prender a condecoração em você e vai apertar sua mão. É isso."

"Só isso?"

O X de Anthony o colocou ao lado de Chris, enquanto Alek e Spencer ficaram do outro lado do pódio. O magricela pôs um pequeno fone de ouvido em Anthony para ele conseguir escutar a tradução. Porém, se o presidente se dirigisse ao público falando mais rápido do que o tradutor conseguisse acompanhar, Anthony não saberia se devia sorrir ou se devia parecer sério. A única coisa que ele nunca teve dúvida era de sua capacidade de agir adequadamente em qualquer situação e, naquele momento, não tinha a mínima ideia. Assim, buscou uma expressão neutra.

Onde está o meu pai?

O presidente começou a falar.

"É preciso saber que Ayoub El-Khazzani portava armas de fogo e 300 projéteis de munição", a tradutora simultânea disse em seu fone, "para entender o que eles evitaram: uma tragédia, um massacre. Seu heroísmo deve ser um exemplo para muitos e fonte de inspiração. Diante do mal do terrorismo, há um bem: o da humanidade. Vocês são a encarnação disso."

Anthony correu os olhos pelo público. Muitas pessoas de aparência importante. Seu pai ainda não estava ali. Houve algum problema com o avião? Ele não pôde embarcar em Sacramento?

"Não somos fracos como sociedade que se defronta com o terrorismo. Somos fortes quando nos mantemos unidos." Anthony procurou manter o olhar direcionado para a frente, mas notou o olhar do presidente em sua direção. O discurso parecia mais importante em francês. "Se algo acontece", a tradutora simultânea disse em seu fone, "você precisa responder. Você precisa fazer alguma coisa." Aquilo não pareceu muito oficial. Pareceu algo que o próprio Anthony diria.

De fato, parecia com algo que Anthony tinha dito na entrevista coletiva do dia anterior. Ele ficou arrepiado. O presidente da França acabara de citá-lo! Naquele momento, ele podia dar um sorriso tímido. E quando voltou a correr os olhos pelo público, pelo canto do olho viu uma porta à esquerda do palco se abrir e seu pai e sua madrasta entrarem. Anthony trocou olhares com cada um deles, acenou com a cabeça, e eles sorriram de volta. O que ele viu no rosto do pai era orgulho bruto, não filtrado, que estava tentando conter. Anthony sentiu vontade de rir, para deixar todo o seu rosto se iluminar com um sorriso. *Você pode acreditar nisso, pai!* No entanto, ele procurou reassumir uma expressão séria, temendo que o presidente francês dissesse algo triste ou trágico enquanto Anthony sorria como um idiota. Alguns minutos depois, o presidente estava parado diante dele, prendendo a principal condecoração da França pouco abaixo de seu colarinho e o beijando dos dois lados do rosto.

Simplesmente começa. Anthony estava dormindo e acorda. Spencer está olhando para ele com uma expressão estranha porque um corpo acabou de passar como um borrão por eles.

Então, Spencer desaparece.

Anthony sente uma descarga de adrenalina e pensa: *Temos de fazer alguma coisa.* Alek já se levantou de sua poltrona e vai atrás de Spencer. Anthony fica de pé e se desloca pelo vagão como se estivesse em uma plataforma movida a jato lançada para a frente. Em um instante, está ao lado de Spencer. Alek se inclina para baixo e pega a metralhadora; a iluminação atinge o metal e ativa algo em Anthony. Alek aponta a arma para a poltrona onde Spencer e o atirador estão atracados. Os sons ao redor de

Anthony desaparecem e a consciência soca sua cabeça, como uma pesada mão e aberta: Alek vai matar Spencer.

Anthony sente como se uma droga tivesse sido injetada nele, que não só o afeta, como também tudo ao redor. Assim, seus membros se movem como se estivessem se movendo através de um líquido denso, retardando tudo, exceto ele. Anthony consegue ver tudo acontecendo com um brilho perfeito; tudo está incrivelmente claro, incrivelmente óbvio, incrivelmente lento. Alek engatilha a metralhadora e a move lentamente na direção dos dois corpos que se contorcem na poltrona. Desse ângulo, Anthony pode ver isso claramente. O projétil vai atravessar o homem e atingir Spencer.

Parece que leva um minuto para o gatilho ser deslocado para trás. Tempo suficiente para o cérebro de Anthony percorrer uma série de ideias, como uma antiga *jukebox*, arremessando e trocando discos atrás do vidro.

Alek, não faça isso, você vai matar Spencer também!

Alek, faça isso, mate-o agora porque esse sujeito é um terrorista!

Alek, não faça isso porque você vai respingar a cabeça desse homem em cima de todos nós, e você não quer ver isso, e eu também não quero!

O cérebro de Anthony fica todo torcido; os pensamentos começam a se cruzar e se misturar. Então, a corrente range e para, e sua mente se imobiliza e fica em silêncio. Alek puxa o gatilho.

A arma não dispara. Novamente, o tempo acelera, e Alek está golpeando o homem com violência. O cano da arma que o atinge deveria tirar sangue e fazer barulho, mas nada disso acontece. Isso faz mais sentido para Anthony, isso está certo, esse homem precisa de uma violência administrada, que não o mate. Anthony observa a testa do homem, onde o sangue deveria aparecer, mas não aparece. Então, Anthony dirige o olhar para baixo e vê o rosto do homem. Cada vez que um golpe o atinge, o rosto desaparece de foco, com a força disso; em seguida, ressurge, e o homem simplesmente olha para Alek.

Ele volta a ser atingido, vibra, fora de foco, olha novamente para Alek. Ele não está perdendo a consciência. É sobre-humano. Não revela sinais de dor. Sua pele está amolecendo com os golpes da arma, mas ele olha fixamente. Spencer não dá trégua; são segundos ou minutos, Anthony não tem certeza, mas ele está observando o terrorista com atenção, porque espera que ele perca a consciência. É a coisa mais intensa que Anthony já viu. É uma extrema brutalidade entre duas pessoas, mas o homem nem está lutando. Ele assimila os golpes. Ele olha fixamente.

É pungente. Ele tem uma expressão de puro ódio, mas é um ódio diferente de qualquer outro que Anthony já tenha visto. Não é raiva do que está acontecendo agora. É uma raiva mais serena e mais profunda; tão profunda que o que está acontecendo agora só está perturbando a superfície. Vai durar muito mais do que a situação de inferioridade em que ele está agora. É tão profunda que ele vai aguardar. Ele está dizendo para Alek: não tenho pressa. Com o tempo, vou escapar deste estrangulamento e matar você e o maior número de pessoas possível.

Em seguida, ele perde a consciência.

37.

Depois da cerimônia, estava na hora de Anthony voltar para casa. No Aeroporto Charles de Gaulle, ele se dirigiu até um jato que o aguardava. *Puta merda!*

Uma ideia se apossou dele. Por um instante, a descartou, mas em seguida pensou: *Por que parar agora?* Pegou o bastão de selfie, estendeu o cabo telescópico e registrou o fim de sua viagem europeia.

O interior do avião era luxuoso. Revestimento de cerejeira escura em todos os lugares. Era madeira de verdade? Não importava. Poltronas cor de creme que o engoliam. Bandejas e gavetas que apareciam do nada com comidas, doces, bebidas, tudo o que você quisesse. Compartimentos secretos que surgiam magicamente para oferecer lanches ou sucos, como se toda a máquina tivesse sido projetada para satisfazer suas necessidades.

Anthony se acomodou em uma das poltronas. O encosto se moveu para trás e a poltrona se reclinou, de modo que todo o seu corpo de 2 metros de altura foi acomodado. O avião era muito silencioso, com o rugido das turbinas reduzido a um ronronar reconfortante, que abafava a intensidade de tudo que acabara de acontecer. Sua vida tomou um novo rumo após o trem. Foram quatro dias em que ele em nenhum momento voltou a si, com flashes de câmeras, telefonema do presidente, uma assistente da embaixadora adotando Spencer, Alek e ele como se fossem seus próprios filhos, a suíte presidencial, uma condecoração de que ele nunca havia ouvido falar, dada por um presidente cujo nome ele ainda não tinha certeza de como pronunciar. Tudo isso empurrado para um recôndito canto de seus pensamentos pelo barulho das turbinas. Então, um pensamento final emergiu: *Nós nunca chegamos à Espanha*, antes que também se afastasse, flutuando, e pela primeira vez em quatro dias Anthony dormiu.

Catorze horas depois, ele ressuscitou. Estava em Oregon.

Esfregou os olhos, ficou de pé e foi levado a um voo para Sacramento, onde ficou, pela primeira vez, exposto à pressão da fama, que era irritante, engraçada e mais ou menos constante.

Fama. Ele era famoso? Era um pensamento estranho. Por um lado, ele não tinha feito muita coisa para se tornar famoso. Por outro, o que era mais importante: estrelar um filme, cantar uma música de sucesso, enterrar a bola na cesta em um jogo de basquete? Ou impedir um atentado terrorista? Ele sentiu, durante aqueles momentos sinistramente calmos no trem, que a França iria enlouquecer. Eles não eram três fuzileiros navais como o noticiário continuava insistindo, mas Alek e Spencer *eram* militares. Então, ainda era uma história de soldados americanos derrotando um terrorista. Ele não ficou surpreso com o fato de a França ter transformado aquilo em algo muito importante. Ele previu a narrativa imediatamente: militares americanos salvam o mundo!

Porém, Anthony não tinha ideia exata de quão importante seria, e não lhe ocorreu que qualquer um fora da França se importasse com o que havia acontecido, ou realmente entendesse aquilo. Porque a ficha também ainda não tinha caído para ele. Ainda era um momento pequeno e confuso em sua vida, um breve e incompleto vislumbre em sua memória. As imagens reproduzidas na tela de sua mente, quando ele fechava os olhos, eram todas as coisas que aconteceram em um palco pequeno e estreito, um retângulo de 2,5 metros quadrados confinado no corredor de um vagão. Eram, principalmente, imagens que envolviam cinco pessoas: Spencer; Alek; Chris, o britânico; o terrorista e Mark, sangrando.

Talvez fosse por isso que não era possível aceitar que centenas de pessoas ainda estavam vivas por causa dele. Como alguém compreende algo assim? "Centenas de pessoas" se parecem com o quê? Quanto espaço elas ocupam? Talvez fosse uma questão de fisiologia, apenas um fato da ciência de que o cérebro não está equipado para visualizar esse sofrimento. O cérebro precisa de algo compreensível. Quer familiaridade.

No curto voo de Oregon para Sacramento, Anthony viu, pelo canto do olho, uma pessoa que achou que conhecesse.

Porra, ele é...? Fizeram contato visual.

"Anthony? *Anthony!*"

Por um instante Anthony ficou confuso. Era ele... Espere, era John Dickson no mesmo voo? Eles tinham tentado se encontrar na Alemanha. Agora, ali estavam eles... Onde estavam? Anthony tinha adormecido na França e acordado em Oregon, e precisou de algum tempo para se situar de novo nos Estados Unidos, e não em algum lugar em Munique ou Berlim, ou no lugar onde tinha estado havia apenas uma semana. Um período de tempo que agora parecia incrivelmente longo.

"John? O que você está fazendo aqui?" Qual era a probabilidade? Depois de tentarem tantas vezes se encontrar na Europa, acabaram no mesmo voo de curta duração entre Oregon e Sacramento.

"O que vocês *fizeram* lá?"

Anthony começou a perguntar para John a respeito de jogar basquete semiprofissional na Alemanha, mas foi interrompido por um tapinha no ombro. Uma mulher de meia-idade, de terninho, ajoelhou-se ao lado dele.

"Sr. Sadler? Desculpe incomodá-lo, mas acabei de perceber que estávamos no mesmo voo. Sou jornalista de um canal de Portland." O novo normal de Anthony tinha começado. "Este é o meu cartão. Me ligue, ok? Se quiser aparecer na TV."

Ela voltou para seu lugar e Anthony fez ar de espanto. Em seguida, olhou para John, que estava rindo e balançando a cabeça. "Ela já havia tentado", John disse. "Ela tentou me dar esse cartão quando embarcou. Duvido que tenha 'acabado de perceber' que estava no mesmo voo."

Assim, Anthony estava começando sua fama recente com uma justaposição: ele era bastante famoso para atrair jornalistas em voos apenas pela possibilidade de entrevistá-lo, mas não bastante famoso para superar a impressionante incapacidade da mídia de perceber a diferença entre negros.

O pequeno jato regional aterrissou e taxiou. Quando Anthony apareceu no alto da escada, o circo começou. Era como se ele estivesse em um compartimento hermeticamente fechado, protegido da exposição aos olhos de milhões de americanos, e, de repente, a pressão tivesse se tornado muito grande, explodido, e agora, ali, ele ficou exposto. Os helicópteros da impressa circulavam a baixa altitude para registrar sua chegada. Ao pé da escada, três agentes do FBI e dois policiais o pegaram e o levaram rapidamente até uma saída lateral do aeroporto, antes mesmo que ele pudesse se despedir adequadamente de John. Nesse ínterim, John entrou no terminal e foi emboscado por dezenas de flashes de câmeras e microfones empurrados na direção de seu rosto. "Anthony, Anthony", eles gritaram para John. "Feliz por estar em casa?" Enquanto isso, o verdadeiro Anthony foi embarcado em um comboio de carros e rapidamente levado dali.

A casa de seus pais já estava cercada por diversos caminhões de emissoras de TV com as antenas de satélite totalmente estendidas. Assim, o pai de Anthony tinha reservado um quarto de hotel, mas Anthony queria sua própria cama. "Vocês podem me dar uma carona até meu apartamento? Vou ficar bem. Se não houver ninguém do lado de fora."

O pastor Sadler reencaminhou os xerifes.

Mas Anthony estava tendo dificuldade de se ligar à experiência do que acontecia ao seu redor. No íntimo, ele não sentia que salvara centenas de vidas. Era algo quase impossível de aceitar. Que foi o Super-Homem, voando acima de um avião gigante, e o empurrando pouco antes de ele bater no topo da montanha. Se ele não conseguia internalizar completamente quantas vidas tinha salvado, como todas essas outras pessoas conseguiam? O que concluir de todos aqueles caminhões de emissoras que cercavam sua casa como se a estivessem guardando? Todos aqueles jornalistas entendiam?

Era nele que estavam interessados, era na importância do que aconteceu, ou era outra coisa? Eles eram como a jornalista no avião, fingindo (naquele momento, ele tinha certeza) um encontro inesperado quando, na realidade, queriam seu rosto para elevar seus índices de audiência? Anthony não se importava muito com isso, mas não fazia ideia de quanto tempo duraria aquele valor que agora tinha dentro de si e que os outros queriam extrair. Logo, Spencer diria a Anthony que havia recebido telefonemas de assediadores e de âncoras de noticiários locais, implorando que ele fosse aos seus programas como se ele lhes devesse isso, porque conseguir um dos três heróis era promoção garantida.

Então, Anthony tinha um novo poder agora: o poder de impulsionar carreiras.

As perguntas giravam em sua mente, mais perguntas do que respostas, mas a única coisa de que ele tinha certeza era que estava exausto. Se quisesse ter alguma utilidade para alguém, precisava descansar.

Misericordiosamente, nenhum jornalista havia descoberto seu apartamento, ainda. O condomínio era cercado, mas não tinha vigilância. Os portões sempre ficavam abertos, não proibindo a entrada de indesejáveis, sequer sugerindo que, se não fosse muito inconveniente, ficassem longe. Dois homens de terno preto saíram do SUV com ele e o acompanharam até a porta. Ninguém estava ali. "Sim, vou ficar aqui", Anthony disse.

Anthony estava em casa.

Em seguida, silêncio. Era estranho estar ali sozinho, sem Alek e Spencer, que ainda permaneciam na Europa, sendo inquiridos pelos militares. Além disso, Spencer estava recebendo novos cuidados médicos.

Era estranho estar de volta. Tudo em sua vida estava diferente, mas tudo na frente dele parecia igual. Parecia uma leve ofensa que seu apartamento estivesse exatamente como o deixara, depois do que ele acabara de passar... Seja o que for o que ele acabara de passar. As cores deviam ser mais brilhantes. Os quartos, maiores. Tudo fora surreal, incomensurável. Naquele momento, Anthony estava em casa, e a casa era exatamente a mesma, e ele não se encaixava nela. Sentia que estivera em um sonho; naquele momento, estava acordando em uma cama que ele mesmo precisava arrumar; em um apartamento decorado por um universitário, e não por um designer de interiores parisiense; em um curso que precisava terminar.

Anthony não queria ficar sozinho. Telefonou para todas as pessoas de quem conseguiu se lembrar, e logo tinha 20 delas pedindo para que ele contasse a história. No entanto, mesmo com todos os seus amigos e colegas de classe ao redor, havia uma pessoa com quem ele queria muito conversar.

Spencer, Anthony pensou, com o apartamento cheio de gente, *como você sacou, irmão? Spencer, como você soube que o terrorista estava atrás de nós?*

38.

Havia pequenas obrigações que vinham com a fama. Anthony estava aprendendo. O jet lag ou o fim do barato lhe provocaram uma crise, deixando-o grogue, exausto e com dor de estômago. Ele sentia a separação em relação a Spencer e Alek. Queria conversar com eles, queria estar com eles. Algo grave tinha por acaso reunido os três, mas, naquele momento, ele estava irritantemente separado de seus parceiros. Isso o fazia se sentir incompleto, enfrentando aquele país sozinho, como se fosse o único que tivesse feito algo: uma mesa com um único pé.

"Você tem de dar uma entrevista coletiva", o pai dele disse. "Eles só vão deixá-lo em paz depois disso. Ou você quer que eles fiquem andando atrás de você onde quer que você vá?"

A última coisa que Anthony queria fazer era se apresentar em público desse jeito, sem Spencer e sem Alek, sentindo-se grogue e exausto. No entanto, ele sabia que a casa de seu pai estava cercada pela imprensa, e os jornalistas começavam a aparecer na igreja dele. Se ele não desse algo à imprensa, aquilo não pararia.

"Tudo bem, vamos fazer isso", seu pai disse. "O prefeito e eu vamos falar a maior parte do tempo. Você fala por alguns segundos e depois vai embora. Faça sua aparição. Vamos dizer que você precisa descansar. Eles vão entender."

"O que eu falo?"

"Pense apenas em como você se sente, e diga isso." O que Anthony faria se o pai dele não fosse pastor, com anos de experiência e conselhos a respeito de falar em público? "Não precisa ser pomposo ou profundo. Na verdade, não deve ser. Apenas diga o que sente, filho."

"Estou com vontade de vomitar."

"Bem, talvez seja melhor não dizer isso."

Anthony engoliu alguns antiácidos, olhou-se no espelho — um pouco pálido, mas ninguém podia dizer que ele estava doente —, e foi para a cidade. Rodeado por policiais, dirigiu-se a um palco montado fora do prédio da prefeitura e, em seguida, fez o que lhe pediram.

"Eu gostaria de agradecer a todos por terem vindo. Depois de alguns dias de loucura, é bom estar de volta ao solo americano, mas, sobretudo, ao solo de Sacramento. Hum, esta é a minha casa, e eu estou contente por estar de volta e ver todo mundo. É um pouco estranho para mim. Não esperava que tudo isso acontecesse, mas agradeço a vinda de todos e, hum, é muito bom voltar para casa. Obrigado."

E isso foi tudo que Anthony conseguiu dizer. Em seguida, deixou o palco.

Quando seu pai assumiu o microfone e concordou em responder a algumas perguntas, um jornalista fez uma que ficou reverberando na cabeça de Anthony: o pastor Sadler tem alguma preocupação de que seu filho possa ser alvo de terroristas?

Era uma pergunta ridícula, e Anthony esperava que seu pai não respondesse de modo muito rude.

"Sim, tenho", ele respondeu.

Anthony não conseguia acreditar no que tinha acabado de ouvir.

"Mas não há ameaças palpáveis neste momento."

Meu pai acha que estou em perigo?

Anthony procurou deixar o pensamento passar. Mesmo que as pessoas ao seu redor fossem quase todas da imprensa, e mesmo que ele quisesse muito ir para a cama e desabar nela, o público ali parecia realmente feliz por ele.

Naquele dia, mais tarde, ele viu a notícia da afiliada local da NBC a respeito da entrevista coletiva. "Sadler falou por menos de 30 segundos", o correspondente afirmou. "Em seguida, saiu sem responder a nenhuma pergunta. A polícia fechou as ruas ao redor da prefeitura e um comboio o levou embora rapidamente."

39.

Quando Anthony finalmente conseguiu entrar em contato com Spencer, já estava nos Estados Unidos havia quase uma semana. De algum modo, a semana pareceu ao mesmo tempo, mais longa e mais curta do que sete dias. Por um lado, Anthony tinha a impressão de que fora ontem que eles três estavam juntos no trem, mas, por outro, muita coisa acontecera desde então. Na lembrança dele, os poucos dias entre aquele momento e este momento tinham sido repletos de acontecimentos que definiriam sua vida. Isso fez Anthony achar que mais tempo havia passado ou, no mínimo, um tempo mais *significativo*. O tempo em si parecia um conceito fluido, tal como no trem. Passaram-se minutos ou horas?

E ele também achou que havia passado mais tempo do que uma semana porque estava se sentindo sozinho. Os três deviam permanecer juntos, todos em casa, todos saudados como heróis juntos. No entanto, desde aqueles dias juntos na Embaixada em Paris, eles seguiram direções diferentes. Spencer ainda estava na Base Aérea de Ramstein, na Alemanha, quando finalmente atendeu a uma das ligações de Anthony. Ele não estava muito bem.

"Quero dizer, é legal que todos estejam tão preocupados, mas é demais", Spencer disse. "É ininterrupto. Sempre há pessoas por perto, como se 1 milhão de pessoas quisessem cuidar de mim. Só quero voltar para casa."

"Eu sei, cara. Gostaria que você estivesse aqui para ver como as coisas estão nos Estados Unidos. Eles nos amam aqui."

Isso não pareceu levantar muito o moral de Spencer. Talvez ele estivesse tendo sua própria ressaca sobre tudo que tinha acontecido.

Além disso, a Força Aérea indicou à família de Spencer uma pessoa para ajudar a lidar com todas as novas e estranhas demandas. Sem mentira, era uma ex-aluna da escola cristã. Qual era a probabilidade? Uma escola com uma dúzia de crianças em uma classe e por acaso ela estava ali?

"O que você precisa é voltar para cá", Anthony disse. "Sacramento nos ama. Estou entrando em boates de graça. Saio para comer e as pessoas pagam a conta para mim. Eu conseguiria me acostumar com isso."

"Bem, aconteceu um pouco disso... Se é que você me entende."

"Ah, sério? O que aconteceu?"

"Nós saímos escondido da base. Tivemos que colocar no porta-malas um dos caras da Polícia do Exército para passar pelo posto de controle." Eles haviam ido até um bar que atendia os soldados americanos da base, administrado por um velho expatriado americano que por algum motivo enraizou-se na Alemanha, mas que devia sentir falta de garotos americanos, porque abriu um bar e fazia coisas como oferecer doses de bebida na casa quando um herói dos Estados Unidos atravessava a porta. No momento em que Spencer tomou um gole da bebida, o sistema sonoro soltou o riff da introdução de "Born in the USA", de Bruce Springsteen. "Então, senti um tapinha em meu ombro", Spencer disse. "Juro, uma garota perguntou se eu queria beber uma dose no corpo dela. Claro que eu aceitei a proposta. Enquanto fazia isso, todo o bar cantava 'USA!! ... USA!! ... USA!!' Até aqui eles reparam em mim em todo lugar."

Mas houve outra coisa que o surpreendeu ainda mais, Spencer disse para Anthony. Ele saiu para jantar fora da base com sua família e uma outra. No trajeto, a caçula dessa outra família ficou discutindo com os irmãos a respeito de quem se sentaria ao lado dele na mesa. Ela venceu, mas então, a noite toda, encarou-o como se não entendesse totalmente alguma coisa a respeito de Spencer. Depois do jantar, ela finalmente tomou coragem para fazer uma pergunta: "Você é um super-herói?"

Anthony conseguiu ouvir Spencer movendo o telefone "Então ela disse que queria me abraçar. Mas estava com medo, porque eu ainda estou com o gesso e não tirei os pontos. Ela disse que queria me abraçar, mas estava com medo de me machucar. Então, tudo veio à tona. Eu chorei, cara."

40.

No início, não era sério. Os três começaram a receber pedidos da mídia. Então, um relações-públicas de Sacramento começou a ajudá-los a acompanhar todos os pedidos que chegavam, e produziu três páginas, frente e verso, com esses pedidos. Era muita coisa. Como uma pessoa podia atender todos, mesmo três, quatro ou cinco deles? Anthony pegou a lista e eliminou aqueles que sabia que não queria atender. A maioria dos pedidos não era fácil de rejeitar — quando a fama finalmente bate à porta, você não a fecha na cara dela —, mas um era um óbvio "Não, obrigado": *Dancing with the Stars*.

E então, certa manhã, uma semana depois de Anthony voltar de Paris, enquanto ele (achava que) era o único dos três de volta aos Estados Unidos, seu pai lhe disse que havia uma atração no programa *Good Morning America* a que ele deveria assistir. Anthony fez isso. Após um clipe de Gary Busey montando um cavalo, o apresentador chamou Tom Bergeron, eterno apresentador de *Dancing with the Stars*, que estava na Times Square.

Todos os integrantes do elenco final foram anunciados, exceto um. "Tom, você vai nos dar a honra de revelar a estrela supersecreta?", o apresentador perguntou.

"Sim, claro", Tom disse, sentado em uma cadeira de diretor no meio da Times Square. "Eu soube dessa inclusão tardia em nosso elenco ontem à noite. Fico empolgado por apresentá-lo. Ele foi um dos três americanos que prenderam um terrorista a bordo de um trem lotado em Paris."

Puta merda, é o Alek! Na Times Square!

Ou melhor, a sombra de Alek atrás de uma tela rosa. Mas, inconfundivelmente, era ele. Mesmo em silhueta monocromática, Alek tinha uma postura desengonçada característica. Mãos nos bolsos e um grande topete loiro à Johnny Bravo. Em rede nacional, ele atravessou uma cortina de contas, sorrindo de orelha a orelha. Em seguida, virou-se, porque as contas se agarraram como tentáculos à sua camisa e ele precisou se livrar delas. Libertou-se, saiu tropeçando e cumprimentou Paula Deen, chef celebridade de 65 anos, batendo a palma aberta da mão dele na palma aberta da mão dela, a caminho de seu assento. Alek não parecia tímido nem acuado. Parecia estar em seu hábitat, sentando-se na Times Square com seu jeans básico e tênis de corrida, ao lado de um punhado de homens de terno e mulheres com blusas de grife com decotes generosos.

Anthony não podia acreditar que estava vendo o mesmo Alek. Era mesmo seu amigo sentado ao lado da filha do Caçador de Crocodilos? Sentado diante de uma estrela das redes sociais que vendia esfregões? Apresentaram um Backstreet Boy de um set onde ele estava fazendo um filme. Anthony estava vendo seu amigo virar um ídolo pop diante de seus olhos.

Ele e Spencer iriam atender pedidos da mídia mais adultos. Anthony decidiu que seria bacana ir a programas a que ele assistia sempre: Jimmy Fallon (que foi um erro; Jimmy Kimmel tratou Spencer bem melhor) e Lester Holt, do noticiário da noite. Enquanto isso, esperavam que Alek fizesse papel de bobo em rede nacional.

No entanto, uma coisa maluca aconteceu no caminho do constrangimento nacional de Alek. Ele não foi eliminado do programa.

Continuou avançando.

Sobreviveu às rodadas eliminatórias.

Conseguiu passar pela primeira metade da temporada.

Chegou à primeira final. Então, Spencer e Anthony foram a Nova York para vê-lo na primeira noite, já que, sem dúvida, ele seria eliminado antes de chegar à última final.

Não foi. Chegou a última noite. Alek parecia à vontade com a maquiagem sob as luzes. Com certeza, ele era a única "estrela" cuja parceira de dança profissional lidava com a maioria das perguntas. Parece que os produtores perceberam rapidamente que Alek não era o concorrente mais prolixo que já tinham tido, que não era a melhor escolha para uma historieta apaixonada, mas ele parecia gostar de atuar. De fato, parecia ter isso nele. Anthony nunca notou esse lado de Alek, mas pareceu algo que sempre estivera ali. Alek não estava fingindo; ele nunca fingiu. Assim, Alek realmente gostava de atuar. Era como se estivesse escondendo seu lado artístico o tempo todo, e precisasse do trem para trazê-lo à luz.

De sua parte, Anthony escolheu dar sua primeira grande entrevista para Lester Holt. Não só porque Holt era o âncora do telejornal noturno de maior audiência do país, alcançando quase 10 milhões de pessoas todas as noites, mas porque Holt era ex-aluno da Sacramento State e havia frequentado a escola de ensino médio na rua onde Anthony cresceu. Quanto mais mundialmente conhecido Anthony se tornava, mais aqueles vínculos locais começavam a ter importância. Era engraçado que, embora tivessem crescido a pouca distância um do outro, Anthony precisasse viajar até Nova York para encontrá-lo. E teve de viajar para ainda mais longe, para a França, para receber o convite.

Mas aquela era a primeira vez de Anthony em Nova York, e ele estava sem os seus dois amigos. Ele não tinha falado muito com Spencer. Na realidade, apenas uma única vez, quando Spencer lhe contou a respeito de uma garota — principalmente, da dose de bebida que tomou no corpo dela — e da menina que o fez chorar.

Ele gravou sua entrevista em um grande estúdio aberto, que parecia ser um elegante loft, moderno e minimalista, como se todo o andar fosse aquele único aposento, com uma única mesa e dois copos d'água. E Lester.

Àquela altura, ele já conseguia contar a história muito bem, mas havia uma parte que ele ainda não aceitava. Uma pergunta de que ele se esquivava sempre que surgia, sem sequer perceber que era o que ele estava fazendo.

"Você deve ter imaginado que tudo poderia ter acabado de outro jeito", Holt afirmou, depois de eles terem feito algumas brincadeiras e terem alguns minutos de conversa informal.

Anthony respondeu usando as próprias palavras de Holt como bote salva-vidas. "Sim, pensei que tudo poderia ter acabado de outro jeito...", mas, na realidade, ele não estava pensando nisso. Estava pensando naquele pequeno mundo que Spencer, Alek e ele coabitaram: o vagão onde estavam. "Ele atirou em Spencer, mas a arma não disparou", Anthony revelou.

Quando Anthony pensava em outro desfecho, só pensava no que poderia ter acontecido com as pessoas no vagão em que ele estava. Aquelas lembranças eram tão poderosas que ele ainda não as tinha ampliado para todo o trem, levando em conta todas as almas a bordo. Parecia que eles tinham salvado a vida de Mark, e se salvado, e foi isso, e foi o suficiente.

Descobriu que ele estava no lugar certo para perceber a dimensão de tudo.

41.

Lee Adler era um programador de 48 anos com uma mente capaz de gerar ideias para programas de computador sem elaborá-las primeiro no papel. Elas chegavam até ele como as músicas para alguns compositores, já com os arranjos em sua cabeça. Ajudava o fato de Lee ser um cientista brilhante, doutor em química nuclear, mas ele dava a impressão de ser mais um ursinho de pelúcia do que um nerd. Lee treinava as equipes esportivas de sua filha, mimava sua mulher e seus animais de estimação, dava presentes para as pessoas no aniversário *dele* e passava os dias trabalhando em Lower Manhattan, na eSpeed, divisão da empresa de serviços financeiros Cantor Fitzgerald.

Do outro lado do andar, Anthony Perez, de 33 anos, alto e forte, com cabelo escuro ondulado, também trabalhava como especialista em informática para a Cantor Fitzgerald. Perez havia trabalhado como corretor de valores, mas sem muito sucesso. Então, passou a trabalhar com informática, e levou sua nova paixão para casa, montando PCs de alto desempenho para seus filhos com peças de reposição.

Além de trabalharem com informática, de trabalharem na Cantor Fitzgerald e de trabalharem no mesmo andar do mesmo prédio, a outra coisa que os dois tinham em comum era o fato de ambos estarem na empresa às 8h45 em um dia claro de setembro, quando o voo 11 da American Airlines se chocou contra a torre norte do World Trade Center. O avião atingiu três andares abaixo do seu escritório. Nenhum dos dois sobreviveu.

Anos mais tarde, quando um memorial para as vítimas dos ataques do 11 de Setembro estava sendo projetado, os autores do projeto decidiram colocar os nomes dos que haviam morrido na torre norte em uma série de placas ao redor de um espelho-d'água, e aqueles que haviam morrido na torre sul ao redor de outro. Além disso, inseriram seus nomes em um algoritmo especialmente desenvolvido, que processou pedidos relativos a nomes a serem postos juntos. Nomes de pessoas que se conheciam, que tentaram se ajudar para escapar, ou que morreram juntas. O algoritmo revelou aos autores do projeto os nomes que deviam ser postos em cada placa e em que sequência. Revelou o lugar onde colocar dois nomes em particular, um logo acima do outro, na placa N-37, na face norte do espelho d'água relativo à torre norte.

Naquele dia, durante sua breve visita a Nova York, Anthony Sadler aproximou-se do memorial a partir de Uptown. Assim, a primeira placa que ele viu ao se dirigir ao espelho-d'água foi a N-37. Correu os olhos por ela, examinando os nomes. Todas as letras dançavam e se tornavam obscuras. O nome Anthony Perez cruzou sua visão com o nome Lee Adler, e por um instante, por uma pequena fração de segundo, pareceu que o nome Anthony Sadler estava inscrito no memorial, junto como todas as vítimas.

Anthony ficou trêmulo. Seu próprio nome entre milhares de mortos. Pela primeira vez sentiu o peso daquilo, mais do que apenas ele, Spencer, Alek e algumas outras pessoas em um único vagão.

Naquele momento, sentiu-se parte de algo muito maior.

Naquele momento, não só *soube* que todas aquelas coincidências impediram algo terrível, mas também conseguia senti-las. Conseguia sentir quão perto esteve. Sentia o que poderia ter acontecido se os seus destinos tivessem decidido de uma maneira um *pouco* diferente, se as orações tivessem sido ouvidas, ignoradas ou interpretadas de maneira diversa por quem quer que estivesse ali no alto processando orações. Sentia como um instante de fissão, estática em uma tela de TV, decidindo mostrar uma imagem diferente no canal errado, um vislumbre de um outro futuro.

Sentia como era insignificante. Quanta sorte, coincidência, Deus ou qualquer coisa haviam conspirado para mantê-lo vivo. Quando levantou os olhos, o que o impressionou em seguida foi o que ele sabia que impressionava *todos* os visitantes: quão *grandioso* tinha sido tudo. O tamanho daquilo o deixou perplexo. Quanto espaço físico havia mudado em um instante. Quanta matéria fora removida, duas megaestruturas desapareceram, junto com todas as pessoas que as ocupavam. Arranha-céus gigantescos se erguiam ao redor, e apesar do silêncio, ele quase podia ouvir, e podia certamente sentir, o caos dos dois prédios caindo no meio daquela cidade apinhada, as almas levantando os braços do negro dos espelhos-d'água. Não era mais algo estranho o que tinha acontecido em todo o país, uma tragédia sofrida por outras pessoas, correndo, pessoas aterrorizadas, por quem ele se sentia horrível, mas que poderiam ter fugido facilmente de um monstro radioativo em Tóquio nos anos 1950. Naquele momento, era real. Naquele momento, era algo que ele podia entender e sentir. Ele era muito pequeno em comparação com aquela *ausência* gigantesca e escancarada.

E seu minúsculo papel, de pé na frente de algo assim. "*Você impediu o nosso 11 de Setembro.*" Alguém em Paris não tinha dito isso?

Anthony não havia pensado muito nisso quando estava em Paris. Porém, naquele momento, foi forçado a entender e ver o que realmente significava "tudo poderia ter acabado de outro jeito". O que "Você impediu o nosso 11 de Setembro" realmente era.

Diante dele estava aquilo que terroristas que não foram impedidos conseguiram fazer. No World Trade Center, o memorial do 11 de Setembro mudou a maneira como Anthony se sentia a respeito do que eles haviam feito. Não era mais "Que legal que conseguimos dominar um terrorista!". Não era mais champanhe e roupões de hotel na residência da embaixadora. Naquele momento, ali, era a gravidade o atingindo em cheio, quase paralisando. Anthony começou a *sentir* o que teria acontecido se eles não estivessem no trem. *Se tudo tivesse acabado de outro jeito*. Não só para ele e seus amigos, mas para todo o trem, para toda uma cidade. Tornou-se algo imenso e esmagador. Anthony pôs as mãos sobre a placa e baixou a cabeça.

Por algum tempo, ficou imóvel, inclinado sobre as placas de bronze, ouvindo o murmúrio da água desaparecendo nos espelhos-d'água, só pensando... pensando, ouvindo o movimento do vento.

O RUÍDO DO VENTO que lambia as janelas do trem diminui. Anthony se dá conta disso só quando terminam de amarrar o terrorista. Ele percebe que o trem está perdendo velocidade só agora que está quase parado. É uma máquina que se desloca de modo tão suave que se mover e não se mover parece quase a mesma coisa. Ele está muito ocupado para prestar atenção em coisas externas. Sua visão se fixa em um emaranhado de membros e no peso morto, porque, mesmo que o terrorista não esteja mais consciente, ainda parece estar resistindo. *Como um homem é pesado*, Anthony pensa, mesmo um homem magro como este. É difícil movê-lo, difícil manipulá-lo, como se ele tivesse chumbo nos ossos.

"Vou verificar os outros vagões." Anthony não sabe exatamente o que Alek está fazendo, mas ele levou a arma. A expressão de Alek não mudou. É exatamente Alek.

O espaço é apertado e desajeitado. Eles não têm os materiais certos. Não têm algemas ou cordas. Então, estão amarrando o homem com a gravata de alguém. Anthony não sabe de quem é a gravata. Com certeza, não é dele. E também não pode ser de Spencer ou de Alek, porque os três estão de short e camiseta.

Anthony testa os nós. Parecem firmes. O terrorista está contido, não vai conseguir se mexer. Anthony se vira para ver o que está acontecendo em outro lugar do vagão.

Como foi que ele não viu? A poucos metros de distância, quase perto o bastante para estender a mão e tocar, um homem está sentado e sangrando muito. De onde ele veio? Quando chegou ali? Anthony estava tão concentrado no que havia diante dele que alijou sua capacidade de identificar dispersões, e algum sistema em seu cérebro colocou o ato de neutralizar um atirador em uma hierarquia acima do ato de tratar possíveis vítimas. Agora, é como se, depois de uma tarefa cumprida, ele passasse para a seguinte, que se materializou na frente dele como um holograma. Um homem sentado a duas poltronas de distância, agonizando por causa da perda de sangue.

"Perda de sangue" não faz justiça: o homem está jorrando sangue, uma imensa quantidade de sangue. Sua camisa está ensopada, e o sangue está esguichando pelo corredor como uma mangueira de incêndio. Como uma pessoa pode produzir tanto sangue? Anthony acha que o homem foi esfaqueado, porque o sangue está jorrando de um buraco no pescoço, como em um filme de terror. Anthony não sabe que, na realidade, o homem foi baleado. Ele olha nos olhos dele por tempo suficiente para ver as pupilas girarem para cima e desaparecerem na cabeça e o corpo tombar para a frente, para fora da poltrona. O homem cai sobre o braço, de modo que, quando chega ao chão, o braço se projeta de debaixo de seu corpo em um ângulo grotesco, como se pertencesse a outra pessoa, e atua como um pé de cabra, escorando o tronco o suficiente para que Anthony consiga ver agora a poça de sangue se espalhando no corredor como se tivesse objetivo, como se o sangue estivesse tentando sair do corpo e escapar do trem.

O sangue é vermelho-escuro. Anthony sabe que é sangue arterial por causa de uma aula de quatro meses antes. Assim, o homem está realmente ainda em pior estado do que aparenta. Esse homem está prestes a morrer.

Anthony não diz nada. Não há tempo para conversa. Se o homem ainda não morreu, restam-lhe apenas poucos segundos de vida. Como ainda pode haver algum sangue nele? Anthony precisa de algo para pressionar o ferimento, e tem que ser agora. Está pensando em uma toalha. Não tem certeza absoluta de por que é disso que ele precisa, mas sabe de um programa de TV, de uma aula ou talvez apenas do bom senso que, quando há uma hemorragia, pressiona-se o ferimento para estancar o sangramento.

Anthony corre, passando pelas poltronas e mantendo o equilíbrio como se estivesse vencendo uma defesa por zona. Estende o braço, alcança a maçaneta e abre a porta. Mas tem de desacelerar. Vira de lado e passa pela porta entreaberta sem diminuir o ritmo. Irrompe no vagão seguinte, onde os passageiros ainda estão amontoados.

"Alguém fala inglês?"

"Sim", "Eu", "Falo um pouco".

"Alguém tem uma toalha?"

Silêncio. Ninguém diz uma palavra. Eles não sabem o que está acontecendo. Ele falou alto demais? Não disse isso? Eles não entenderam? Estão todos em pânico. Anthony pode ver o medo estampado em seus rostos, e estão olhando para ele em silêncio. Ele acha que aquelas pessoas não têm ideia do que está acontecendo. Neste exato momento, a confusão delas se funde com a dele, e Anthony pensa: *O que vou fazer com uma toalha? Uma toalha não vai estancar.*

Agora Anthony está correndo de volta para a pilha de membros. Ele não vai conseguir comunicar o que precisa para os estrangeiros. O que ele precisa, é de seus amigos. Tem a forte intuição de que um deles pode ajudá-lo a salvar o homem agonizante. Não está pensando que Spencer é um paramédico, não está pensando em por que Spencer pode saber o que fazer. Não é um pensamento tão claro. É apenas uma sensação poderosa de que o único jeito de impedir a morte do homem é com a ajuda de seus amigos. Ao voltar para o vagão, Alek não está lá, mas Spencer está, ainda com as mãos e os joelhos sobre o terrorista. "Spencer, temos de fazer alguma coisa."

"O quê?"

"Temos de fazer alguma coisa. Este homem vai morrer."

"Onde ele está?"

"Bem ali. Bem atrás de você. Não sei. Não sei o que fazer."

Spencer nem se levanta. De quatro, ele se vira e engatinha até o homem agonizante. "Vou tentar achar o lugar do sangramento", ele diz. Spencer limpa o sangue do rosto e coloca os dedos no pescoço do homem. Tateia ao redor e, em seguida, pressiona com força. O sangramento para imediatamente. Anthony não acredita na rapidez da solução. Spencer é mágico.

"Não se mexa", Spencer ordena ao homem. "Ou vou perder o buraco."

Anthony vê um estojo de primeiros socorros em suas próprias mãos, mas não é capaz de lembrar como o conseguiu. Ele é tão poderoso que está evocando coisas para si simplesmente pela força do pensamento? Ele despeja o conteúdo do estojo no chão, perto de Spencer, e começa a revirar a pilha, explicando a Spencer o que há dentro, segurando as coisas uma de cada vez na frente de Spencer, para ver se ele acha que pode ajudar.

"Esparadrapo?"

"Não vai ajudar."

"Gaze?"

"Não."

"Ok. Pomada antibiótica?"

"Não."

"Peróxido?"

"Não estou preocupado com infecções neste momento."

"Isso parece uma bandagem."

"Não."

"Tesoura?"

"Não. Espere... Sim, me passe a tesoura."

Alek pega a tesoura. Ele voltou de algum lugar. Alek ainda é o mesmo monótono Alek. "Vou procurar sangue."

Alek corta a parte de trás da camisa do homem e passa a mão pelo corpo dele. Alek deve ter aprendido a fazer isso no Afeganistão.

O homem se queixa: "Meu braço, rapazes. Meu braço está doendo. Vocês têm de tirá-lo de debaixo de mim."

Anthony está atento, para o caso de Spencer precisar de algo. "Não estamos preocupados com seu braço neste momento", Spencer diz para o homem.

"Meu braço está doendo. Me deixe mudar de posição um pouco."

Por que ele está pensando no braço? Ele não sente o buraco no pescoço?

O homem geme. Reclama. Durante dez minutos ele reclama do fato de seu braço estar preso, como se não houvesse nenhum ferimento no pescoço.

Spencer está nervoso agora. A situação abaixo de Anthony é delicada. Ele não sabe como Spencer estancou a hemorragia, mas estancou. Anthony acha que o homem no chão não vai sobreviver muito mais sem algum tipo de equipamento. O homem precisa de um hospital.

"Por que essa porra de trem não está andando?", Spencer pragueja.

Anthony diz que, provavelmente, o trem parou quando o ataque começou. Mas alguém ouve a mensagem, a confusão é comunicada e, de algum modo, o trem recomeça a se mover, ganha velocidade e em pouco tempo está se deslocando suavemente. De novo, Anthony se espanta com a ausência de ruído do deslocamento. Todos estão estranhamente calmos. O trem avança rumo a alguma estação desconhecida. Nesse vagão, nesse espaço estranho, Anthony e seus amigos controlam o que podem. Outras pessoas, outras forças, decidiram o destino deles.

Anthony não sabe para onde estão indo. Ele apenas sente essa calma bizarra. Isso acabou de acontecer? Parece estar sonhando ou sob o efeito de alguma droga.

42.

O CAMARIM DO PROGRAMA de Jimmy Fallon era psicodélico: algum tipo de tema florestal, talvez uma piada interna, ou uma bad trip. As paredes pareciam casca de árvore, havia uma pequena estátua de raposa em um canto e um banco em forma de cogumelo em outro. Parecia um espaço projetado para pessoas que gostam de ficar doidonas. Ou *para* eles. Foi abastecido com lanches e presentes para os convidados. Mas também eram estranhos. A comida era toda orgânica: chocolates orgânicos, nozes orgânicas, orgânicos, orgânicos. Quanto mais orgânico, mais o reflexo de engasgo de Anthony era ativado. Para um cara como ele, que não gostou do refrigerante na Europa porque não tinha adoçante artificial suficiente, a comida do camarim do programa de Fallon não era comestível.

Quem gosta desse tipo de coisa? Todo o recinto deu a impressão que havia sido projetado para algum tipo de hippie troll, morador em árvore, com aversão a xarope de milho. E o presente era um par de chinelos estilosos. Se Anthony voltasse para onde morava usando aqueles chinelos... Sem dúvida, o senso de humor de Fallon não se limitava ao palco.

No camarim, Anthony assistiu às entrevistas gravadas de Fallon com convidados anteriores. Ouviu alguém se aproximar, desviou o olhar da TV e viu Ray Donovan, o faz-tudo sem papo-furado irlandês-americano de Hollywood.

Ou melhor, o ator Liev Schreiber, que interpreta o personagem Ray Donovan na série do canal Showtime. Ele se apresentou. Uma coisa engraçada a respeito de pessoas famosas: elas precisam fingir que você não sabe quem elas são.

"Muito louco o que vocês fizeram", Schreiber disse.

"Cara, que louco conhecer você! Eu estava justamente assistindo *Ray Donovan* antes de viajar."

"Ah, obrigado. É muito bom saber", Schreiber afirmou, com a voz grave. "É preciso muita coragem para fazer o que vocês fizeram."

De repente, ocorreu a Anthony que, embora ele estivesse conversando com uma estrela do cinema, um homem que representou um herói da Marvel na tela, não parecia artificial. O que em si parecia estranho. De alguma forma, era natural e estranho ao mesmo tempo: era estranho que fosse natural. Era como se ele estivesse no piloto automático. Anthony sabia o que fazer. Ele sempre planejara ser famoso, praticando seu autógrafo com uma estrela na letra A, mas sempre achou que teria de superar o nervosismo para falar em público, que, ele sabia, seria uma coisa necessária de vez em quando se ficasse famoso.

Mas Anthony não se sentia nervoso. Em todas as entrevistas, em todas as aparições na mídia, com todas as celebridades com quem se encontrou até aquele momento, ele nunca se sentiu ansioso. A atuação vinha fácil para ele. O que era quase inquietante. Ele fora alterado de alguma forma pelo trem? Ele se tornara uma pessoa ligeiramente diferente?

Anthony passou por entrevistas, aparições na mídia, foi condecorado por um presidente, tudo acontecendo em uma sucessão tão rápida que não houve tempo nem razão óbvia para pensar e planejar. Ele não teve tempo para avaliar o que estava acontecendo. De um dia para o outro, simplesmente ficou famoso. Foi isso. Então, a partir do momento em que desembarcou do trem, tudo era como se estivesse em um filme.

Talvez porque quase *fosse* um filme. Em alguns minutos, ele entraria em um cenário de TV e fingiria conversar naturalmente com Jimmy Fallon, como se os dois fossem melhores amigos, mas eles fariam isso com maquiagem, iluminação e centenas de pessoas observando, membros da equipe e grandes câmeras sobre rodas se movendo para a frente e para trás. Não era real.

Isso só mudou por curtíssimo tempo, e a única pessoa que se mostrou capaz de deixar Anthony nervoso — fazê-lo dedicar um momento a pensar a respeito da fama — foi um rapaz de camiseta preta e fone de ouvido que se aproximou dele nos bastidores e disse: "Ok, Sr. Sadler, em dez você entra."

"Por onde eu entro?" A cortina era enorme.

"Basta puxar e entrar."

"Espere, entrar por onde?"

"Dez, nove, oito..." Então, o rapaz ficou em silêncio e se afastou.

"Ei, espere. Aonde você vai?" Mas o rapaz saiu, para preparar algum outro convidado. Enquanto isso, Anthony se perguntava quantos segundos tinham passado e a que velocidade devia contar. Começou a se concentrar em contar, mas, então, começou a imaginar que poderia tropeçar na cortina no caminho para o palco. Ou que não conseguiria encontrar a abertura. Era uma daquelas situações de comédia pastelão em que o convidado gira e fica confuso, e a plateia gargalha estrondosamente dele, que entrou em pânico e está se mumificando na cortina.

Devo ir? Esse é um período de dez segundo bastante longo. Era um silêncio forçado, em que Anthony não podia falar ou fazer outra coisa além de pensar: *Vou entrar no estúdio!* Sentiu um formigamento nos dedos, as palmas das mãos ficaram úmidas, e, então, seu último momento de silêncio terminou: ele abriu a cortina e viu uma explosão de luzes brilhantes e ofuscantes.

Anthony estava de volta ao seu hábitat. Horário nobre.

"Obrigado por estar no *Tonight Show*. Estou grato..." Fallon não parecia saber exatamente por onde começar. Então, Anthony o socorreu.

"É muito louco. Obrigado por me convidar!" A plateia riu. Aquilo não era difícil.

"Sim, bom, sim, agora você pode simplesmente, ah, eu sei... Por favor, me conte o que aconteceu..."

E lá foram eles.

Anthony não sabia que um de seus artistas favoritos, o promissor rapper Vince Staples, era a atração musical, mas ali estava ele, e Staples tinha convidado a cantora Jhené Aiko para acompanhá-lo em sua apresentação. No mundo das celebridades, ela era uma das paixões de Anthony. Aiko apareceu de miniblusa off-white e saia até o joelho, deixando os braços e a barriga expostos. Assim, a tatuagem de teia de aranha em seu ombro ficou parcialmente visível. Ela estava usando tênis, mas, de alguma forma, aquilo também a deixava sexy. Anthony se sentiu um pouco agitado. Todos os seus sonhos estavam se tornando realidade.

Em dupla com Staples, Aiko cantou com sua voz sensual e jovem, tocando diretamente o coração de Anthony.

E se eu dissesse que te amo, você saberia que é mentira
Linda mulher, como é que você funciona com o diabo em suas coxas?

Nos intervalos, Anthony falou sem parar com Fallon e David Wells, um arremessador aposentado do time de beisebol New York Yankees. Ele se dirigiu até a banda do programa, a The Roots, e pediu uma foto. Questlove, líder da banda, concordou e, depois, disse: "Eu sempre pego os autógrafos dos convidados em um par de baquetas. Você autografa estas para mim?"

"Para você? Você quer o meu autógrafo?"

43.

Eis outra coisa a respeito de ser famoso a que Anthony teria de se acostumar: as pessoas famosas tinham um estranho fascínio por palestras enfadonhas.

Ele e Spencer foram convidados para ir até San Francisco para o grande lançamento do novo iPhone. Na noite anterior, Spencer participaria do programa de Jimmy Kimmel e Anthony queria ver a cidade com Chris Brown, que seria o convidado musical. Anthony achou que o cantor poderia levá-los a Hollywood se ele tivesse chance de falar com ele. Que melhor maneira de celebrar o fato de finalmente se encontrar, mesmo que brevemente, com Spencer? Claro que Alek não estava lá. Isso se tornaria um padrão. Era raro que Spencer e Anthony encontrassem tempo para se encontrar naquela época, mas era ainda mais raro que Alek estivesse presente.

Do camarim, Anthony observou quando Spencer se sentou para sua própria experiência em um programa de entrevistas, balançando-se para a frente e para trás e tentando se sentir à vontade. *Eu sei, é estranho, certo? Encarar a plateia e o entrevistador ao mesmo tempo.* Kimmel se levantou e aplaudiu Spencer de pé. Em seguida, a plateia repetiu o gesto. Anthony viu Spencer se mexer atabalhoadamente sobre seu braço ruim, procurando encontrar uma maneira confortável de se sentar com o polegar em sua proteção de plástico.

"Você parece bem, parece saudável", Kimmel disse. "Você acabou de voltar para os Estados Unidos, certo?"

"Sim, faz só alguns dias... Droga, qual foi o dia?"

Anthony reconheceu a expressão confusa do amigo.

"Droga, não sei", Spencer prosseguiu.

No camarim, Anthony riu e balançou a cabeça. *Por favor, dá um tempo!*

"Foi na última terça-feira...", Kimmel o socorreu. Então, exibiu uma foto dos três rapazes no trem antes do ataque e, em seguida, a foto de Spencer em uma cadeira de rodas logo depois, com bandagens acima do olho direito e no bíceps esquerdo, o polegar esquerdo enrolado com esparadrapo e filetes de sangue escorrendo pelo peito.

"Bem, você ficou sem camisa", Kimmel disse, como se aquele fosse o único problema com a foto, mas a plateia ainda estava deixando escapar murmúrios de espanto diante da visão de Spencer, que parecia ter passado por um moedor de carne.

"Ouvi dizer que você é um grande fã do Golden State Warriors."

"Sou sim. Mas, nos últimos tempos, não consegui assistir tantos jogos quanto queria, porque estava servindo em Portugal, que está sete horas à frente."

"Bem, temos alguém que quer saudá-lo. Você está vendo aquele cavalheiro bem ali?", Kimmel perguntou.

Atrás de Spencer surgiu uma imagem ao vivo em um telão, exibindo a cintilante grade dianteira de um conversível 0 quilômetro em uma ruela.

No camarim, Anthony ficou de queixo caído.

"Você está brincando", Spencer afirmou. "Caramba!", prosseguiu, mais para si mesmo do que para Kimmel.

"É Klay Thompson."

"O quê?!", Spencer exclamou.

"Ele..." Os faróis se apagaram e o carro morreu. Um silêncio incômodo. "Klay não sabe dirigir carros com câmbio manual."

"Ele não está conseguindo sair do lugar?", Spencer perguntou, excitado.

"Talvez Klay possa caminhar", Kimmel disse. "São só 5 metros." Naquele momento, a plateia começou a urrar quando o carro avançou pela ruela atrás do estúdio. Kimmel improvisou a respeito das batalhas do jogador de basquete. "Esses caras ganham tanto dinheiro que não dirigem carros manuais."

Klay saiu do carro, atravessou uma porta e ficou fora do alcance da câmera. Então, Spencer e Kimmel ficaram de pé e se dirigiram até a lateral do palco. Por ali, Klay entrou, apertou a mão de Kimmel e abraçou Spencer. A plateia urrou e aplaudiu. "Klay tem algumas coisas para você", Kimmel disse.

Respeitosamente, Klay começou a entregar presentes para Spencer. Primeiro, um boné: "Tenho um monte deles, sabe?" Spencer riu. "Tenho uma camiseta do time para você, cara."

"Ele viu que você ficou descamisado, então, te trouxe uma camiseta", Kimmel brincou. Spencer riu. A plateia riu ainda mais alto.

"E, Klay, você tem as chaves desse carro?"

"Tenho."

"Um Chevy Camaro conversível, novinho em folha. Ouvimos dizer que você não tem carro."

Spencer ainda não tinha se recomposto. Ele deixou escapar um sonoro *O quê?* e se virou de novo para ver o carro no telão.

"E ouvimos dizer que você vai voltar para Sacramento. Você sabe dirigir com câmbio manual?"

"Sim, sim! Aprendi em Portugal!"

Anthony ficou comovido com a alegria de Spencer. De repente, Anthony não viu o uniforme da Força Aérea impecável, a foto com o sangue, ou a pessoa que os outros estavam começando a chamar de Capitão América. Tudo isso sumiu e Anthony estava vendo o menino Spencer, com 12 anos, muito feliz com a nova arma de airsoft que ganhou no Natal.

"Bem, ótimo, porque este Camaro é para você... Você nunca mais vai ter que entrar em um trem em sua vida."

DEPOIS QUE SPENCER PEGOU seu Camaro, ele e Anthony se encontraram com Alek para jantar na casa de Arnold Schwarzenegger. Apenas outro dia da vida.

Anthony se sentou no quintal, ainda pensando em quão surreal era tudo aquilo, em quão incrível era aquela casa, em quão grande era a lareira de Arnold, e por que, a propósito, você precisaria de uma lareira, e ainda por cima uma enorme, no sul da Califórnia. Então, ele ouviu passos no quintal. Sabia que Schwarzenegger tinha um cachorro enorme, mas o que quer que estivesse se movendo atrás dele parecia *muito* pesado. O som dos passos ficou mais alto, o cachorro chegou mais perto, Anthony se virou e quase saiu correndo.

"Que porra é essa?"

A anfitriã levantou os olhos.

"Desculpe", Anthony disse, tentando se recuperar. "Isso é um *cavalo*?"

"Ah, sim", a namorada de Arnold respondeu. "É Whisky. É uma égua em miniatura", ela prosseguiu, sorrindo educadamente, como se fosse a coisa mais normal do mundo.

"Ela é uma... Ela é como..." Anthony não conseguia pensar no que perguntar. Aquela situação nunca se apresentou antes. Ele jamais teve de conversar a respeito de animais de fazenda no quintal de alguém. "Ela fica aqui sempre?"

"Ah, sim. Ela fica aqui o tempo todo."

Naquela noite, eles se hospedaram em um hotel de luxo de Los Angeles. No saguão, Anthony estava ao telefone contando a seu pai que as pessoas ricas em Los Angeles mantinham cavalos em suas casas. Então, um grupo de pelo menos 20 garotas entrou caminhando, em fila indiana, na direção do elevador. *Que diabos...* Atrás delas estava um sujeito que Anthony reconheceu.

"É o A$AP Rocky... Pai, espere um momento. Já ligo de novo."

Anthony decidiu pôr à prova seu novo status de celebridade com o rapper famoso.

"A$AP! E aí?", Anthony exclamou.

A$AP sorriu e apertou a mão que Anthony ofereceu. "Oi...", disse.

"Sou eu, Anthony Sadler."

O sorriso de A$AP diminuiu um pouco. Cerrou os lábios e balançou um pouco a cabeça negativamente.

"Do trem!"

Nada ainda.

"O terrorista no trem. Você não ouviu falar do ataque contra o trem na França?"

"Desculpe, não sei do que você está falando." Naquele momento, ele estava claramente ficando impaciente. Anthony começou a se sentir menos confiante, menos como um igual e mais como um perseguidor.

"Tudo bem. Sem problemas, sem problemas. Bem, para onde vocês vão?"

"Vamos a uma festa na cobertura."

"Ok, talvez eu veja vocês lá..."

"Tudo bem." Não surgiu nenhum convite. Anthony trabalhou mal a abordagem; o rapper não tinha a mínima ideia de quem ele era e não o deixou subir com seu grupo de garotas. Anthony tentou as recepcionistas: duas garotas com vestidos tipo camisola junto ao elevador e ladeadas por seguranças.

"Ei! Olá, garotas, tudo bem? Eu sou um dos heróis do trem. Vocês acham que dá para eu subir até a festa? O Spencer Stone também está comigo. Ele está no quarto dele."

As garotas se entreolharam. "Desculpe, você é quem?", uma delas perguntou.

Ninguém em Los Angeles lê as notícias? Anthony pegou o celular para fazer o que as pessoas ali, na terra do espetáculo, provavelmente faziam diariamente: ele pesquisou o próprio nome no Google. "Veja! Não estou inventando. É uma notícia da CNN. É sério!"

Finalmente, uma das recepcionistas cedeu: "Tudo bem. Vou deixar você subir, mas só depois que todos os nomes da lista chegarem. Volte com seus amigos daqui a algumas horas."

Anthony fez isso. Quando ele e Spencer subiram até a cobertura, A$AP Rocky já tinha ido embora, mas tudo bem. Ainda era uma festa de cobertura em Los Angeles. Eles se contentaram com aquilo.

No dia seguinte, eles tinham de pegar um voo às 4h da manhã com destino ao norte da Califórnia, para o lançamento do iPhone. Anthony ainda não entendia por que as pessoas ficavam tão entusiasmadas com palestras. No lançamento, Spencer e Anthony entraram no auditório, as luzes se apagaram e eles adormeceram imediatamente.

Ao lado deles, Al Gore, Barry Bonds, Joe Montana e outras celebridades observavam nerds falarem a respeito de computadores.

44.

Certo dia, no início de setembro, no final da manhã, os folhetos começaram a ser distribuídos no centro de Sacramento. As estações de rádio receberam comunicados à imprensa e os patrões reuniram os funcionários em salas de reunião e cafeterias para informá-los a respeito do que aconteceria.

Em 11 de setembro, as pessoas teriam algumas horas de folga para participar de atividades externas. Naquele dia, no 14º aniversário dos ataques contra os Estados Unidos, assistiriam a um desfile para celebrar a derrota dos terroristas por três garotos da cidade. Anthony não tinha ideia do que o esperava.

Era para ser um dia cheio. Em meio à agitação que envolvia a atenção à mídia e as aparições nela e os voos pelo país, Anthony não tinha se dado conta totalmente de que aquele 11 de Setembro seria uma das últimas vezes que ele e seus dois amigos estariam juntos. Eles ficaram famosos juntos, mas o efeito da fama foi sua separação. Alek, em Los Angeles, para se tornar estrela de um reality show; Spencer, em uma turnê de palestras; e Anthony tentando terminar seu curso em meio a todas as tentações e distrações. Tinha oferecido as oportunidades de suas vidas, mas individualmente, e não como grupo, porque como era possível manter juntos três jovens, cada um ainda descobrindo suas próprias vidas?

Foi quase por acaso o fato de eles estarem no trem ao mesmo tempo. Eles não eram os Beatles, não eram um time de basquete, não eram um grupo criado e mantido para confrontar o mundo juntos. Eram indivíduos. Mesmo aquilo que os juntou inicialmente, que remontava à pequena escola particular, era o fato de cada um ser um indivíduo. Sob os holofotes e o poder divergente da adulação pública, eles seguiram rumos diferentes. Cada um interpretou e processou a atenção de forma distinta; cada um tirou vantagem de maneira única. Então, enquanto Alek se tornaria uma espécie de trovador, Spencer se tornaria a cara da Força Aérea, ambos fazendo exatamente o contrário do que Anthony previra para eles.

Embora pensando duas vezes, talvez esses fossem os papéis que eles sempre pretenderam desempenhar. Talvez o trem lhes tenha dado a chance, a desculpa, de levarem a vida que secretamente sempre quiseram levar. Ou que não sabiam que sempre quiseram levar.

Sem dúvida, Alek sempre foi relativamente quieto, não muito expressivo, não muito preocupado em como se relacionar com as pessoas. Mas houve vezes em que ele atuou, nas fotos que postou da base, ou brincando no trem com as minilatas de refrigerante pouco antes de tudo acontecer. Alek tinha coisas para dizer. Anthony achava que ele, na realidade, era profundo, reflexivo. Heidi sempre dissera que o filho do meio era alguém de poucas palavras, mas sempre fora o único com tendência dramática: o único que se vestia com figurinos de super-heróis e atuava em representações natalinas. Era uma parte dele que fora enterrada, da qual Anthony não conseguia ver sinais, mas ali, em um programa de TV para todo o país, em horário nobre, era a chance para Alek finalmente compartilhar aquilo.

E Spencer, que desde os conflitos familiares com seu pai nunca encontrara um sistema ou uma figura de autoridade em quem confiar além de Joyce; Spencer, que sofria para entrar na linha e partia para o ataque toda vez que alguém que ele não respeitava tentava controlá-lo, criou para si mesmo um sentimento de pertencimento. A Força Aérea estava reverenciando Spencer por se comportar da maneira que ele sempre achou que deveria se comportar. Por agir em vez de se sentar; por reagir rapidamente; por pensar por si mesmo. De certo modo, a Força Aérea estava validando a pessoa que Spencer se tornara: sua independência, sua irreverência e tudo mais. Ao enfrentar um homem com uma metralhadora em um trem, Spencer criou para si uma instituição à qual podia pertencer.

Então, hoje, eles se separariam, com a fama propiciando a sacudidela, a energia de ativação para enviá-los em espiral a suas várias vidas adultas. Eles passaram a manhã atendendo a imprensa; primeiro, uma sessão de fotos para a edição do homem mais sexy do mundo da revista *People*, durante a qual Anthony soube que Brad Pitt e Angelina Jolie tinham votado neles — aparentemente, os vencedores de anos anteriores indicavam os candidatos — e, depois, gravaram sua primeira entrevista em grupo. A Fox News conquistou a prioridade dessa primeira entrevista com os três heróis do trem juntos, principalmente porque a Fox News se dispôs a transferir toda a sua operação para Sacramento, e os rapazes precisavam estar lá para o que aconteceria a seguir.

Depois da manhã atendendo a imprensa, eles foram levados de carro do hotel Hyatt para a Tower Bridge, sobre o rio Sacramento, onde as pessoas começaram a se reunir. Anthony já sabia que o evento seria especial. Os preparativos estavam em andamento havia dias, mas ele não sabia muito bem o que aconteceria. Naquela manhã, um correspondente da afiliada local da NBC disse aos âncoras no estúdio: "Moro aqui há quase 18 anos. Não me lembro de nada parecido em Sacramento antes."

Anthony foi levado a um reboque com a inscrição "heróis da cidade" nas laterais. Por um momento, ele ficou parado, maravilhando-se com aquilo. Em seguida, ele, Spencer e Alek subiram no reboque: Spencer usando o uniforme da Força Aérea e Alek usando o que estava se tornando sua marca registrada: camisa de manga curta, jeans, tênis e óculos escuros espelhados. *Preciso ensinar esses caras a se vestir.*

O reboque estava enfeitado com uma arcada de balões vermelhos e brancos para enquadrá-los, formando um limiar na frente do qual eles ficavam, como se, a qualquer momento, pudessem se virar e desaparecer, através de uma passagem colorida, para outro mundo. Anthony conseguia ver seus familiares sentados na parte traseira de carros clássicos, estilo JFK, com os pés sobre os bancos e os traseiros nos encostos, de modo que podiam ver e ser vistos.

O reboque estava sendo puxado por uma picape. A caçamba da picape estava cheia de operadores de câmera, projetando-se em todos os ângulos, como espinhos de porco-espinho, dobrados uns sobre os outros, tentando obter uma boa linha de visão dos rapazes. Enquanto isso, a picape começou a se afastar da ponte, aproximando-se lentamente do prédio do Capitólio estadual.

Anthony sentia-se como o papa. Enquanto ele avançava, as pessoas da multidão demonstravam seu amor por meio de gritos e estendiam as mãos como se estivessem buscando sua bênção. Na sequência, enxergavam, atrás dos rapazes, do outro lado do limiar enfeitado com cores vivas, um gesto de simetria: uma réplica de um presente icônico do povo francês para o povo americano. A Estátua da Liberdade segurando a tocha para todos aqueles que seguiam atrás.

Na frente deles, carros do corpo de bombeiros estavam alinhados nas ruas laterais, e policiais em motocicletas os escoltavam, pedindo para os simpatizantes recuarem. As pessoas obedeciam apenas por segundos, e depois voltavam a se amontoar no meio da rua, para ficarem mais próximas. Muitas usavam camisetas que alguém tinha distribuído com os nomes dos heróis de Sacramento escritos em uma estrela azul. Mais à frente, Anthony viu uma banda marcial abrindo caminho, porta-bandeiras, um grupo tocando instrumentos de percussão e veteranos de guerra em jipes antigos. Na frente deles, jogadores de basquete aposentados do Sacramento Kings estavam em cima de um antigo caminhão de bombeiros, ladeado por policiais pedalando bicicletas, atendendo a algum propósito que Anthony desconhecia, mas com o qual não estava preocupado.

Era um percurso de menos de 1 quilômetro entre a Third Street, na frente da ponte, e os degraus do Capitólio, onde um palco havia sido montado, ladeado por dois telões que anunciavam a apresentação de Jackie Green. Quando Anthony olhou para os lados, ficou perplexo. O lugar estava lotado. A avenida, tomada por uma multidão. Parecia que 1 milhão de pessoas estavam reunidas. Eram anônimos batalhando por uma foto com eles, mas Anthony não se sentiu usado nem explorado. Sentiu-se valorizado. Sentiu que tinha dado àquela cidade algo de que se orgulhasse. Decidiu que amava aquela cidade, e não conseguia se ver deixando-a, ainda que fosse uma cidade sem a melhor das reputações, com sucessivas ondas de crimes violentos. Uma cidade tratada com o tipo de pouco-caso que as capitais provincianas de alguns estados americanos são tratadas, as Albanys e as Harrisburgs. Só que a cidade natal de Anthony tinha crimes violentos para competir com uma grande metrópole. Todas aquelas pessoas estavam ali porque, apesar de tudo isso, Anthony e seus amigos lhes deram algo para se orgulhar.

À medida que o desfile avançava — todas as pessoas, bandeirolas, confetes; ele sequer sabia de onde estavam vindo —, era como progredir lentamente por uma fantasia em que ele salvava o dia. Somente ali ele salvava o dia, e todas as pessoas da cidade apareciam como se ele também salvasse o dia delas.

Eles chegaram à sede do Capitólio e subiram em um palco sob uma gigantesca bandeira americana pendurada em duas escadas de carros de bombeiro.

O prefeito se dirigiu ao pódio e gritou: "Avante, Sacramento!!"

Anthony ouviu Alek sussurrando algo para ele e, em seguida, dirigiu o olhar na direção do telhado do prédio do Capitólio. Viu atiradores de elite em cada canto e um no meio, vigiando a multidão. De vez em quando, mesmo nos momentos mais festivos, havia aquilo: um lembrete de que eles venceram uma batalha, mas não a guerra. Ainda havia perigo por ali.

E que, agora, eles eram os alvos.

Como se fosse um sinal, um avião surgiu no céu, um C-17 Globemaster de quatro motores, da base da Força Aérea de Travis, em um voo de reconhecimento. A multidão urrou para se igualar ao rugido do avião. Então, o prefeito começou a falar.

"Senhoras e senhores, o momento que todos vocês estavam esperando! Por favor, fiquem de pé, vamos dar as boas-vindas aos heróis de Sacramento: Anthony, Alek e Spencer!" Por acaso, Anthony era quem estava mais perto do prefeito, e, assim, foi o primeiro a receber o microfone. Embora não soubesse que teria de falar e estivesse prestes a saudar um mar de gente, não ficou preocupado. Tudo parecia bem. Ele segurou o microfone e riu. Coçou acima do olho e olhou para Alek. Estranho, ele não estava nervoso. De novo, achou que tudo era surreal. Toda a cidade estava à sua frente, esperando para ouvir o que ele tinha a dizer. Sorriu um pouco, e o público reagiu a isso. Que poder! Ele podia controlar como as pessoas se sentiam com uma mínima mudança de expressão. Ergueu a mão para acenar, e urraram mais alto. Era incrível, era absurdo. Ele se sentiu abrindo um sorriso ainda mais amplo, que não conseguiu manter. Era hilariante e incrível. O orgulho misturado com o absurdo. *Somos nós, eles estão aqui por nós!* Ele acenou de novo. Na visão periférica, viu Alek de um lado e Spencer do outro. Anthony os sentiu ali. Ele conseguiu ver que eles sentiam a necessidade do reconhecimento do público, cada um fazendo um aceno presidencial de duas mãos. A multidão urrou ainda mais alto. Mas Anthony estava em silêncio no microfone, e, mais cedo ou mais tarde, teria de dizer alguma coisa. O que dizer? *Quando tudo mais falhar, simplesmente diga o que você sente*, ele pensou no que seu pai disse antes de sua primeira entrevista coletiva nos Estados Unidos. Anthony se inclinou para o microfone.

"Hum, só quero dizer como é impressionante tudo isso." Outro urro. "Estivemos no mundo todo nestas últimas semanas, mas quero que vocês saibam que aquilo que recebemos por toda parte não parece nada em comparação com estar na frente do público da nossa cidade."

A multidão ficou eufórica.

"Queremos reconhecer o fato de que hoje é 11 de setembro. É meio surreal para nós, porque achamos que nossas ações, em comparação com aquelas que todas as pessoas corajosas que fizeram... seu trabalho no 11 de Setembro..." Com o canto do olho, Anthony conseguiu ver Alek sorrindo com o fato de o amigo não saber mais o que falar. *Eu realmente acabei de dizer "fizeram seu trabalho" no 11 de Setembro?* "E só quero agradecer a todo o povo de Sacramento por ter vindo aqui hoje. Obrigado."

Então, Alek pegou o microfone. "Eu sei que está muito quente."

Pareceu que todo o país riu.

"Isso significa que muita gente apareceu, e, de fato, ficamos muito gratos, como Anthony disse. Nunca tivemos uma recepção como essa. É maravilhosa e fantástica. Agradeço a todos de novo." Sob o palanque, Anthony viu as mãos de Alek se juntarem, quase como uma oração. "Obrigado."

Em seguida, Spencer subiu ao pódio e simplesmente respirou junto ao microfone. O público urrou.

Basta ele respirar e o público vibra! Anthony se inclinou para a frente e disse "Capitão América" em seu ouvido. Então, aplaudiu Spencer, com a multidão.

Spencer curvou-se na direção do microfone. "Não sei realmente o que dizer. Esse apoio é incrível. Todos nós amamos vocês, e nós amamos Sacramento, e estamos orgulhosos de estar... Estar aqui neste dia. Graças a Deus todos nós conseguimos voltar", disse, com a voz um pouco embargada.

Então, Spencer ficou sem ter o que dizer. A emoção se apossou dele. Ele respirou no microfone de novo. Toda a cidade o ouviu *sentir*, e Anthony podia dizer que seu amigo estava comovido.

"Como Anthony disse, não queremos esquecer, enquanto todos estamos reunidos aqui hoje... Em memória do 11 de Setembro, assim... Vamos todos apenas..." Spencer estava perdendo o fio da meada. "Vamos todos apenas, ah, lembrar disso." Anthony ouviu Spencer deixar escapar algumas risadinhas. Isso influenciou Anthony, que logo estava tentando conter seu próprio riso. *Também preciso ensinar esses caras a falar!* No pódio, Spencer teve um momento de inspiração. Ele se virou e gritou no microfone: "Viva por todos e morra por todos!" O público vibrou ainda mais.

Na sequência, eles foram conduzidos para o interior do Capitólio e desceram para suas entranhas: uma garagem onde a temperatura caiu abruptamente. Embarcaram em carros que seguiram direções distintas. Anthony viu Alek entrar em um carro e seguir para o aeroporto, e viajaria para Los Angeles e começaria sua vida de estrela da TV.

Spencer embarcou em outro carro, para seguir em outra direção. Durante um mês, cumpriria eventos de mídia organizados pela Força Aérea e depois voltaria para Portugal, a fim de terminar seu período de serviço.

Anthony ficaria em Sacramento, para tentar concluir o curso superior.

Por enquanto, porém, ele estava indo para casa, para dormir um pouco. A cidade não tinha as melhores casas noturnas do mundo, mas as disponíveis estavam planejando festas incríveis para o único herói nativo que permaneceu ali. Então, ele foi para casa, apoiou a cabeça no travesseiro e reproduziu o dia inteiro em sua cabeça: a sessão de fotos — Brad e Angelina! —, a entrevista, as dezenas de milhares de pessoas eufóricas, as despedidas na garagem sob o Capitólio, os três partindo em direções diferentes.

Ele quis saber quando veria seus amigos de novo. E, então, dormiu.

45.

Washington resplandeceu diante dele. Como é que Anthony nunca tinha estado ali? Seu pai falava tanto de política, do presidente e de tudo mais que a capital lhe parecia familiar, mas ele jamais a visitara. As pessoas nunca veem os lugares importantes de onde se sentem próximas. E, mesmo que ele tivesse estado ali em sua imaginação, dezenas ou centenas de vezes, escutando as histórias de seu pai, ou assistindo com ele à série *Nos bastidores do poder*, não teria sentido daquele jeito.

Washington não pareceu tão diferente do que ele imaginou — tudo grande, limpo e branco —, mas ele sentiu diferente do que achou que sentiria.

Algumas semanas antes, Anthony estava na Europa, mas, desde então, a rapidez com que tudo aconteceu o fez se sentir ligado à Europa como se tivesse sido ontem. Aquele foi seu último momento tranquilo, o último momento *normal*, e ele esteve em cidades cercadas de história por todos os lados. A Europa tinha feito isso com ele, atingiu-o no momento em que desembarcou na Itália. Talvez porque ele fosse se encontrar com Spencer e Alek, e história foi a matéria que os uniu inicialmente. Qualquer que fosse o motivo, entre todas as bebedeiras, as ressacas devastadoras e as conversas com garotas bonitas com sotaques estrangeiros, o que mais o impressionou com relação à Europa foi a quantidade de coisas importantes e sombrias que tinham acontecido em todos os lugares por onde ele passou. Ele sentiu isso de modo geral. Viu gigantescos arcos homenageando líderes e guerras, e tirou fotos suficientes para encher a memória de um ou dois computadores. Estava por toda parte: os paralelepípedos antigos de Veneza, que destruíram as rodinhas de sua mala; as pedras do memorial do Holocausto em Berlim; parado ao lado de Spencer à sombra do Portão de Brandemburgo, encomendado por um rei do fim do século XVIII. Na Europa, as coisas não eram medidas em anos, mas em séculos.

A partir daqui, o Lincoln Memorial parecia o Portão de Brandemburgo de Berlim. A lembrança ainda estava com ele, porque, quando Anthony olhou para a estátua de Lincoln, um gigante sobre um trono observando o National Mall, pensou: *Nós também temos história*. Foi necessário sair de seu próprio país para se sentir tão perto daquilo.

Naquele momento, Anthony não só se sentiu perto, mas também parte daquilo. Àquela altura, tinha se tornado um refrão tão comum que às vezes parecia quase sem sentido: "Heróis americanos." No entanto, ali onde ele estava, pensou: *Foi daqui que nós viemos, e acabamos de fazer uma coisa que deixou este país orgulhoso.* Anthony se sentiu orgulhoso. De verdade, de um modo poderoso e substancial, e não apenas sob a forma de uma música country ou de um adesivo colado em um automóvel. Ficou satisfeito. Estava orgulhoso de ser americano, porque tinha feito algo pequeno que o tornou parte de algo grande. Seu papel na história foi efêmero, mas o suficiente para ele se sentir vinculado a tudo que estava diante dele.

Ao atravessar o National Mall, foi o memorial da Segunda Guerra Mundial que o tocou mais profundamente. Estava fechando um círculo, que remontava à guerra com as histórias que reuniram Spencer, Alek e ele, e ao presidente que Anthony venerava, cujas palavras estavam gravadas nas paredes. Anthony parou diante de uma citação de Franklin Delano Roosevelt a respeito de Pearl Harbor, uma inscrição maior do que ele, e leu:

7 DE DEZEMBRO DE 1941, UMA DATA QUE VIVERÁ NA INFÂMIA... NÃO IMPORTA QUANTO TEMPO LEVE PARA SUPERARMOS ESSA INVASÃO PREMEDITADA, O POVO AMERICANO, NO SEU JUSTO PODERIO, CHEGARÁ AO OBJETIVO DA VITÓRIA ABSOLUTA.

E pela segunda vez foi um memorial que o forçou a refletir. O efeito foi inesperado, ainda que fosse exatamente o efeito que os memoriais deveriam exercer. Ele permaneceu parado, captando a inscrição, pensando, refletindo, lembrando, sentindo todo o tamanho daquilo de que fazia parte.

ANTHONY PEGA O CELULAR e começa a gravar a cena.
    Tudo isso aconteceu?
    Não. Sem chance. Era um terrorista. Acabamos de deter um terrorista.
Meus amigos não vão acreditar nisso. Meu pai não vai acreditar nisso.
    Ele gira a câmera panoramicamente.
    Spencer está no chão. Anthony não sabe exatamente o que deve gravar.
Talvez seja importante registrar tudo.

"Onde está aquela arma?" Alek está de volta, mas sua pergunta não faz sentido. Ele está segurando a arma.

"Como assim?", Anthony pergunta. "Você está segurando ela."

"Quero dizer a outra arma. A pistola."

"Hein?!" Não tem nenhuma pistola. Anthony não viu nenhuma pistola.

Alek cerra os dentes. Não há dúvida em sua expressão. Anthony parece vacilar.

"Aquela que ele usou para tentar atirar em Spencer", Alek afirma, terminando a frase em um tom mais elevado, como se dissesse *"obviamente"*.

Anthony põe a mão na testa. Alek está zoando com ele? Os dois estavam bem ali, durante toda a luta com o terrorista. Alek também viu tudo, pôs as mãos no sujeito. Por que ele acha que havia uma pistola? Alek está imaginando coisas.

"Bem, então onde ela está?", Anthony pergunta.

"Tem que estar aqui." Alek começa a procurar ao redor. Anthony ajuda, porque está sentindo necessidade de ajudar. Ajoelha-se, ao menos para fazer a vontade de Alek. Olha pelo corredor, embaixo das poltronas. Olha para trás, onde as pernas de uma mesa estão aparafusadas no piso, logo abaixo de onde Spencer tentou estrangular sozinho o terrorista. Gira a cabeça para ambos os lados e vê algo brilhar. É algo escuro, mas brilhante, como a moeda antiga de 1 centavo de dólar, pequeno e cilíndrico. Ele estende o braço e puxa para mais perto. Não há lugar para dúvidas. É um cartucho. E ele sabe que é muito pequeno para ser um projétil de AK-47. É um cartucho de uma pistola. Alguém tinha uma pistola. Alguém deu um tiro com uma pistola.

Então, onde está a pistola?

Anthony fica de pé e coloca o cartucho sobre a mesa. Alek olha para aquilo e assente, com um gesto de cabeça. Anthony repete o gesto. Eles procuram a pistola.

Logo, Anthony se sente inútil, indo de um lado para outro, procurando algo que claramente não está ali, porque, se estivesse, eles teriam encontrado. É apenas um vagão, e pequeno. Não há muitos lugares onde a pistola possa estar, e eles já olharam por toda parte.

Anthony começa a empilhar as armas e as munições sobre uma poltrona, arrumando tudo em um único lugar. Parece produtivo, como ajudar um amigo a arrumar as malas para uma viagem. Vai poupar o tempo de alguém posteriormente.

Ele organiza tudo impecavelmente.

Filma com o celular. O terrorista tinha muita munição.

Anthony levanta os olhos. Observa o vagão. Experimenta outra torrente de clareza: está avaliando tudo à sua frente, como se fizesse parte de uma equipe da série *CSI*, conferindo cada detalhe, semicerrando os olhos e se concentrando em uma coisa por vez, a fim de determinar seu significado. Ele é capaz de dissociar coisas de outras coisas, espalhá-las e esquadrinhar o ambiente. Tudo é uma imóvel peça de mobiliário sobre um palco. Respingos de sangue na janela. Poça de sangue no chão. A cabeça de Spencer: vermelha-escura. O homem agonizante deitado. O cartucho que ele encontrou. Que ele pegou e tocou. Vai ter suas impressões digitais. O que ele pode fazer a respeito? Não há nada que ele possa fazer. Não há muito que ele possa fazer com relação a qualquer coisa. Ele é uma pequena peça nesse cenário. Talvez possa ajudar Spencer. Ele se aproxima e fica parado de pé, perto de seu amigo, por um minuto, cinco minutos. Spencer parecer estar perdendo o homem agonizante. Anthony consegue ouvir com clareza quando Spencer diz: "Você quer que eu faça uma oração?" O homem não parece responder. Anthony se comove. Ele se abaixa e sussurra no ouvido de Spencer: "Faça, mesmo assim."

Anthony não sabe se Spencer ouviu. Spencer não responde, mas parece curvar a cabeça.

Dez segundos se passam, ou talvez um minuto, ou dez, é difícil dizer, e Anthony se levanta. Alek está de volta. Eles ficam juntos, em silêncio. Então, Anthony se pega sorrindo. Alek também começa a sorrir. Então, os dois estão rindo, porque, o que mais há para fazer? É uma cena absurda à frente deles, algo absurdo, de que eles participaram. Spencer está de joelhos, sangrando na cabeça e calmo, como se fosse a coisa mais normal do mundo. O homem no chão estava jorrando sangue como um hidrante e agora está falando normalmente. Eles se viram no meio da cena de cinema mais burlesca, em que as pessoas jorram sangue de ferimentos e conversam calmamente, como se tivessem acabado de finalizar uma leitura em uma biblioteca municipal.

É o que Anthony não consegue abalar: a tranquilidade. Está silencioso. Ninguém está em pânico. Tudo está tranquilo. Surpreendentemente tranquilo. Muito tranquilo. Ele se dirige para a parte de trás do vagão, apenas observando. Acha importante continuar observando os detalhes. Com o celular, com os olhos. Esses detalhes vão ser importantes. Só continuar observando e gravando.

Ele atravessa o vagão mais uma vez, porque talvez em uma segunda passagem ele encontre a pistola. Não consegue encontrá-la, mas continua procurando nos mesmos lugares, porque sabe que está ali, tem de estar, ele encontrou o cartucho. Só que, em vez da pistola, vê outra coisa. Há um pé se projetando de debaixo de uma poltrona. Ele se dirige até ela. O pé está ligado a um corpo, que está tremendo. Ele se abaixa e vê um ser humano. Uma menina, ainda escondida. Como ele não a viu?

Isso o espanta. É um espaço tão pequeno, mas continua revelando segredos. Anthony continua vendo que há mais coisas nesse vagão do que ele imaginava.

Ela deve ter estado ali o tempo todo, sob eles quatro enquanto lutavam. Tudo aconteceu bem em cima dela. Ela está ali, deitada em posição fetal, com o corpo tremendo, soluçando, sem fazer barulho. O rosto dela ficou a poucos centímetros dos pés deles enquanto lutavam. O homem jorrando sangue deve ter desabado quase em cima dela. Anthony tem uma sensação estranha: essa menina estava muito perto de onde o homem armado entrou no vagão e, assim, teria sido a primeira pessoa a ser morta se ele não tivesse sido detido. Anthony está olhando para uma pessoa que está viva por causa dele.

Ele tem vontade de dizer algo a ela, mas não consegue. Não é capaz de pensar em nada que faça sentido.

Anthony está pensando no que fazer quando chegarem à estação. Eles vão ter de encontrar algum guarda de segurança e tentar explicar o que aconteceu. Vai ser embaraçoso ou perigoso. Ele imagina ataques policiais em Sacramento, como equipes da Swat derrubando portas. Vê a cena em sua mente, um aríete e metralhadoras, "Todos no chão até interrogarmos todo mundo!" Fica apreensivo por ser pego no fogo cruzado, mas, à medida que o trem vai entrando na estação, consegue ver pela janela: eles sabem. Homens e equipamentos preparados para uma operação urbana. Veículos do tipo Swat, polícia nacional, dezenas de pessoas esperando, algumas em traje de combate completo. *Devo me deitar no chão?*, Anthony pensa.

Quando eles invadem o vagão, parecem de alguma forma saber exatamente quem é quem. Uma equipe de paramédicos se dirige para Spencer e assume o controle por ele. Cinco policiais com equipamento pesado avançam diretamente para o terrorista, sem sequer perguntar onde ele está. Eles não têm nenhuma dúvida a respeito do vagão onde ele se encontra. Parece estranho: como eles sabem? Alguém, alguma agência ou alguma entidade sabe muito mais do que ele, e ele, por um momento, se sente muito pequeno; um peão em algo maior. Como se alguém estivesse observando o tempo todo.

Os policiais não desamarram o terrorista, nem o algemam. Simplesmente o levantam do jeito que ele está e o carregam, um policial em cada membro, para fora do trem.

Anthony observa o rosto dele enquanto o carregam para fora. Ele está acordado agora. Anthony pode ver seus olhos abertos, mas o terrorista não diz nada. Tem o olhar aturdido, como se estivesse pensando: *Eu realmente acabei de fazer tudo isso?*

Alguém está gritando no ouvido de Anthony: "Ei, ei! Vocês dois, venham conosco." De alguma forma, as autoridades sabem quem ele e Alek são.

Do lado de fora do trem, na plataforma, um policial começa a fazer perguntas. "O que vocês viram?" Ele está tentando anotar, mas não consegue entender tudo e finalmente desiste. "Ok. Me acompanhem."

"Podemos pegar nossas bagagens rapidinho?"

"Tudo bem. Podem ir."

Onde está Alek? Alek sumiu de novo. Então, Anthony o vê. É muito estranho: Alek está sentado sozinho em um barıco da estação.

Toda a agitação acontecendo ao redor dele, com policiais de um lado, paramédicos do outro, e Alek simplesmente sentado ali. Ele não parece se importar com nada. Não parece preocupado com nada. Como se fosse apenas um velho sozinho em um banco de parque, pensando.

46.

Alek estava na parte mais funda. Spencer, em algum lugar atrás dele. A imprensa estava em cima deles.

Anthony, literalmente, embaixo da sala de imprensa da Casa Branca, abaixo do lugar onde a mídia se reunia todos os dias para ouvir o secretário de Imprensa e, às vezes, o próprio presidente desfiarem as notícias do dia.

Mas ali, embaixo da sala de imprensa, eles estavam em um lugar que o chefe de gabinete revelou que fora uma piscina. Uma pessoa com poliomielite tinha poucas opções para se exercitar e, então, Franklin Delano Roosevelt pediu para construírem uma na Casa Branca. Anthony evitava os cabos, fios e servidores que agora ocupavam o lugar onde 80 anos antes Roosevelt praticava exercícios aquáticos. Anthony pensou a respeito de como os três estavam juntos em uma piscina construída pelo presidente preferido deles, a respeito de quem aprenderam na única aula de que gostavam, e que tinha aproximado os três. Que foi provavelmente o motivo pelo qual as coisas acabaram do jeito que acabaram, e o motivo pelo qual eles estavam ali naquele momento, matando tempo antes do encontro com o presidente dos Estados Unidos da América.

Anthony pensou naquela aula da escola cristã, naquele professor de história. Se ele pudesse vê-los naquele momento, de pé na piscina em que Roosevelt se exercitava! Em uma turnê VIP, atrás dos cordões de isolamento de veludo que bloqueavam a passagem dos outros visitantes. Sendo escoltados para todos os recônditos cantos da Casa Branca.

"Ei, deem uma olhada nisso", Alek disse. "Aqui é onde a piscina começa a se inclinar para cima. É muito legal. Aqui deve ser onde a parte rasa vira a parte funda."

A piscina estava cheia de servidores, cabos e toda a tecnologia que alimentava tudo o que acontecia acima. Assim, Anthony não soube que estava em uma piscina até o chefe de gabinete revelar, e não acreditou muito até Alek mostrar uma parte exposta da parede. Era uma sensação estranha, como um cenário de filme desmoronado, como se fosse uma cozinha que acabou virando um aeroporto ou uma mercearia. Uma sensação de estar em algum lugar, e, num instante, todo o entendimento de onde se está se transforma.

Uma inclinação no chão, um padrão de azulejo.

Em uma parede, as pessoas tinham escrito seus nomes. Assim, Anthony os imitou: *Eu te amo, Roosevelt. Anthony Sadler esteve aqui em 18/09/15.*

Anthony foi levado ao vestiário feminino que Roosevelt converteu em centro de comando. Era como se Roosevelt não só tivesse o maior impacto sobre o mundo, mas também o maior impacto físico sobre a Casa Branca. A sala tinha documentos antigos que revelavam o avanço de Hitler na Europa, e Anthony pensou no *Fürherbunker*, onde Hitler se suicidou, e que Anthony havia visto poucas semanas antes. Imensos mapas militares estavam pendurados nas paredes, marcados e anotados em lápis litográficos, atualizados por cartógrafos da revista *National Geographic*, cujo trabalho permitiu que Roosevelt visse, graficamente, a difusão do mal pelo mundo.

A sala tinha uma máquina especial para receber e enviar mensagens codificadas, e uma linha direta para Winston Churchill. De alguma forma, uma tecnologia de 70 anos que ainda parecia inovadora e fascinante.

"Vamos ver quem mais está por aí", o chefe de gabinete disse, e os levou até a Cross Hall, onde Anthony se viu atraído pelo único retrato presidencial que não parecia igual aos outros: John Kennedy, com os braços cruzados e a cabeça abaixada, negociando internamente alguma crise da Guerra Fria. Anthony o imitou, e pediu para Kelly tirar uma foto.

Então, seguiram para uma sala onde o secretário de Estado estava esperando para cumprimentá-los, junto com alguns conselheiros do presidente. Conversaram por algum tempo, mas, àquela altura, Anthony não estava prestando muita atenção. Novamente, ele permanecia no modo câmera, examinando seus arredores, tentando manter uma detalhada lista em sua mente, de modo que fosse capaz de lembrar, depois, de todas as coisas que não pôde fotografar, por respeito.

Em um corredor, muito mais curto do que o esperado, em frente a uma porta muito mais próxima do que o esperado, Anthony viu alguns homens de terno preto um pouco mais empertigados do que os outros. Serviço secreto. Isso significava que o presidente estava *ali mesmo*? Ele estava a poucos metros do presidente? Na Casa Branca, tudo era mais perto do que ele esperava.

Então, chegou a hora. Os homens do serviço secreto se agitaram, e as pessoas começaram a se mover na direção deles. Antes de Anthony entrar, seu pai o puxou para o lado. Anthony tinha previsto isso; alguma sabedoria transmitida pelo seu pai antes do momento especial. "Filho, uma coisa antes de você entrar", ele disse, e Anthony se preparou para escutar o conselho solene.

"O que é?"

"Não importa o que você faça, não importa o que você fale lá dentro, há uma coisa que você precisa fazer."

"Ok. O quê?"

"Bem... Você precisa entregar o meu cartão ao presidente."

"Eu preciso *o quê?*"

"Só entregue o cartão para ele. Diga que eu sei que ele é ocupado, mas, se alguma vez ele precisar de alguma coisa, pode me ligar."

"Pai... *O quê?* O que o presidente vai precisar de você?"

"Ou, sabe, se ele tiver um minuto para conversar. Peça para me ligar."

"Obama não vai ligar para você."

"Simplesmente entregue o cartão para ele."

Anthony tentou imaginar se teria chance de entregar um cartão de visita ao presidente, como se estivesse indo para algum tipo de reunião de confraternização de calouros, e não a um encontro com o líder do mundo livre. Porém, por mais ridículo que fosse, ele sabia o quanto aquilo significava para seu pai, um homem que cruzara o país só para prestigiar a posse de Obama, que jamais pensou que veria um presidente negro em sua vida e, muito menos, parado ali do lado fora de seu gabinete. Então, que escolha Anthony tinha?

"Ok, pai, tudo bem. Vou tentar." Anthony guardou o cartão no bolso e se dirigiu para o local de trabalho mais influente do mundo.

A porta se abriu. O presidente estava bem ali. Mais grisalho que o esperado, a sala, menor que o esperado. Obama se aproximou para apertar a mão de Anthony. O presidente disse seu nome: *o presidente sabia seu nome*. Obama os conduziu para o interior do Salão Oval. Em seguida, indicou uma cadeira para Spencer, posicionada ao lado da dele.

"Desculpe, rapazes, mas essa é a cadeira para quem fica ferido."

"Não, não, Spencer merece!", Anthony disse. De qualquer forma, Anthony e Alek se sentaram onde os chefes do Estado-maior ficaram em todas as fotos e programas de TV que Anthony havia visto. Então, ele se sentia bem onde estava. Sentado na frente do presidente. Os outros traseiros que estiveram naquelas cadeiras pertenciam a pessoas que comandavam o poder militar americano em todo o mundo. Anthony não se importou com isso.

Então, eles simplesmente conversaram. Como se fosse a coisa mais normal do mundo conversar com o presidente no Salão Oval. Anthony deixou Spencer assumir a liderança, porque estava enfrentando impulsos conflitantes: ouvir os conselhos do presidente mas, também, captar os arredores novamente. Também queria uma imagem mental clara daquilo, de tudo ao redor, para saborear mais tarde. Tentou captar tudo, mas com o canto do olho, de modo que o presidente não ficasse ofendido pelo fato de Anthony não estar realmente prestando atenção nele. Tapete mais claro que o esperado. Cortinas avermelhadas, quase cor de ferrugem, e não o amarelo desbotado que via nos programas de TV. Um busto de Martin Luther King Jr. na mesa lateral. Livros sobre Martin Luther King Jr. na estante, que Anthony presumiu que tinham sido trazidos por Obama. Pinturas nostálgicas de celeiros. Todas as escolhas de design de interiores da presidência de Obama.

A conversa durou menos do que Anthony achou que duraria. Ou melhor, transcorreu de modo tão rápido, pareceu tão familiar, que, antes que ele conseguisse registrá-la totalmente, tinham passado 15 minutos juntos. Então, a imprensa entrou, disparando flashes e sinalizando o fim do encontro.

O presidente ficou de pé, com questões prementes de importância global o pressionando, sua atenção se voltando para dezenas de crises internacionais que ele tinha de tratar antes do almoço. Anthony sentiu o cartão no bolso e viu os sonhos de seu pai se desvanecendo. *Droga, droga, como vou dizer isso?* Ele começou a ficar nervoso. Pôs e tirou a mão do bolso diversas vezes; um gesto que aqueles próximos do presidente geralmente não gostam de ver. As câmeras se ergueram. Anthony segurou o cartão na palma da mão, esperando que o presidente lhe perguntasse algo a respeito, mas em vão. Em vez disso, falou algo para Spencer e, naquele momento, Anthony se sentiu desamparado; um garoto que fica sem uma parceira quando uma música lenta é tocada em uma festa da escola.

Eu tenho de entregar para ele.

Por um momento, ficou atabalhoadamente perto de Obama, mas o presidente não o notou. Porém, Spencer deu a impressão de perceber o que estava acontecendo. Ele acenou com a cabeça para Anthony e se afastou, encerrando seu momento com o presidente, de modo que Anthony pudesse avançar. Anthony deu um tapinha no ombro do presidente.

Obama se virou, com uma expressão de incredulidade, que dizia: *De verdade, você acabou de dar um tapinha em meu ombro?*

"Hum, desculpe. Mas meu pai, sinto muito, senhor, mas meu pai..." — o presidente viu o cartão de visita na mão de Anthony? — "quer muito conhecê-lo. Ele esteve em sua posse e quer conhecê-lo. Assim, ele me deu isto e me pediu para..."

Antes que ele terminasse de falar, Obama o interrompeu: "Ele está aqui? Os pais de vocês estão aqui? Diga para eles entrarem!"

"Ah, sim, tudo bem!" Anthony recolocou o cartão no bolso, e o momento mudou de um dos poucos (mas cada vez mais frequentes) em que ele não sabia exatamente o que dizer para o momento de maior orgulho, de maior desprendimento de sua vida. Um momento em que ele priorizou a alegria de outra pessoa em vez de sua própria compostura, ainda por cima, com o presidente dos Estados Unidos, e que, por sua vez, tornou-se a primeira vez em que ele realmente sentiu a alegria de outra pessoa como se fosse a sua.

Porque ele tinha mais um pedido ao presidente após a entrada das famílias: tirar uma foto com seu pai. O pai de Anthony entrou, um homem que assistiu a cada episódio de *Nos bastidores do poder* pelo menos duas vezes; um homem que nunca acreditou que viveria para ver um presidente afro-americano; um homem que economizou para cruzar o país apenas pela oportunidade de estar entre os 2 milhões de americanos que viram Obama prestar juramento como presidente.

Anthony se afastou do presidente para que seu pai pudesse se aproximar.

Naquele dia, mais tarde, Anthony ficaria no centro do Pentágono, sentindo-se como o único civil em um raio de 100 quilômetros, e receberia a Medalha de Valor do secretário de Defesa, enquanto Spencer seria agraciado com a Medalha do Aviador e a Coração Púrpura e Alek com a Medalha do Soldado. Eles seriam condecorados diante de centenas de pessoas, incluindo oficiais militares de alta patente, cujos peitos estavam repletos de fitas e medalhas. Para três jovens obcecados por história militar, não poderia haver maior emoção.

Mas aquilo não se compararia ao que aconteceu na Casa Branca naquele instante em que Anthony se sentiu mais orgulhoso.

No momento em que ele se afastou para que seu pai pudesse ficar perto do presidente, sentiu que fizera algo em sua vida. Fizera algo por alguém. Por uma pessoa, no mínimo. Sentiu que o perigo que enfrentou, a família que acreditou nele, e aqueles dois amigos com quem arriscou sua vida tinham lhe propiciado o momento mais feliz de sua vida.

Anthony sentiu-se grato, amado, orgulhoso. Sentiu-se capaz. Sentiu que, até segunda ordem, as coisas estavam caminhando bem no mundo.

AGRADECIMENTOS

Eu gostaria de agradecer a Deus em primeiro lugar. E também a Zoe, minha garotinha, a Tony, meu pai, e a Maria, Arissa, Naomi, Imogene, Al, Butchie, Julie, JuJu, Gary, Josh, Jordan, Justus, Renie, Champagne, Art, Breonni, Marcus, Mario e Spencer e Alek, por também salvarem minha vida.

— *Anthony Sadler*

Eu gostaria de agradecer a Deus, a minha mãe e a meu pai, que me criaram; a Spencer, por estar sempre presente, e a Anthony, por se apresentar quando mais foi necessário.

— *Alek Skarlatos*

Em primeiro lugar, eu gostaria de dar todo o crédito a Deus. Sem sua sabedoria, amor e força, eu não estaria onde estou hoje. Também gostaria de agradecer a minha família, por estar sempre presente e ter me mantido com os pés no chão no ano passado. Aos meus amigos, por sempre me apoiarem. Ao pessoal da Embaixada americana em Paris, por cuidar tão bem de minha família, dos meus amigos e de mim, proporcionando tudo de que precisávamos em nosso momento de necessidade. À família Boyle, por ser tão generosa e desprendida.

À Força Aérea, por me propiciar as habilidades e as oportunidades de fazer o que faço hoje, e às inúmeras pessoas que ajudaram a me aprimorar como homem. Aos socorristas de emergência, que vieram em meu auxílio em diversas ocasiões. Ao povo de Sacramento, por seu amor e apoio.

Por último, mas não menos importante, gostaria de agradecer a todos os homens e mulheres que deram suas vidas em nome do que é certo e justo.

— *Spencer Stone*

Este livro foi composto na tipologia Minion Pro,
em corpo 11,5/14, e impresso em papel off-white
no Sistema Cameron da Divisão Gráfica
da Distribuidora Record.